アジアの基礎知識
5

山田紀彦
Yamada Norihiko

ラオスの基礎知識

めこん

ラオスの基礎知識・目次

1 ラオスはどんな国か?

ラオス社会は表と裏の差が非常に激しく、両極端の要素が不思議と共存している。そして人々は一見相反する要素を時と場合によって無意識にうまく使いわけ、バランスを取りながら自分の利益を最大化するように生きている。非常に人間臭い社会である。

忘れられた国から訪れるべき国へ

かつてラオスは東南アジアの中でもっともマイナーな国と言われ、一時は「忘れられた国」と揶揄されたこともあった。つい一〇年前までは「ラオスに行く」と言うと、「北海道の羅臼《らうす》?」や「アフリカのラゴス?」と聞き返された。メディアで取り上げられることもほとんどなかった。

私が初めてラオスを訪れたのは二〇〇〇年一〇月である。そのときも友人にラオスに行くと言うと、「それどこ? アフリカ?」と聞かれた。大学院時代にベトナムを研究していた私はもちろんラオスという国を知っていたが、ラオスに関する知識はほとんどなく、当時の多くの人が抱いていたように、ラオスは私にとっても「謎の国」だった。

一九九九年にアジア経済研究所に入所し、半年後に突然ラオスという研究対象国を与えられた私は、二〇〇〇年四月からラオス研究を始めた。ゼロからのスタートであるため、政治、経済、歴史、文化など、とにかくラオスについて知ろうとインターネットや図書館で文献を調べたが、その少なさに愕然とした。タイ、ベトナム、インドネシアなど、東南アジアの他の国々については当然あるような日本語の概説書や専門書がほとんどなかったのである。英語の文献や論文の数は日本語以上に豊富であったが、その数は他の東南アジア各国と比較すると圧倒的に少ない。研究所の先輩の知恵を拝借しようにも、ラオスの専門家は一人もいなかった。

アジア経済研究所は一九六〇年に設立された開発途上国専門の研究機関であり、多くの地域研究者がいる。私が入所した一九九九年には、ブルネイとラオスを除き東南アジア各国の専門家がおり、ベトナムでさえ五人の専門家がいた。タイやインドネシアなど大国の専門家はそれ以上の人数であった。私がラオス担当となるまで四〇年間、研究所にはラオスの専門家がいなかったのである。私にラオスを研究対象国として提案した当時の理事が、「これまでラオスの専門家は必要なかった。今でも必要かどうかは正直わからない。今後もしかしたら必要になるかもしれないので研究所でもラオス担当を一人置こうと思う。ただしまったく注目を浴びないかもしれないよ」と言っていたのは今でも鮮明に覚えている。開発途上国専門の研究所においてさえ、ラオスはこのような位置づけだったのである。そうであれば、一般社会におけるラオスの知名度の低さは言うまでもない。

しかし二〇〇〇年代後半から、ラオスは徐々に日本や欧米で知られるようになった。二〇〇四年一一月、首都ヴィエンチャンで第一〇回ASEAN首脳会議が開催された際、日本から小泉首相（役職は当時。以下同じ）がラオスを訪問し、ほんの数日間だけラオスに注目が集まった。二〇〇〇年代後半になると日系企業の投資先としてラオスに関心が寄せられ、今では「新・新興国」としてテレビ番組で取り上げられることもある。そして二〇一六年九月には再びラオスでASEAN首脳会議が開催され、ラオスは脚光を浴びることとなった。

また近年の大学生による国際支援やボランティアブームによって、ラオスは毎年いくつもの団体が訪れるメジャーな支援先になりつつある。バックパッカーの旅行先としても人気を集めている。二〇〇七年一二月九日付の*The New York Times*は、二〇〇八年に訪れるべき場所としてラオスを第一位に取り上げた。二〇一八年にはルアンパバーンが第五二位に入っている（*The New York Times*, January 10, 2018）。現在では、ヨーロッパや日本の旅行雑誌でもラオスの特集が組まれるようになった。ラオスは東南アジアでもっともマイナーな国から、訪れるべき国へと変貌を遂げたのである。

とはいえ、情報という面でラオスはいまだにマイナー国と言える。書店でラオスの本を探すのは苦労する。ラオスを取り上げるメディアは増えているが、重大事件が発生してもほとんど報道されない。隣国タイでクーデタが起きたとき、「赤VS黄」の争いが起きたときなどのメディアの取り上げ方とは大きく異なる。

たとえば二〇一四年五月、ラオス人民革命党指導部が乗っていた飛行機が墜落し政治局員一人、書記局員三人が死亡する事故が起きた。党指導部四人が同時に死亡したことは大変ショッキングな事件である。しかし日本のメディアでの扱いは小さく、中には間違った情報を配信したところもあった。あるメディア関係者からは、ラオスのニュース価値は高くないので取り上げることは少ないという話を聞いた。ラオスへの注目が集まる一方で、ラオスに関する情報を入手することはいまだに難しい。

インターネットも同様である。検索サイトにラオスと入力すれば無数の情報が手に入る。たとえばとある検索サイトにラオスと入力したら八一四万件ヒットした。政治、経済、観光、援助、旅行体験記、料理、ボランティアなど、さまざまな情報にアクセスできる。しかしラオスに関する基本的かつ正しい情報を入手できるサイトは少ない。

メディアやインターネットでよく目にするのが、「癒しの国」「微笑みの国」「最後の秘境」「桃源郷」といったラオス像である。私もラオスを訪れ始めた最初の数年間はラオスの人々はいつも笑顔で優しく、みんなが仲良く暮らし、なんて居心地の良い国なのだろうと同じようなイメージを抱いていた。

しかし実際に暮らし、ラオスの人々と一緒に過ごしてみると、そのようなイメージはあまりに表面的であり、ラオスの本質を捉えていないと思うようになった。

ラオスの人々は笑顔で、そしてホスピタリティあふれる態度で外国人を受け入れるが、その反面、どこか保守的で外国人が入り込むことが難しい壁もある。また仲間との結束を重視する社会であり、いつも笑顔で仲間と仲良くしているように見えるが、裏で陰口を言うことは日常茶飯事であり、実は利害関係のみで人間関係が構築されていることも多い。社会では過度の協調性が求められる一方で、個人の利害を追求し、自分勝手な側面も強い。家族や親戚同士の紐帯は強いが、ときにそれはしがらみとなり負担と感じる人もいる。人々は温かいようで情に薄く、特に近親者や仲間以外には冷たくドライな部分もある。そしてラオスの人はおっとりしているが、プライドが高く自己主張も強い。

このような対極にある要素の共存は政治や経済面でも見られる。ラオスは人民革命党による一党独裁体制である。人民革命党はマルクス・レーニン主義政党であり、社会主義国家建設を目標に掲げている。今でもイデオロギーは体制維持にとって重要な要素だが、一九七〇年代後半から市場経済原理の一部を導入し、一九九〇年代からは本格的に市場経済化を進めている。

また中央集権体制であっても、地方の自律性は非常に高く、中央の決定に地方が忠実に従う保証はない。ラオスの地方行政は県、郡、村の三つに分かれ、中央が県を、県が郡を、そして郡が村を管理し、制度上は中央集権管理体制が整備され、中央の決定は末端まで貫徹されるようになっている。しかし県には県、郡には郡、村には村の利害があり、それぞれが中央の決定や政策を独自に解釈し、ときに中央の決定は形式的にしか実施されない。

　このように一見矛盾し相反する要素が共存しているのがラオス社会である。過度の結束と非常に強い自己中心性の共存に見られるように、両極端の要素が不思議と融和している。そのような社会で人々は、バランスを取りながら自分の利害を最大限増やすように巧みに生活している。

　このようなバランス感覚は小国でありながら、ベトナム、中国、日本、アメリカなどの大国と渡り合い、それぞれから援助を引き出している外交でも見られる。ラオスの外交は非常に巧みである。

　ラオスには「癒しの国」「微笑みの国」「最後の秘境」「桃源郷」という側面もあるかもしれない。特に短期訪問者やラオスで暮らす一部外国人にとってはそのようなイメージが強いだろう。しかしラオス社会を少しでも深く覗いてみると、非常に複雑で人間臭い社会であることがわかる。

地理、気候、季節

　ラオスは東南アジア大陸部の真ん中に位置し、北に中国、北西にミャンマー、西にタイ、南にカンボジア、そして東にベトナムと五ヵ国に囲まれている内陸国である（地図1）。そして西はメコン川、東はルアン山脈（アンナン山脈）に挟まれており、国土の約七〇％が山地によって占められている。

　国土面積は二三万六八〇〇平方キロメートルと小さく、人口は約六四九万人（二〇一五年の国勢調査数値）と少ない（表1-1）。人口密度は一平方キロメートルあたり二七人である。

　しかし、このような数値だけを見ても具体的なイメージはわかないだろう。そこで日本の本州ほどの国土に千葉県民（人口約六二五万人）しか住んでいないと考えていただきたい。国土の割には人口が少ないため、土地が余っていることが想像できよう。そして後述するように、後発開発途上国で技術も資本も乏しく質の高い労働者も少ないラオスにとって、土地は経済開発に欠かせない重

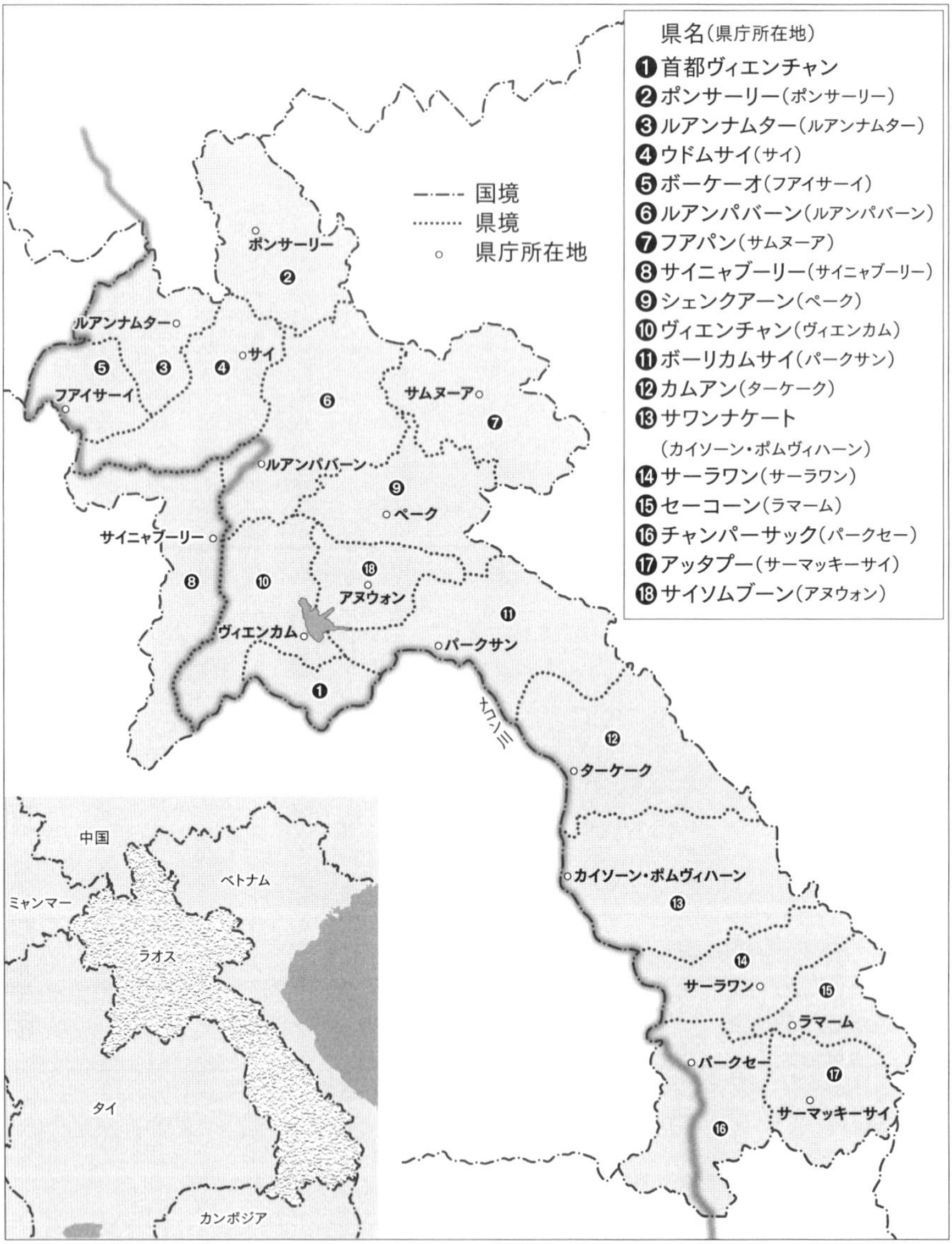

ラオスの地方行政は県、郡、村の3級に分かれている。また郡級は、人口や経済発展状況により市、郡、テーサバーンの3つに分類されるが、2018年7月現在3市（ルアンパバーン市、カイソーン・ポムヴィハーン市、パークセー市）、145郡となっており、テーサバーンは設立されていない。ラオスに来るとよく「ムアン」という言葉を耳にする。「ムアン」とは郡という意味であり「ムアン＋地名」で○○郡となる。例えばムアンシンとはシン郡という意味である。また「ムアン」には国という意味もあり、「ムアンラオ」でラオス国となる。

地図1　ラオス全図

要な要素となっている。

日本では都市部で広い庭付きの家を持つことは難しいが、都市部でもラオス人の家には一定の広さの庭があり、マンゴー、バナナ、パパイヤ、ライチ、ココナッツなどの果樹が植えられている（写真1-1）。

表1-1　各県の郡・市、人口数、人口密度、面積（2015年現在）

県・都名	郡・市数	人口数	人口密度（1km²あたり）	面積（km²）
首都ヴィエンチャン	9	820,940	209	3,920
ポンサーリー	7	177,989	11	16,270
ルアンナムター	5	175,753	19	9,325
ウドムサイ	7	307,622	20	15,370
ボーケーオ	5	179,243	29	6,196
ルアンパバーン	12	431,889	26	16,875
フアパン	10	289,393	18	16,500
サイニャブーリー	11	381,376	23	16,389
シェンクアーン	7	244,684	15	15,880
ヴィエンチャン	11	419,090	23	18,526
ボーリカムサイ	7	273,691	18	14,863
カムアン	10	392,052	24	16,315
サワンナケート	15	969,697	45	21,774
サーラワン	8	396,942	37	10,691
セーコーン	4	113,048	15	7,665
チャンパーサック	10	694,023	45	15,415
アッタプー	5	139,628	14	10,320
サイソムブーン	5	85,168	19	4,506
合計	148	6,492,228	平均27	236,800

（出所）Kaswang phaenkaan lae kaan longthun suun sathiti haeng saat（N/A: 108-114）。

このような熱帯果樹が育つように、ラオスは年間を通じて暖かい。二〇一五年の主要都市（北部のルアンパバーン、中部の首都ヴィエンチャン、カイソーン・ポムヴィハーン、南部のパークセー）の月別平均気温を見ると、平均気温が二〇度を下回る月はほとんどなく、年間平均気温は二七度となっている（図1-1）。ラオス新年の四月や五月には気温が四〇度以上になることもある。

しかし中国国境沿いのポンサーリー県やベトナム国境沿いのフアパン県などでは、冬に最低気温が一桁になり

写真1-1　民家に植えられているバナナの木。（撮影筆者）

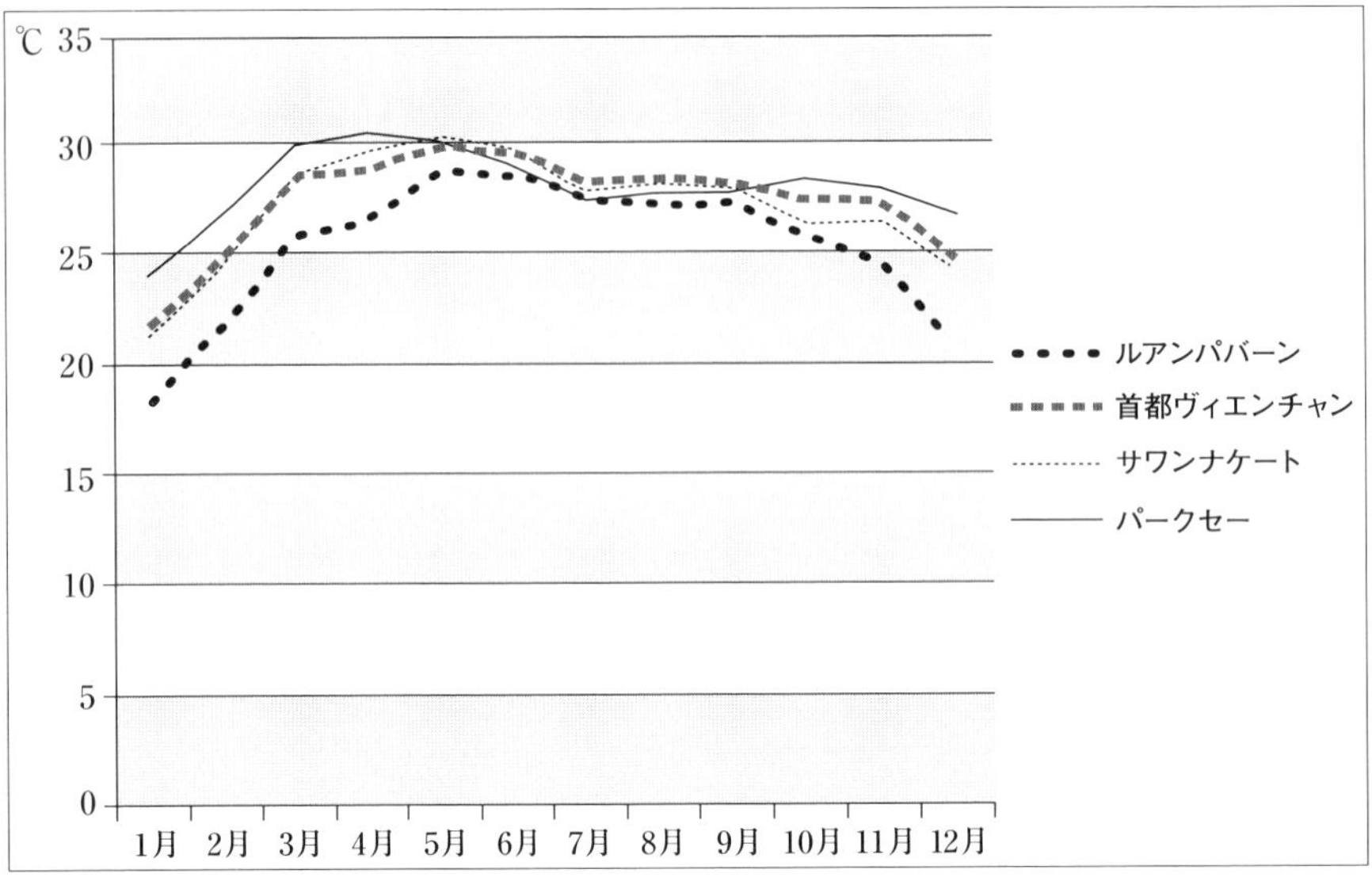

図1-1　地域ごとの月別平均気温（2015年）

（注）統計書ではパークセーのみ都市名であり、それ以外は県・郡の名称が記されているが、観測地点はそれぞれの県庁所在地だと考えられる。例えば、サワンナケートと言った場合、一般的には県庁所在地であるカイソーン・ポムヴィハーン市を指すことが多く、観測地点も同市と推測される。

（出所）Ministry of Planning and Investment, Lao Statistics Bureau（2016b）を基に筆者作成。

雪が降る。首都ヴィエンチャンでも一二月から二月にかけて朝晩は気温が低くなり、セーターやジャケットを必要とする。暑さに慣れているラオス人にとっては気温が少しでも下がると非常に寒く感じられるため、マフラーや手袋をする人も多い。首都ヴィエンチャンなどの都市部では、普段は身に着けないコートを着てロングブーツを履き、おしゃれを楽しむ女性もいる。またラオスの家は建て付けが悪く、暖房器具も普及していないため、気温が一〇度台になると家の中が非常に寒く感じる。

とはいえ、ラオスは熱帯モンスーン地帯に位置しているため、年間を通じて温暖な気候と言える。モンスーン気候は一年が大きく雨季（五月〜一〇月）と乾季（一一月〜四月）に分けられる。

ただしカッコ内の月数はあくまで目安である。年によって雨が降り始める時期に差があり、近年は六月に入ってもまったく雨が降らず、八月になりようやくまとまった雨が降ることもある。当然そのような天候不順は農作物に影響を与える。それは農業国ラオスにとって大きな問題である。

一般的には、ラオス新年である四月中旬以降になんと

写真1-2　ボートレースの夜に買い物客で賑わう首都ヴィエンチャンのメコン川沿い。（撮影筆者）

なく雨が降り始め、乾季が終わりに近づいていると感じるようになる。そして、五月から六月にかけて行なわれる雨乞いを目的とした「ロケット祭り」（雨季作の前の降雨と豊作を神々に懇願するため空に向かって竹製やプラスチックの水道管などで作った手作りのロケットを打ち上げる祭り）は、まさに雨季の始まりを告げると言ってよい。そして本格的な雨季に入る七月になると、僧侶が寺で修行に専念するための入安居祭（ブン・カオパンサー）が行なわれる。

　反対に一〇月に入るとなんとなく雨が少なくなり、雨季がそろそろ終わりに近づいていると感じるようになる。そして三ヵ月間の安居《あんご》が明ける出安居祭（ブン・オークパンサー）が行なわれると乾季に入ったことを実感する。出安居祭の日、人々は朝から寺を訪れ寄進し功徳を積む。また夜にはバナナの葉や幹で作った船にろうそくや線香を立てて川に流す火船流し（ライ・ファファイ）が行なわれる。首都ヴィエンチャンでは出安居祭の翌日にメコン川でボート祭りが開催される。川沿いには数多くの露店が並び、ラオスにこれほどの人がいるのかと思うほど多くの見物客でにぎわう（写真1－2）。

　このようになんとなく雨が降り始める時期、なんとなく雨が少なくなる時期により、雨季と乾季の始まりや終わりを感覚的に捉えることができる。またそれぞれの時期にはその季節を象徴するような宗教・文化行事があり、それも季節の移り変わりを実感させる。

　一方で雨量や宗教・文化行事とは別に、日本の農村と同じように人々の生業や自然の変化によっても季節の移り変わりを実感できる。

　まとまった雨が降って雨季作が始まり、川の水位が上昇してくれれば雨季である。雨季になると市場に並ぶ食べ

写真1-3 乾季のメコン川の中州に現れる畑。(撮影筆者)

物も変化し、タケノコやキノコが目立ち始める。珍しいシロアリタケなども雨季の産物である。

雨季が終わりに近づくと稲刈りが始まる。また乾季は水位が下がるため、水から顔を出した川の斜面には野菜等が植えられる。首都ヴェンチャンの中心地でも水位が下がったメコン川の中州や川岸に畑や作業小屋が現れる(写真1－3)。

雨季になれば川の水位が上がりそれらの畑は水没する。しかし近年は北部でのダム建設の影響からか、まとまった量の雨が降っても首都ヴィエンチャンの中心地ではメコン川の水位が以前のように上がらず、これまで水没していた中州が顔を出したままのこともある。それでもやはり雨季と乾季の水位の差は一目瞭然である。

このような何でもない日常の風景によっても季節の移り変わりを知ることができる。

季節や自然とともに生きる

ラオスは国土の約七〇%が森林で覆われ〔国連食糧農業機関〔Food and Agriculture Organization: FAO〕の定義に基づく〕、タイとの国境沿いには東南アジア最大の河川であるメコン川が流れる自然豊かな国である。

「ラオスはどんな国ですか?」とラオス人に尋ねれば、必ずと言ってよいほど「自然豊かな国です」という答えが返ってくる。豊かで美しい自然はラオス最大の魅力と言える。政府は二〇一八年を観光年に指定し、観光客の誘致に努めている。そこでも豊かな自然が観光資源の目玉の一つとなっている。内陸国であるためラオスに海はない。しかし、美しい山、森、湖、滝、川がある。

そしてラオスの人々、特に山地や農村の人々は季節や自然とともに生きている。人口の約七〇%を占める農村の人々の生活は雨季と乾季に分けることができる。これは水田稲作でも焼畑稲作でもさほど変わらない。

雨季に入る前に道具の用意を含めて田植えの準備を行なう。本格的に雨季に入ると田植えが行なわれる。また水田では田植えの他に動物や昆虫も採取される。雨季が終わりに近づけば稲刈りを行ない、水田で育った魚を捕獲する。そして稲刈りと脱穀は一二月頃まで続く。

一方焼畑地では、二月から樹木の伐採、三月から四月に火入れが行なわれ、その後乾燥させる。雨季に入る五月くらいから陸稲の種籾を播き、その後は非常に手間のかかる除草作業を行なう。そして収穫や脱穀は場所や地域によって異なるが一一月から一二月くらいまで続く。

水田稲作でも焼畑でも、収穫や脱穀が終われば休みというわけではない。農閑期にしかできない竹細工や籐細工の製作、染織、漁労、林産物の採取、そしてそれらの交換や交易活動などによる現金収入の確保など、さまざまな活動が行なわれる。出稼ぎに行く人も多い。このように自然のリズムや季節に合わせた生業が営まれている。

また豊かな森林は人々の生活にとって大変重要な生活資源でもある。現在、ラオスのコメ生産量は四〇〇万トンを超え輸出もするようになった。しかし、輸送や貯蔵の問題からいまだにコメが不足する地域がある。水や食料に困ったときに生活を支えるのが山や森林である。

私がラオスにかかわり始めた一〇数年前、ラオス人の

写真1-4 サーラワン県の市場で売っている動物。(撮影筆者)

友人と山道を歩いているとき、「水や食料に困ったらどうしたらよいと思う?」と質問されたことがあった。答えに窮していると、「山には何でもあるよ。動物や植物、木の実など食べられるものがたくさんある。水だって」と言われ、私が「川ではないの?」と質問すると「川の水はどこから来る? 山だよ」と教えられた。

その友人は木の実や葉を指さし、「これは食べられる、これは食べられない」と言いながら山道を歩いていた。このとき私はラオスの人の自然に対する知識の深さに驚き、生きる術ではかなわないと思ったことを覚えている。

山や森林には豊富な水と食料があり、人々の生活と森林は密接に結びついている。特に人口の約四割は山地に住んでおり、森林は彼らの生活にとって欠かせない。

森林では木の実、キノコ、タケノコなどを採取し、野鳥や小動物などを捕獲できる。ラオスを南北に走る国道一三号線を北に行っても南に行っても、森林で捕獲・採取した小動物や植物を売る露店を目にする。道路沿いの食堂ではネズミ、大トカゲ、リス、イノシシなどを食べることができる。地方の市場に行けば日本では想像できないような動植物が食用として売られている(写真1-4)。

写真1-5　ティップカオ。（撮影筆者）

コメが足りなくても十分な食料を山や森林で採取し、確保できるのである。ラオスはいわゆる後発開発途上国だが、飢えるという話は聞かない。食べ物が豊富な国である。

山や森林には食料だけでなく生活に必要なあらゆるものが揃っている。山岳部に行くと人々が薪を背負って歩いている。木や竹は家を建てる際の資材となる。

ラオスの農村に行くと竹皮でできた家がある。首都ヴィエンチャンでもいまだにそのような家が建っている。ラオスにはさまざまな種類の竹があり、稈《かん》（中空になっている部分）壁が薄い種類の竹は稈を広げ、カテと呼ばれるゴザや家の壁にするのである。

また竹や籐は生活用品を作る際の材料となる。竹でできたパーカオ（食膳）やティップカオ（おひつ）はラオスに行けば必ず目にする（写真1－5）。また竹は魚を捕るための道具の材料ともなる。

森林は山地に住む住民にとって重要な現金収入源にもなっている。たとえば染料の原料となるラック（ラックカイガラムシが分泌する樹脂状の物質）、香料の安息香、薬や香辛料として使用されるカルダモンなどの非木材林産物

写真1-6　ラックでできた接着剤。(撮影筆者)

を採取できる。ラックは接着剤代わりにもなり(写真1－6)、竹でできた鉈《なた》の柄と刃をくっつける際に使用される。人々はこれらの非木材林産物を採取し低地の人と交易を行なうことで現金収入を得、生活に必要な日用品を購入したり、交換したりしてきた。そのような交易は国内の山地と低地の間だけでなく海外とも行なわれ、一四世紀に建国されたラオ族最初の王国であるラーンサーン王国時代には、ラオスの金や安息香がヨーロッパまで輸出されていた。山地の民は非木材林産物を通じて国内のその他の民族だけでなく、国外とも関係を築いていたのである。

さらに人々は特定の森林を「精霊林」として信仰し、「埋葬林」としてお墓としても活用している。人によっては森林でお産を行なう。

森林は生活のあらゆる面に密接にかかわっており、ラオスの人々にとって重要な意味を持っているのである。

地域と居住地による三区分

ラオスは縦に細長い地形をしており、一般的には北部、中部、南部の三地域に分けられる。二〇一八年現在、ラオスには首都ヴィエンチャンと一七の県があり、行政区分上は北部八県、南部四県、中部六県に分けられる（表1－2）。ただし、計画・投資省が発行する統計ではシェンクアーン県が中部に分類されている。日本で出版されているラオス関連の文献や報告書では、サワンナケート県が南部と位置づけられることもあるが、行政区分上は中部である。ラオスの学校でもそのように教えられる。二〇一六年発行の前期中等学校二年生の公民教科書でも、サワンナケート県は中部、シェンクアーン県は北部となっている。

表1-2　行政区分(県)

北部	中部	南部
ポンサーリー	首都ヴィエンチャン	チャンパーサック
ウドムサイ	ヴィエンチャン	サーラワン
ルアンナムター	サイソムブーン	セーコーン
ボーケーオ	ボーリカムサイ	アッタプー
ルアンパバーン	カムアン	
フアパン	サワンナケート	
サイニャブーリー		
シェンクアーン		

(注) ただし計画・投資省発行の統計書ではシェンクアーン県が中部となっている。
(出所) Kaswang sukasaa thikaan lae kilaa sathaaban khonkhwaa vithanyaasaat kaan suksaa (2016) を基に筆者作成。

そして日本でも地域間で違いがあるように、ラオスも北部、中部、南部の三地域間でさまざまな違いが見られる。

首都ヴィエンチャンは人口一〇〇万人にも満たず日本の地方都市にも及ばない規模だが、政治・経済の中心地でありラオスの中で他に類を見ない特異な場所と言える。

世界遺産のある北部ルアンパバーン県を訪問すれば、旧王都の街並みや雰囲気を感じる。観光地であるため外国人も多い。またラオス語のイントネーションも首都ヴィエンチャン方言とは異なっており、よく日本の京都になぞらえられる。

ルアンパバーンよりさらに北に進めば、少数民族が多数を占める地域、伝統的な高床式住居ではなく土間で瓦葺きの家屋が建ち並んでいる場所もある。北部山岳地帯を歩いていると、上半身裸で腰に布だけをまとった少数民族に出会うこともある。中国に近いため北部には中国人も多い。特に近年は北部山岳地帯でバナナ栽培を行な

写真1-7　ルアンパバーンの市場で売っている煎餅状の納豆。(撮影筆者)

う中国企業が多く、山奥でも中国語の看板を目にするようになった。

一方南部に行けば、北部や中部よりもゆったりした時間が流れているように感じる。それは南部の方がメコン川の川幅が広く、悠々とした流れを実感できるからだろう。そして言葉のイントネーションも北部や中部とは異なる。場所にもよるが話すスピードが北部や中部よりも速い。

市場で売られているモノも北部、中部、南部で異なる。

写真1-8　ウドムサイ県にあるマーク・クーの実。クルミのような形の実の中にピーナッツのような小さい豆が4つほど入っておりそれを取り出して食べる。味はピーナッツをさらに油っぽくしたような感じである。(撮影筆者)

たとえば北部では大豆を発酵させた納豆（日本の糸を引く納豆とは異なり煎餅のような形をして炙って食べる種類など）が売られている（写真1－7）。また首都ヴィエンチャンや南部の出身者が知らない果物や木の実などもある（写真1－8）。

ラオスを訪れたら是非さまざまな地域の市場に足を運んでいただきたい。色とりどりの野菜、果物、木の実、無造作に置かれた肉類（写真1－9）、そして地域間の違いとメコン川の恵みなど自然の豊かさを実感できるだろう（写真1－10）。

南部の市場では北部や中部では見ない魚が並べられている。またカンボジア国境沿いのメコン川には、絶滅が危ぶまれている世界でも珍しいイラワジイルカ（川イルカ）が生息している。

現在では人民革命党や政府も国民統合政策を戦略的に実施し、またメディアを通じた言語やニュースの普及により、徐々に国民意識が形成されつつある。とはいえ、言葉や食、生活習慣の違いもあり、人々は国家よりも村

写真1-9　市場で売られている肉。（撮影筆者）

写真1-10　市場で売られている魚。（撮影筆者）

写真1-11　王国政府の象徴である３頭の象。（撮影筆者）

や地域、また民族への帰属意識が強い。それには歴史も深く関係している。

現在のラオス地域に初めてラオ族の統一王国が誕生したのは一三五三年である。ファーグム王が現在のラオス地域や東北タイ地域にモザイク状に存在していた小さな「くに」（ラオス語で「ムアン」と言う。これは現在のような明確な国境線を定めた国ではなく、一人の首長を中心とする政治的・地理的空間であり、首長の庇護が届く範囲までをその「くに」とする）を統合し、ラーンサーン王国を建国した。ラーンサーンとは「一〇〇万頭の象」の意である。以前ラオスには数多くの象がおり、共産党体制以前のラオス王国時代には三頭の象が国旗に記されていた（写真１－11）。象は国の象徴でもあった。

しかしラーンサーン王国は一八世紀前半にルアンパバーン王国、ヴィエンチャン王国、チャンパーサック王国に分裂した。その後三王国ともシャムの属国となるが、それぞれに王家があり独立した王国として存在したことは、人々のアイデンティティという面に影響を及ぼした。

ルアンパバーンはフランス植民地後のラオス王国の王都だったこともあり、「我々」意識が強い。一方、セーターティラート王が一五六〇年に王都をヴィエンチャンに遷都して以降、フランス植民地時代からこれまでヴィエンチャンは政治、経済の中心地であった。また首都ヴィエンチャンはラオスでもっとも発展した都市でもある。したがってヴィエンチャンの人々も国家の中心としての「我々」意識が強い。特にヴィエンチャンで生まれ育った若者の中には、他県の人々、特に少数民族を「田舎者」として見下す人もいる。チャンパーサック王国はヴィエンチャン王国から分離・独立した経緯があり、独自のアイデンティティがある。

つまり北部、中部、南部にはそれぞれ異なる歴史があり、人々のアイデンティティを形成している。そして興味深いことに、現在の行政改革においても三地域の「我々」対「彼ら」意識を看取できる。

たとえば、ルアンパバーン県、首都ヴィエンチャン、チャンパーサック県の知事は、自身の県や県庁所在地に他とは異なる独自の地位を付与するよう政府に提案した。また首都ヴィエンチャンは首都に関する特別法の制定を目指している。そして政府は二〇一八年四月、ルアンパバーン郡、サワンナケート県カイソーン・ポムヴィハーン郡、パークセー郡を市に格上げすることを承認した。

一方で、ラオスは居住地の高低によっても三つに分けられる。一般的には低地に住むラオ族やタイ族等タイ・カダイ系語族をラオ・ルム（低地ラオ）、山腹に住むクム（カム）族やラメート族等モーン・クメール系語族をラオ・トゥン（山腹ラオ）、高地に住むモン族やヤオ族等チベット・ビルマ系語族をラオ・スーン（高地ラオ）と区分している。とはいえ必ずしも居住地と語族が一致しているわけではない。また現在この分類は公式には使用されなくなった。しかし国民レベルでは今もこの三分類が広く使用されている。

居住地の高低の違いは当然のことながら人々の生業にも違いをもたらす。人口の約七〇％が住む農村・山岳地域の生業の中心は稲作である。一般的に低地や盆地では水田耕作が、高地では焼畑耕作が行なわれている。日本人と同様にラオス人にとってコメは主食であり、特にモチ米（カオニャオ）を好んで食べる。日本のモチ米よりも粘り気がないため、モチ米の塊を指でちぎって握りながら適当な大きさに丸めておかずにつけて食べる。モチ米にもいろいろな種類があり、水稲と陸稲では形も匂いも

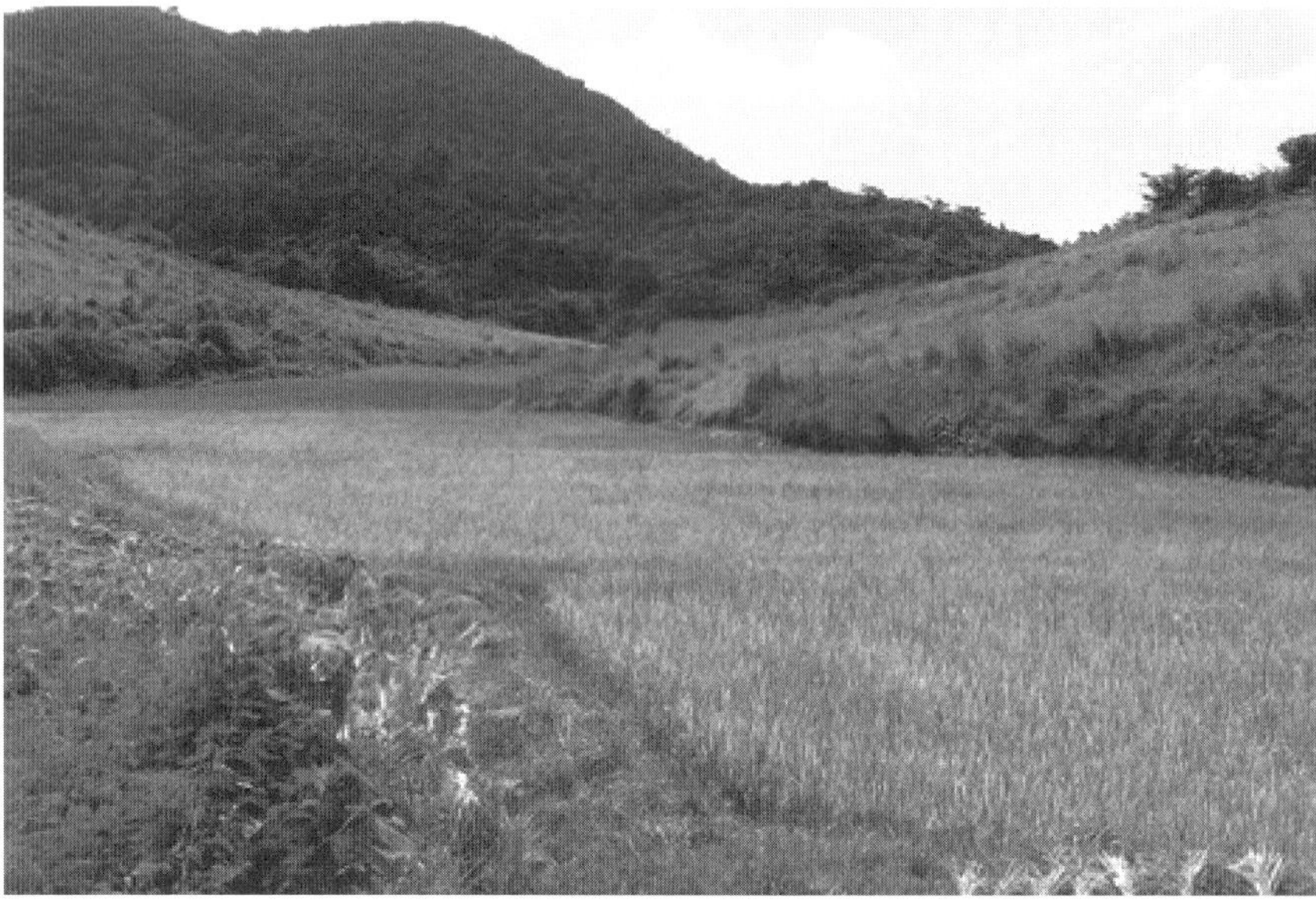

写真1-12　サイニャブーリー県の盆地にある水田。(撮影筆者)

味も異なる。私は初めて陸稲米を食べたときその美味しさに驚いたものである。

ラオスは国土の約七〇％が山岳地帯であるため、実は水田稲作ができる場所は限られている（写真1－12）。ラオスで一面に広がる田園風景を目にした人には意外かもしれない。そして、人口の四割が住む山地では主に焼畑が行なわれている。

図1－2は一九七六年以降の水稲雨季作と陸稲の収穫面積の変化を示している。ラオス計画・投資省統計所は二〇一三年統計から作付面積データを公表しているが、それ以前は収穫面積しか明らかにしていない。水稲雨季作の収穫面積は水田面積に、陸稲の収穫面積は焼畑面積に相当すると考えられる（河野・落合・横山. 2008: 30）。したがって、あくまでおおよその面積だが、変化の傾向は見て取れよう。同図からは一九九〇年まで水田六〇％、焼畑四〇％だった面積が、一九九五年以降に焼畑面積が減り、水田が九〇％近くを占めるようなったことがわかる。

これには水田稲作に関する農業技術の発展もあるが、焼畑を環境破壊の要因とみなし水田稲作への転換を推進する政府政策も影響している。本来、焼畑はむやみに森

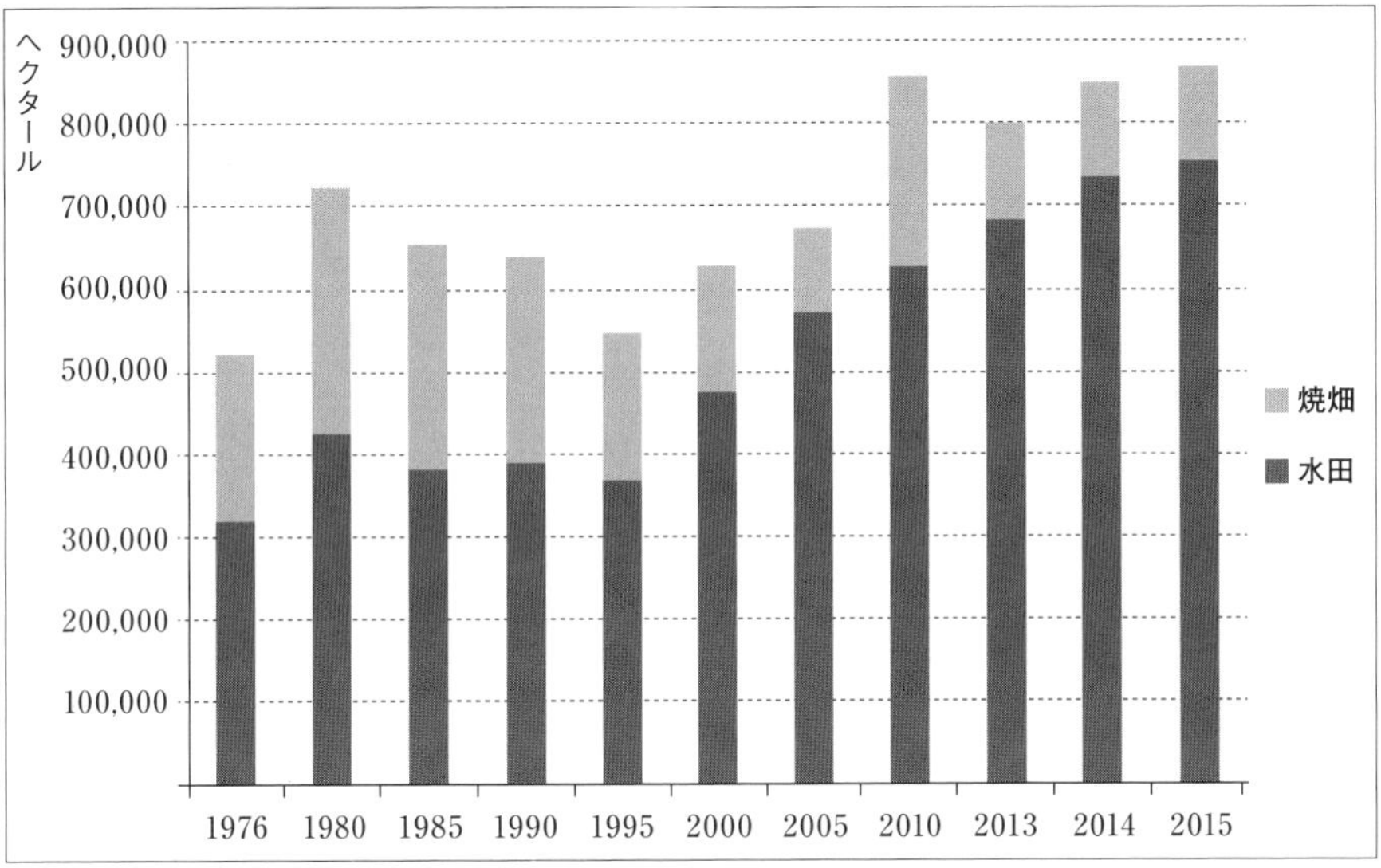

図1-2　水稲雨季作と陸稲の収穫面積
（出所）Ministry of Planning and Investment, Lao Statistics Bureau（2015; 2016b）を基に筆者作成。

を焼く破壊的なものではなく、焼いた土地が森に戻るまで長期間待って再び耕作を行なう循環的かつ持続的なものである。しかし政府は焼畑を環境破壊と貧困の原因とみなしている。その裏には、これまで管理が難しかった山地民を低地に移住させ、効率的な住民管理を行なおうという政治目的もある。

政府は二〇〇四年から二〇一〇年代前半まで「クムバーン」（村グループ）政策を実施した。これは小規模な村々を一つ一つ開発するのではなく、村を統合し、かつ五〜七村を一つのグループにまとめ開発の対象規模を拡大することが目的である。実際、二〇〇四年に一万五七四村あった村の数は、二〇一六年には八四六四村まで減少している。一方クムバーン政策には、効率的な住民管理という政治的意図もある。もちろん政府の土地分配政策、山地への外国企業の流入とそれに伴う土地開発等の要因もあるが、焼畑面積の削減に政治的要因が大きく影響していることは否めない。

東南アジア研究の大家である故石井米雄はかつて「ラオスは水平的にも垂直的にも、三つの世界に分かれている」と述べた。これはラオスを捉える上での基本的な視点であり、本項でもそのように分類し、それぞれの地域について説明してきた（北部、中部、南部各地域の主要都市等については次章「2 三つの地域と主要な都市」を参照）。

しかし実際は、水平的にも垂直的にも明確に三つに区分できるわけではない。特に二〇〇〇年代に入り、高地から低地への人の移住が頻繁に行なわれ、高地少数民族の低地ラオ化が進みつつある。それに伴って焼畑から水田稲作に転換するなど生業にも変化が見られるようになった。高地少数民族にもかかわらず、民族名称を尋ねると「ラオ族」と回答する人たちも多い。

また北部、中部、南部に分けられるとはいえ、同じ地域内でも県、郡、そして村によって、さらには民族によって独自の歴史や文化がある。したがってラオスを三つの地域だけで括ってしまうことが必ずしも適切なわけではない。三つの水平的区分と垂直的区分が複合的かつ重層的に交わるようになり、複雑な様相を見せているのが現在のラオスである。

都市と農村の異なる顔

地域や居住地の高低だけでなく、都市と農村でもラオスは異なる顔を見せる。

ラオスは国連の後発開発途上国リストに入っているは果たして貧しいのだろうかと感じる人は多い。二〇〇〇年代初頭まで、首都ヴィエンチャン中心部でもメコン川沿いには水牛がいた。郊外にあるラオス国立大学では、学生数よりも牛の数の方が多いという冗談があったほどである。現在のメコン川沿いには堤防や石畳が整備され、水牛の姿は見られない。夕方からはナイトマーケットが開かれ、水牛ではなくたくさんの人々でいっぱいになる。

経済発展に伴って首都ヴィエンチャンの様子も変わってきた。人々は自転車からバイクへ、バイクから車へと移動手段を変え、朝晩の通勤・通学時間に渋滞が発生するようになった。車で子供の学校の送り迎えをする家庭が増えたため、小学校から高校までどの学校の前でも朝夕は車で混雑する。特にヴィエンチャン高等学校があるパトゥーサイ（凱旋門）周辺は官庁も多く、朝夕は通勤と通学が重なり渋滞がひどい。

走る車の車種も変わってきた。以前は東欧諸国の車や古いフランス車、また日本の中古車が多かったが、今ではトヨタ、ニッサン、マツダのピックアップトラックやセダン、欧米の高級車が当たり前のように走っている。ランドクルーザーやレクサスの四輪駆動車、BMW、ポルシェ、ベンツ等が街中を走る光景は、一昔前では考えられなかった。税金を含めると日本円で一〇〇〇万円以上する車が飛ぶように売れている。

二〇一七年六月現在、首都ヴィエンチャンにおける車輌登録台数（自動車、バイク、バス等すべての車輌を含むが、国防、治安維持関係は除く）は約八二万台となっている。首都の人口は約八二万人である。未登録車も多く、また近年ではタイ、ベトナム、中国ナンバーの車も走っているため、それらを含めれば人口以上の車輌が首都ヴィエンチャンを走っていることになる。乗用車が急速に普及した背景には、人々の所得が向上し購買力が高まっていることがある。

表1-3　国連の後発開発途上国リスト（2018年3月現在）

	国名	リスト入り年		国名	リスト入り年
1	アフガニスタン	1971	25	マダガスカル	1991
2	アンゴラ	1994	26	マラウィ	1971
3	バングラデシュ	1975	27	マリ	1971
4	ベニン	1971	28	モーリタニア	1986
5	ブータン	1971	29	モザンビーク	1988
6	ブルキナファソ	1971	30	ミャンマー	1987
7	ブルンジ	1971	31	ネパール	1971
8	カンボジア	1991	32	ニジェール	1971
9	中央アフリカ	1975	33	ルワンダ	1971
10	チャド	1971	34	サントメ・プリンシペ	1982
11	コモロ連合	1977	35	セネガル	2000
12	コンゴ民主共和国	1991	36	シエラレオネ	1982
13	ジブチ	1982	37	ソロモン諸島	1991
14	赤道ギニア	1982	38	ソマリア	1971
15	エリトリア	1994	39	南スーダン	2012
16	エチオピア	1971	40	スーダン	1971
17	ガンビア	1975	41	東ティモール	2003
18	ギニア	1971	42	トーゴ	1982
19	ギニアビサウ	1981	43	ツバル	1986
20	ハイチ	1971	44	ウガンダ	1971
21	キリバス	1986	45	タンザニア	1971
22	ラオス	1971	46	バヌアツ	1985
23	レソト	1971	47	イエメン	1971
24	リベリア	1990	48	ザンビア	1991

（注）国名はコンゴ民主共和国以外は通称を使用している。
（出所）国連HP（https://www.un.org/development/desa/dpad/wp-content/uploads/sites/45/publication/ldc_list.pdf）2018年5月2日閲覧。

写真1-13　カフェ。(撮影筆者)

国際通貨基金(IMF)の推計では、ラオスの二〇一六年の購買力平価ベースの一人当たりGDPは約五七〇〇ドルとなった。そして購買力が高まるのと時を同じくして、ローンで車を購入できる仕組みが整った。特にHyundai、KIA、KOLAO等の韓国車の普及はめざましい。車種にもよるが、一般的には月々二〇〇〜五〇〇ドルの五〜七年払いで車を購入できる。プロモーション期間によっては金利ゼロという場合もある。

また首都ヴィエンチャンには近年、イタリアやスペイン等さまざまな国のレストラン、カフェが街のいたる所にオープンしている(写真1-13)。一〇年前には限られていた外食の選択肢が増え、お洒落なカフェは一種のブームとなっている。

スーパーマーケットもでき、市場で台の上に無造作に置かれたハエがたかる肉を買わなくても、今では日本のようにパック詰めされた肉も買えるようになった。

生活の利便性はこの一〇年間で劇的に向上し、一昔前のように日用品の買い出しのためにタイに渡る必要性は低くなった。ただし物価はタイの方が安く選択肢も多いため、タイに買い出しに行く外国人やラオス人は相変わらず多い。ラオスとタイのノーンカーイの間に架かる第一友好橋は毎週末、タイに買い物に行く人で混雑している。

また、首都ヴィエンチャンより選択肢は限られるが、ルアンパバーン、カイソーン・ポムヴィハーン（サワンナケート）、パークセーなどの地方都市でも、一〇年前と比べて生活の利便性は向上している。

一方で農村・山岳地域の生活は数十年前とさほど変わっていない。山岳地域に行けば少数民族が籠を背負いながら薪を拾う姿、妹や弟をおんぶ紐で背中に背負って牛や山羊の世話をする子供たちの姿、川で水浴びする人々の姿を目にする。

このようにラオスの農村・山岳地域と都市はまったく異なる顔を見せる。そしてラオスの真の姿は、人口の約七〇％近くが居住する農村・山岳地域にあると言っても過言ではないだろう。そう考えれば首都ヴィエンチャンはラオスの中では異質な場所と言えるかもしれない。

表1－4は、二〇〇六〜二〇一〇年の県ごとの一人当たり年間平均所得を示しており、それを所得の高い順に並べ直したのが図1－3である。もっとも発展を遂げている首都ヴィエンチャンは一人当たり年間平均所得が二〇〇〇ドルを超える一方で、もっとも貧しいフアパン県はその約六分の一程度に過ぎない。二番目に平均所得が高いチャンパーサック県でさえ首都ヴィエンチャンの半分しかない。このことからも首都ヴィエンチャンがいかに突出した発展を遂げてきたかがわかる。

また二〇〇六年から二〇一〇年の五年間はラオスがそれまでの経済成長のスピードをさらに加速させ、成長率八％前後の高度成長期に突入する時期と重なる。まさにその五年間に首都とその他の県の経済格差が拡大したの

表1-4　2006〜2010年の県ごとの1人当たり年間平均所得

地域／県	年間平均収入（ドル）
北部	771
ポンサーリー	720
ルアンナムター	668
ボーケーオ	1,004
ウドムサイ	651
ルアンパバーン	821
サイニャブーリー	1,057
フアパン	397
シェンクアーン	852
中部	1,142
ヴィエンチャン	751
首都ヴィエンチャン	2,148
ボーリカムサイ	1,029
カムアン	887
サワンナケート	897
南部	718
チャンパーサック	1,097
サーラワン	710
アッタプー	654
セーコーン	412

（注）サイソムブーン県は2013年設立であるため本表には入っていない。
（出所）Kaswang phaenkaan lae kaan longthun (2011: 39)

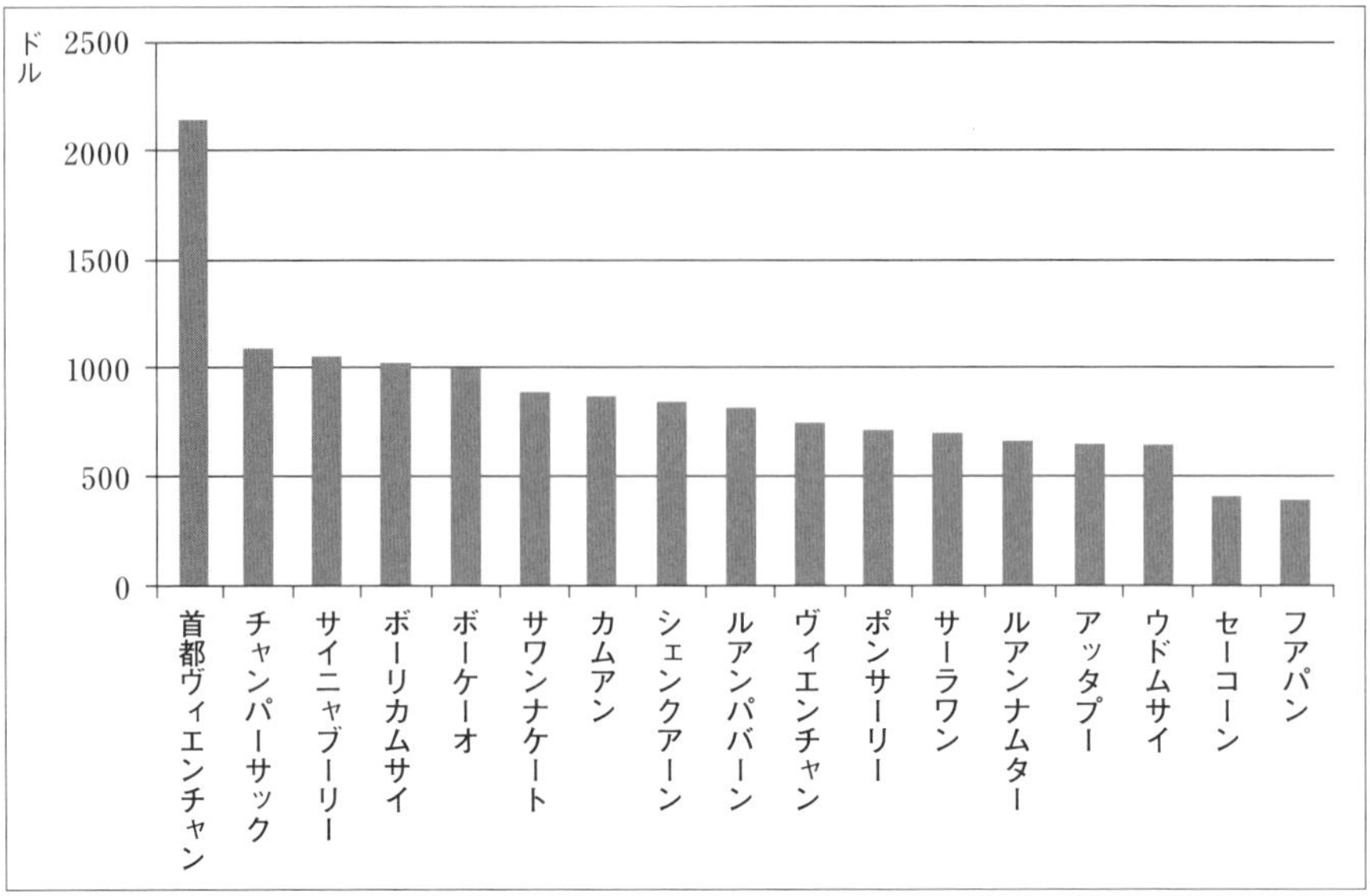

図1-3 2006～2010年の県ごとの年間平均所得
（出所）Kaswang phaenkaan lae kaan longthun（2011: 39）を基に筆者作成。

である。

　このような格差は二〇一七年になっても変わらない。二〇一七年の首都ヴィエンチャンの一人当たり年間平均所得は約五〇〇〇ドル以上となったが、北部フアパン県では約一四〇〇ドル、南部サーラワン県では約一二〇〇ドルであり、約四倍の格差がある。家計支出・消費調査結果では、ジニ係数が一九九二／九三年度（ラオスの予算年度は一〇月から九月だったが二〇一七年からは暦年となっている）の〇・三二一から二〇一二／一三年度には〇・三六四と上昇していることが明らかになった（ジニ係数とは〇～一の値で所得分配の不平等を測る指標であり、値が一に近づくほど格差が大きいとされる）。経済発展を遂げた一方で、経済格差は以前よりも拡大している。

　また経済格差は県と県の間だけではなく、県内の都市と農村の間でも拡大している。表1－5は二〇〇二／〇三年度と二〇〇七／〇八年度の各県の貧困率、県内の都市と農村の貧困率を表したものである。図1－4は一九九五年から二〇一六年までのGDP成長率を示している。

　二つの図表からは、ラオスが高度成長を遂げる時期にルアンナムター県、ボーケーオ県、シェンクアーン県、

表1-5　各県の貧困率、都市と農村の貧困率の変化

県名	県全体(%)		農村(%)		都市(%)		所得格差指数	
	2002/2003	2007/2008	2002/2003	2007/2008	2002/2003	2007/2008	2002/2003	2007/2008
ポンサーリー	50.8	46.0	52.7	50.1	36.8	5.6	0.222	0.298
ルアンナムター	22.8	30.5	22.1	35.7	26.0	7.8	0.254	0.301
ウドムサイ	45.1	33.7	46.2	36.8	38.9	13.0	0.247	0.316
ボーケーオ	21.1	32.6	20.6	35.3	24.5	17.9	0.291	0.289
ルアンパバーン	39.5	27.2	40.6	30.8	29.7	13.5	0.315	0.316
フアパン	51.5	50.5	54.8	52.7	26.1	28.6	0.289	0.283
サイニャブーリー	25.0	15.7	23.7	15.8	29.8	15.3	0.346	0.420
首都ヴィエンチャン	16.7	15.2	20.2	15.2	15.6	15.3	0.360	0.380
シェンクアーン	41.6	42.0	46.6	48.1	19.7	16.6	0.315	0.380
ヴィエンチャン	19.0	28.0	19.9	31.7	12.4	14.9	0.315	0.321
ボーリカムサイ	28.7	21.5	37.0	22.4	15.1	18.1	0.279	0.339
カムアン	33.7	31.4	31.4	35.9	29.8	37.2	0.289	0.315
サワンナケート	43.1	28.5	48.0	34.6	23.2	22.2	0.313	0.342
サーラワン	54.3	36.3	57.1	38.7	12.4	3.1	0.271	0.300
セーコーン	41.8	51.8	44.6	59.3	25.6	19.5	0.307	0.379
チャンパーサック	18.4	10.0	19.8	9.3	11.0	12.0	0.299	0.287
アッタプー	44.0	24.6	47.3	28.9	16.7	9.0	0.294	0.324

（出所））Kaswang phaenkaan lae kaan longthun（2011: 221－222），ケオラ（2012: 53）を基に筆者作成。

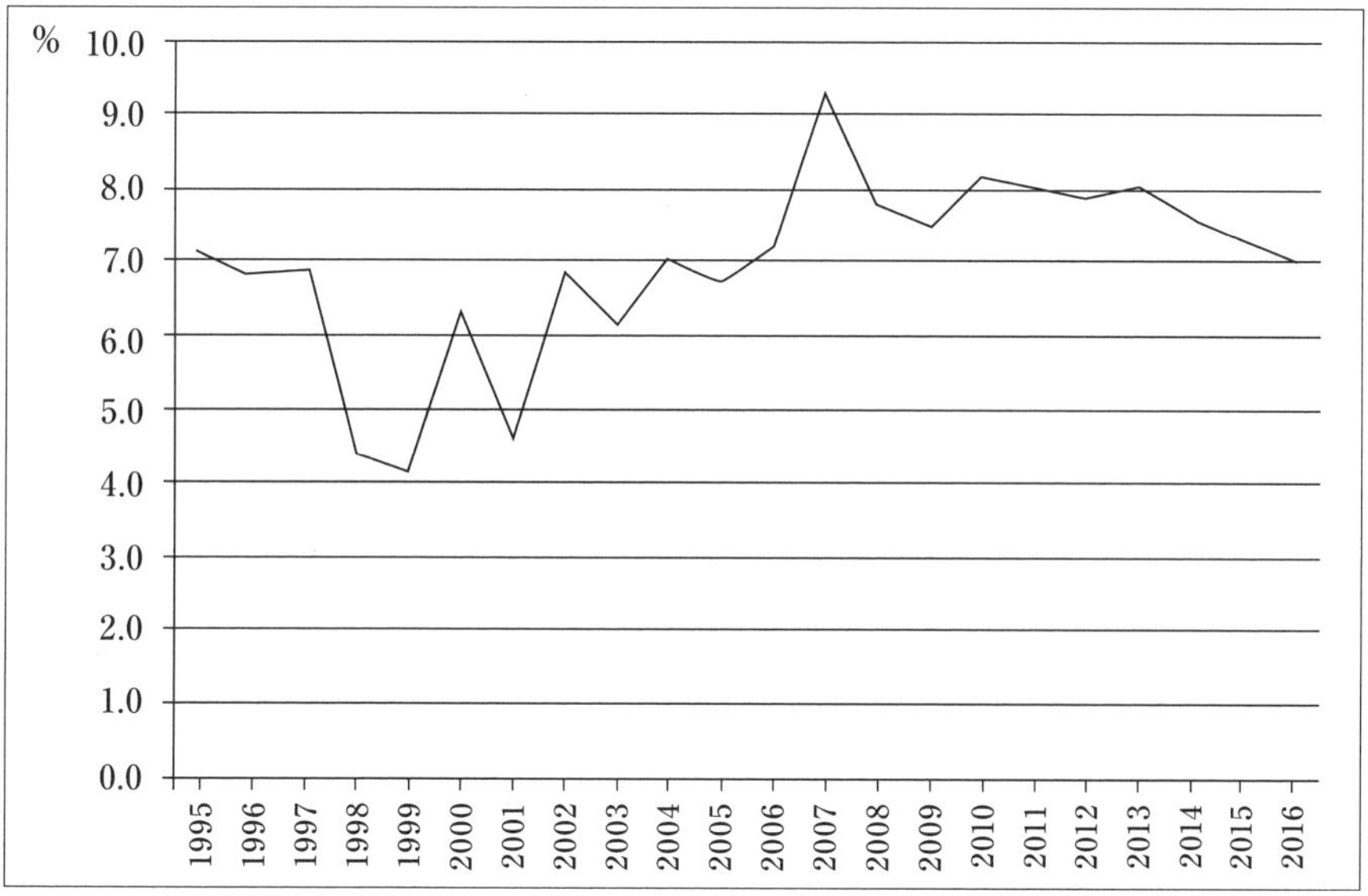

図1-4　GDP成長率(1995～2016年)
（出所）Asian Development Bank（2012; 2016; 2017）。

表1-6　固定電話と携帯電話番号契約数

年	固定電話	携帯電話
1995 ～ 2000	40,876	12,681
2000 ～ 2005	90,806	657,528
2006 ～ 2010	124,644	5,738,550
2011	63,810	5,413,386
2012	14,380	4,215,507
2013	721,318	4,481,395
2014	920,756	4,336,184
2015	831,023	4,247,388

（出所））Kaswang phaenkaan lae kaan longthun（2015: 94）。

ヴィエンチャン県、セーコーン県で貧困率が拡大していることがわかる。

　また多くの県では農村よりも都市で貧困が減少している。県別の所得格差指数を見ても、ボーケーオ、フアパン、チャンパーサックの三県を除いてすべての県で格差が拡大していることがわかる。つまり経済発展により県と県、県内の格差が拡大し、ラオスは皆が同じように貧しかった平等社会から、経済格差が拡大する不平等社会へと変化しているのである。

　とはいえ農村・山岳地域にも経済発展の波は押し寄せ人々の生活を変えている。特に携帯電話の普及は目覚ましい。表1－6からは経済発展とともに固定電話と携帯電話の契約数が伸びていることがわかる。固定電話契約数が二〇一一年以降減少しているのは携帯電話への転換と、電話会社による番号整理などが理由である。しかし二〇一三年以降に価格が低い無線固定電話が普及したことにより契約数は再度増加している。

　携帯電話番号数も同様に未使用の番号が整理され、また新たなＳＩＭカード導入に伴い二〇一一年以降減少した。とはいえ二〇一五年現在、人口約六四九万人に対して携帯電話番号契約数は約四二四万件となっている。日本のように一人一台以上の契約数とはなっていないが、それでも多くの人が携帯電話を持つようになった。特に都市部では、スマートフォンと通話料金が安い普通の携帯電話を二台保有している人は多い。

　固定電話が普及していなかった頃、農村・山岳地域では外国にいる親戚や都市に出稼ぎに出た家族との連絡手段は限られていた。手紙のやりとりも日本のように郵便配達制度が整備されておらず、人づてに届けるしかなかった。以前、私もバスで地方に行くとき、知り合いから親戚に渡してほしいと手紙や荷物を預かったことがある。それが二〇〇〇年代に入り携帯電話が普及したことで、今ではいつでもどこでも誰とでも連絡が取れるようになった。山岳地域で携帯電話を片手に外国の家族や親戚と話す人々の姿はもはや珍しくない。

　また二〇一七年現在、電化率は約九二％となっており遠隔地域でも電気が使用できるようになった。それに伴いテレビや衛星放送も徐々に山岳地域に普及し、情報へのアクセスも飛躍的に向上している。その意味では都市と農村の差は縮まったように見える。

　しかし情報へのアクセスが容易になったことは、メディアを通じて都市と自分たちの生活の差を自覚することでもある。特に若者は都市への憧れを抱き、携帯電話などの物欲を満たすために農村を離れ都市に労働に出るようになった。首都ヴィエンチャンなどの国内の都市を越えてタイに渡る若者も多い。一部地域では若者の農村離れが問題になりつつある。

　また、テレビやＤＶＤを通じてタイのドラマや歌も普及し、それに伴いタイ語も農山村に広がっている。場所によっては酒を飲みながら一日中カラオケなどの娯楽に興じる若者もおり、新たな問題も生まれている。

外国人にとってのラオスの魅力

　ラオスを訪れたことのある外国人の多くはラオスを好きになる。長期滞在経験がある人の中には、老後をラオスで過ごそうと移住する人もいる。なぜ多くの人がラオスに魅了されるのだろうか。大きく四つの理由が考えられる。

　第一はゆったりしたライフスタイルである。気候が温暖であり、急ぐ人がほとんどいない社会がそのように感じさせるのだろう。自国で日々時間に追われてきた人々にとっては、ラオスでの生活は正反対のライフスタイルと言えるかもしれない。ラオスではあくせく働くということがほとんどない。

　第二は人の魅力である。ラオスを訪れる人の多くがラオス人の優しさやホスピタリティあふれる態度に魅了される。初対面であってもニコニコと笑顔で「ご飯を食べて行きなさい」と声をかけられ、ひょんなことからラオス人の家に招かれてご飯やお酒をご馳走になったという話はよく聞く。もちろん騙されて嫌な思いをする人もい

写真1-14　ターケークに残るフランス植民地時代の町並み。(撮影筆者)

るが、ラオス人の優しさや笑顔は、多くの人がラオスを「癒しの国」「微笑みの国」と呼ぶゆえんである。

しかし後述するように、ラオスの人々は日本以上に本音と建前をうまく使い分けており、「癒しの国」「微笑みの国」という捉え方はラオスの人々や社会の表面的部分でしかない。

第三は何か郷愁を感じさせる街並みや雰囲気である。一九世紀後半からフランスの植民地となったラオスには、当時建築されたコロニアル調の建物が数多く残っている。ルアンパバーン市、ターケーク郡、カイソーン・ポムヴィハーン市の中心部の一角にはフランス植民地時代の古い建物が並んでおり、独特の雰囲気を作っている(写真1―14)。それはヨーロッパの人にとってはどこか懐かしい街並みかもしれない。

一方、年配の日本人はよくラオスは日本の三〇年前に似ていると言う。ホンダのバイクや日本の中古車が町を走り、家の軒先で親が子供の髪の毛をハサミで切る姿、田園風景等は一昔前の日本のようであり、どこか懐かしさを感じる。

第四は外国人が過ごしやすい環境である。企業から派遣された人、国際機関で働く人、外交官などは本国よりも高い給与がもらえる一方で、緩やかな環境で仕事ができる。人によってはドライバーやメイドを雇うことも可能である。先述のようにレストランやバーの数も増えており、一部のレストランやバーは週末になると外国人でいっぱいになる。

　またNGO職員やボランティアなど相対的に給与が高くない人たちでも、日本では味わえない生活ができる。それは緩やかな労働環境や時間的な余裕、安くておいしいフランス料理が食べられる食事面だったりする。一言で言えば、ラオスはどの層の外国人にとっても「サバーイ」（心地よいという意）なのである。多くの外国人はこの特有の空間に浸り、そしてその空間を通してラオスを好きになる。また自国にうまく馴染めず心地よさを求めてラオスに移住し、ラオスに自分の居場所を見つける人は多い。

　しかし外国人が「サバーイ」と感じる環境や空間と実際のラオス人の生活空間は異なっている。そのような外国人特有の空間を通して見るラオスは、ラオス人にとってのラオスではないだろう。

　私も初めてラオスを訪問した際にはなんて心地よい国なのだろうと思い、一生住んでもよいと考えた。しかしラオスを知れば知るほど、ラオス人とつきあいが長くなるほど、ラオス人やラオス社会のさまざまな面が見え、私が当初見ていた社会はラオス社会ではないと感じるようになった。私が心地よいと感じていたのはラオスにある外国人特有の空間だったのである。

　ラオスに数多くの友人や知り合いができたが、私自身、ラオス人社会に溶け込み、ラオス社会を熟知しているとは思っていない。今でも私はラオス人にとって「お客様」である。

　ラオス社会は外国人が簡単に溶け込めるようなものではなく、どこかに入り込めない壁がある。自分は溶け込んだと思っていても実際はそうでない場合が多い。もちろんこれは私の個人的経験であり、中には「お客様」ではなく真にラオス社会に溶け込んでいる外国人もいるだろう。しかし多くの外国人は、ラオスにいながらラオス人社会とは別の生活空間を生きており、その空間が心地よく感じるのである。

ラオスの人々と社会の構成要素
一〇のキーワード

ラオス社会や人々の特徴を表す言葉はいくつもある。もちろん個人の経験によって捉え方は異なるだろう。ここでは私の体験から選んだ一〇のキーワードを基に人と社会の特徴を考えてみたい。

第一は、先述した「サバーイ」（心地よい）である。ラオスの人々はとにかくサバーイを好む。それはどの場面でもさほど変わらない。仕事でもサバーイが優先され、物事が進まないことは多々ある。また逆に、物事を進めるために難しいことを端折り決着させることもある。サバーイは時に難しいことを避けて通り、楽な道を選ぶことの要因にもなっている。

第二は「ピーノーンカン」（親戚同士）である。ラオスでは「この人と私はピーノーンカンなの」と言って人を紹介されることが多い。それに対して「母方の？　父方の？」という質問は見当違いである。ラオスでは血縁関係になくてもこの「ピーノーンカン」という言葉を使用するため、「親戚」が全国各地に存在する。日本では考えられないが、ある日突然自分の知らない「ピーノーン」（親戚）が家に来て住み始めることがある。

しかしそれはまったく「ボーペンニャン」（問題ない、大丈夫の意）であり、これが四つめのキーワードである。ラオスでは大概のことは「ボーペンニャン」で済まされる。運転免許証の名前や生年月日が間違っていても「ボーペンニャン」である。このような例は枚挙に暇がない。「ボーペンニャン」は使いようによっては役に立ち、またラオス人の大らかさを表す言葉とも言える。ただし、重大なミスや間違いを犯しても「ボーペンニャン」で済まされる。ラオス社会では怒っても問題が解決するわけではないので、こちらも「ボーペンニャン」と言うしかない。「ボーペンニャン」はミスした側が自分に非はないと主張する言葉であり、また被害を被った側も仕方ないと自分に言い聞かせる言葉でもある。

そしてラオスの人の多くは、第五のキーワードである「コートー（ト）」（ごめんなさい）と滅多に言わない。もちろん素直に謝る人はいる。しかし多くの人は自分の非を認めない、または非があるとは考えない傾向がある。レストランで注文とは異なる品が来ても店の人が謝ることはほとんどない。それはボーペンニャンである。諸手続きのために官庁に提出した書類を先方が紛失しても謝らない。何事もなかったかのように「もう一度出しなおして」となる。このような時に怒ることは逆効果である。物事を円滑に進めようと思えば、ラオス社会では相手を立てることが求められる。

ラオスの人々は自尊心が高く体面を重視する。「キアットト」（名声、自尊心、体面、敬意などの意）が六つめのキーワードである。だからこそ自分の非を認めない、またはそもそも非と思わないのかもしれない。もちろんしつけの厳しい家もあるが、子供を厳しく叱る親も少なく、怒られることに慣れていない人が多い。怒られることや間違いを指摘されることは、自尊心を傷つけられることと理解されている節がある。

これには社会関係も大きく影響していると考えられる。ラオスでは人を慈しみ、助け合うことが善とされる。知らない親戚が家に住み始めることも、それは「ハックペーンカン」（信頼し慈しみあう仲間）という関係性を土台としている。これが第七のキーワードである。これは家族や親戚同士の紐帯をその他の人間関係にも適用した言葉だと考えられる。したがって家族や親戚同士が共に働き、暮らし、問題があれば助け合うという関係性が、家族以外の人間関係にも求められるのである。

第八はその助け合いを意味する「ソーイカン／スワイカン」である。お金の貸し借り、就職、さまざまな許可手続き、奨学金の申請など、ラオスの人々は必ずと言ってよいほど周囲の友人・知人や親戚を頼って物事を進めようとする。そして頼まれた人は助けの手をさしのべなければならない。そのような「ソーイカン／スワイカン」が人間関係やラオス社会の土台を形作っている。

たとえば一〇年以上前に私がラオス国立大学で学生の期末試験監督をしていた際、多くの学生が堂々とカンニングをし、周囲も友達の要求に応えて解答用紙を見せていたため厳重に注意したことがあった。そのとき一緒に試験監督をしていたラオス人の先生に、「ラオスは助け合い社会だから厳しく注意する必要はない」と言われたことは今でも鮮明に覚えている。

ラオス社会には助けを求められたら応えなければならない暗黙の了解がある。助け合いは悪いことではない。しかし過度の助け合いはなれ合いとなり、自助努力を削ぎ、不正や不公平の原因ともなる。これはラオス社会のさまざまな部分で観察できる。

では、助けを求められ要求に応えなかった場合はどうなるのだろうか。それは暗黙の了解に反する行動であり、関係性の和を乱すことを意味する。職場や学校、またコミュニティーでは「サーマッキー」(団結)が重視される。これが第九のキーワードである。つまり集団の和が大切にされ、それを乱すような行動は嫌われる。それは楽しみも、悲しみも、辛さも、貧しさもみんなで分かち合うという精神につながっている。

ラオスではこのような和や団結が重視されるため、職場では定期的にみんなで一緒にご飯を食べ、団結を高める機会が設けられることが多い(キンカオ・サーマッキー)。

第一〇はその「キンカオ」(ご飯を食べること)である。とにかくラオスではご飯が重要であり、人に会えば「ご飯は食べましたか?」と挨拶のように聞かれる。たとえば私の知り合いのラオス人が日本に留学した際、はじめに覚えた言葉が「ご飯は食べましたか?」であった。最近はラオスでも日本のように「ボッチ飯」(一人ぼっちでご飯を食べること)も多くなってきたが、本来ラオスではご飯は家族や友達みんなで一緒に食べるものであり、コミュニケーションや団結の重要な場である。

もちろんこの一〇のキーワードでラオス社会のすべてを表せるわけではない。しかしラオスは人間関係が緊密な社会であることはわかるだろう。

一方で、興味深いことにラオスの人々には真逆の側面も見られる。実はラオスの人々は自己主張が強く、集団の団結とは対極に位置する自分勝手な側面もある。

たとえば会議では参加者が好き放題発言し、明らかに間違ったことでも自信満々に主張することが多い。また私のところには、今も昔もラオス人の友人や知人から奨学金申請書や研究プロポーザルの作成依頼がある。その際、私の都合は一切考慮されず、必ずと言ってよいほど締め切り期限間近に依頼が来る。すぐには書けないと言うと、なんで助けてくれないのかと私が悪者扱いされる。彼らには私が暗黙の了解を破ったと映るのだろう。したがって団結を重視し暗黙の了解を守るため、私も最終的には自分の予定を犠牲にして彼らの依頼に応じ、ラオス社会でうまく生きる道を選んでいる。

また団結や慈しみが重視され、家族や親族関系が非常に密である一方で、近年は土地の相続などで家族が分裂することも多い。相続問題で家族の縁を切ったり、時には家族同士で殺し合いの事件に発展したりすることもある。離婚も増えている。もちろん一般的には血縁間の紐帯は今でも強い。しかし経済発展に伴って社会の価値観も変化し、一昔前では考えられなかった家族や血縁の紐帯が崩壊する事例も現れている。

そして「微笑みの国」と言われる笑顔の裏には、冷たい部分もある。普段の仲睦まじい関係からは想像できないが、ラオスではその場にいない人の陰口を言うことが多々ある。それもかなり辛辣な陰口である。

人間関係は密なのだが、その一方で利害関係や支援関係がなくなれば、人間関係そのものが薄れることは珍しくない。いわば金の切れ目が縁の切れ目ということはよくある。優しく親身な一方で、義理人情に薄く、実にドライな部分もある。

実はラオス社会は表と裏の差が非常に激しく、両極端の要素が不思議と共存している。そして人々は一見相反する要素を時と場合によって無意識にうまく使いわけ、バランスを取りながら自分の利益を最大化するように生きている。非常に人間臭い社会である。

ラオスに暮らしてみて思うのは、ラオス社会は「桃源郷」でもなければ見かけほど単純な社会でもなく、相反する極端な要素が共存する複雑な社会だということである。これはラオスに限ったことではない。相反する要素が共存しているのはどの社会でもそうだろう。違いはその度合いであり、ラオスはいささか両極の間での振れ幅が大きいように見える。

ただし必ずしもすべてのラオス人がこのような社会でうまく暮らせるわけではない。一部のラオス人は住みにくいと感じている。普段は表に出すことはないが、職場での団結や緊密な人間関係、またなれ合い（助け合い）を好まない人もいる。とはいえ、ラオス社会で生きていくためには「形式的」であっても団結し、周囲と助け合わなければならない。そして、それを嫌がることなく笑顔でやる必要がある。職場内の団結が実は形式的であり、笑顔や微笑みが時に生きる術だったりする。このような社会に外国人が入り込むことは簡単ではない。

ラオスの10人

カイソーン・ポムヴィハーン（一九二〇～九二年）

ラオス人民革命党初代書記長であり、国民からもっとも尊敬を受ける建国の父である。一九二〇年一二月一三日にベトナム人の父とラオス人の母の間に生まれた。ベトナム名はグエン・チー・クォック（Nguyen Tri Quoc）と言う。高校と大学はベトナムのハノイで過ごし、そこでベトナム独立同盟会（ベトミン）による解放闘争の影響を受ける。

一九四九年にインドシナ共産党に入党し、一九五〇年にはネオ・ラオ・イサラ（ラオス自由戦線）中央委員、抗戦政府国防大臣に就任し、一九五五年にラオス人民党が設立された際には党書記長に選出された。

その後、抗仏・抗米闘争を指揮し、植民地主義と帝国主義からのラオス解放を目指す。カイソーンの革命活動は徹底的な秘密主義であった。ラオス人民民主共和国建国後は首相を兼任し、実質的な最高権力者として国家建設を指導する。しかし個人独裁ではなく集団指導体制を尊重した。

マルクス・レーニン主義思想を信奉していたかは議論の余地があるが、一九七九年に当初選択した社会主義路線からの転換を図り、一九八六年の第四回党大会にて「チンタナカーン・マイ」（新思考）を提唱し、市場経済化を中心に全面的改革に着手する。

一九九二年一一月二一日の死後、全国に銅像が設立され、首都ヴィエンチャンには博物館も建設された。二〇〇〇年代後半に汚職や経済格差などにより党への国民の信頼が揺らぐと、党は二〇一六年の第一〇回党大会において、「カイソーン・ポムヴィハーン思想」をマルクス・レーニン主義と並ぶ党や国民が依拠すべき基本的な政治理論・思想と位置づけた。

カイソーン・ポムヴィハーン。（撮影竹内正右）

2 三つの地域と主要な都市

首都ヴィエンチャンでは高級車が街を走り、さまざまな国のレストランやカフェ、ショッピングモールが建ち並んでいる。店の移り変わりも激しく、近年では外国人向けのマンションやアパートの建設ラッシュが続いている。首都ヴィエンチャンはラオスのどの場所でも見られないような経済発展を遂げており、ラオスの中では異質な場所とも言える。

北部

北部にはラオスの中でも高い山が多い。表2－1はラオスの高山と場所を高い順に並べたものである。もっとも高い山はサイソムブーン県のビア山（二八二〇メートル）である。次に高いサーオ山（二六九〇メートル）、サームスーム山（二六二〇メートル）は、シェンクアーン県に位置している。ルアンパバーン県にはソーイ山（二二五七メートル）、ラオピー山（二〇七九メートル）、フアパン県にはファット山（二四五二メートル）、パーン山（二〇七九メートル）などがある。

そしてこれらの山々からメコン川の支流に水が流れ込む。表2－2はラオスの主要な河川とそれらが流れる地域である。北部にはウー川（ポンサーリー県→ルアンパバーン県を流れる。全長四四八キロメートル）、グム川（シェンクアーン県→サイソムブーン県→ヴィエンチャン県。全長三五四キロメートル）、ベーン川（ウドムサイ県。全長二一五キロメートル）、カーン川（フアパン県→ルアンパバーン県。全長九〇キロメートル）などが流れている。

国道一三号線を首都ヴィエンチャンから北上し、ヴィ

表2-1　主要高山と所在地県

名称	所在地県	高さ（メートル）
ビア	サイソムブーン	2,820
サーオ	シェンクアーン	2,690
サームスーム	シェンクアーン	2,620
フアット	フアパン	2,452
ソーイ	ルアンパバーン	2,257
サン	シェンクアーン	2,218
ラオピー	ルアンパバーン	2,079
パーン	フアパン	2,079
カオミアン	サイニャブーリー	2,007
サンチャンター	ルアンパバーン	1,972
ナーメーオ	ウドムサイ	1,937
パカーオ	ルアンパバーン	1,870
ドーイチー	ポンサーリー	1,842
レップ	シェンクアーン	1,761
サン（グ）	ヴィエンチャン	1,666
チャーパータオ	ルアンナムター	1,588
ピアンボラウェーン	チャンパーサック	1,284
カオクワーイ	ヴィエンチャン	1,026

（出所）Ministry of Planning and Investment, Lao Statistics Bureau (2016b: 3)

表2-2　主要河川と所在地

名称	所在地（県）	全長（km）
ウー	ポンサーリー → ルアンパバーン	448
グム	シェンクアーン → サイソムブーン → ヴィエンチャン	354
セーバンヒアン	サワンナケート	338
ター	ルアンナムター → ボーケーオ	325
セーコーン	サーラワン → セーコーン → アッタプー	320
セーバンファイ	カムアン → サワンナケート	239
ベーン	ウドムサイ	215
セードーン	サーラワン → チャンパーサック	192
セーラノーン	サワンナケート	115
カディン	ボーリカムサイ	103
カーン	フアパン → ルアンパバーン	90

（出所）Ministry of Planning and Investment, Lao Statistics Bureau (2016b: 4)

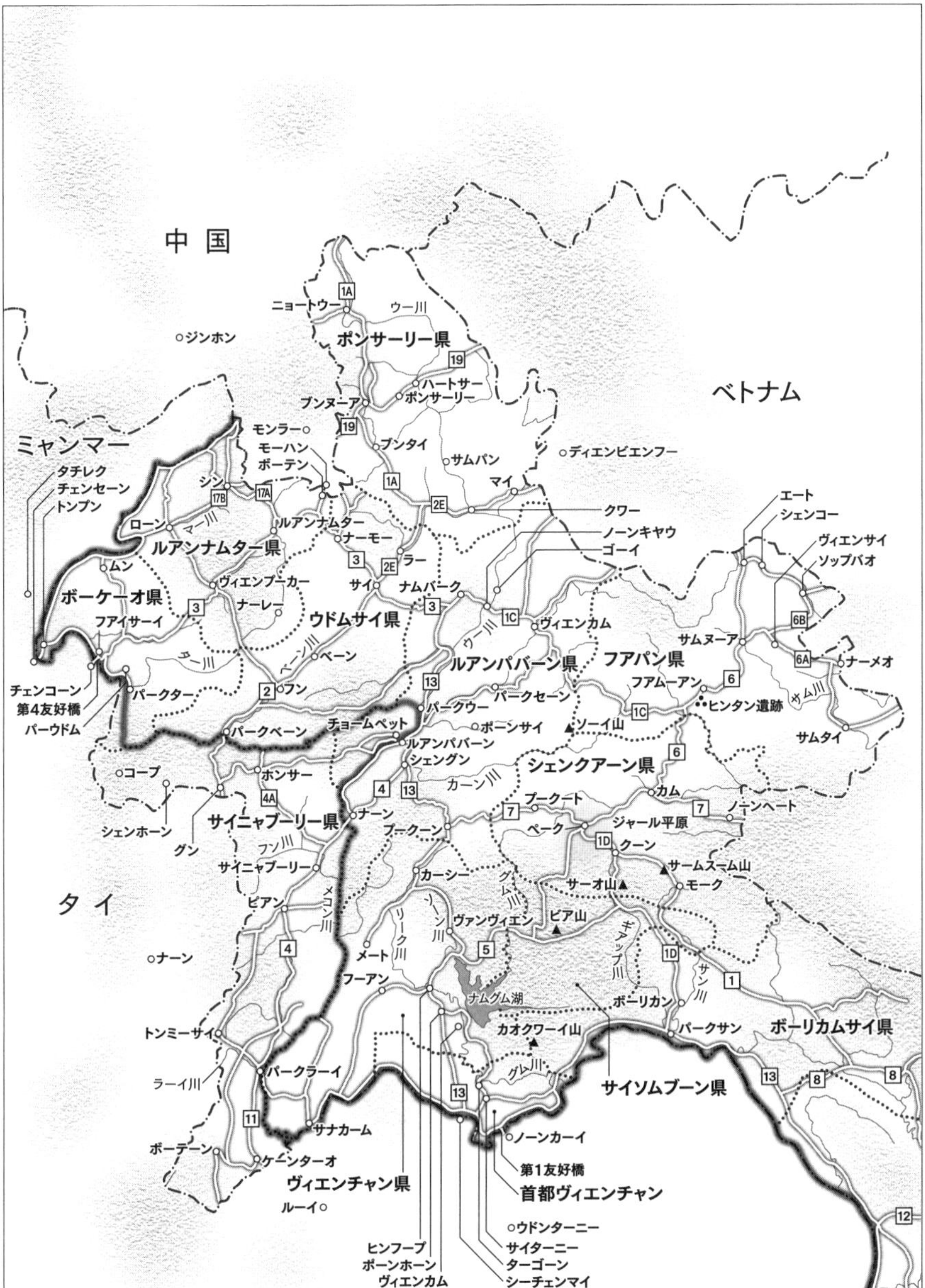
中国
ベトナム
ミャンマー
タイ
ポンサーリー県
ルアンナムター県
ボーケーオ県
ウドムサイ県
ルアンパバーン県
フアパン県
シェンクアーン県
サイニャブーリー県
ボーリカムサイ県
サイソムブーン県
ヴィエンチャン県
首都ヴィエンチャン
ニョートウー
ウー川
ジンホン
ハートサー
ポンサーリー
ブンヌーア
モンラー
ブンタイ
サムパン
ディエンビエンフー
モーハン
ボーテン
マイ
タチレク
チェンセーン
トンプン
シン
ローン
マー川
ルアンナムター
ナーモー
ラー
クワー
ノーンキヤウ
ゴーイ
ムン
ヴィエンプーカー
サイ
ナムバーク
ナーレー
フアイサーイ
ヴィエンカム
ター川
ベーン川
ベーン
フン
チェンコーン
第4友好橋
パーウドム
パークター
パークセーン
パークウー
ポーンサイ
パークベーン
チョームペット
ルアンパバーン
シェングン
カーン川
ソーイ山
コープ
ホンサー
シェンホーン
グン
ナーン
プークーン
プークート
ペーク
ジャール平原
クーン
サームスーム山
サーオ山
モーク
フン川
サイニャブーリー
カーシー
グム川
メコン川
ピアン
リーク川
ソーン川
ヴァンヴィエン
ピア山
ギアップ川
メート
フーアン
ナムグム湖
ボーリカン
サン川
パークサン
カオクワーイ山
トンミーサイ
パークラーイ
ラーイ川
サナカーム
ボーテーン
ケーンターオ
ルーイ
ノーンカーイ
第1友好橋
ウドンターニー
ヒンフープ
ポーンホーン
ヴィエンカム
サイターニー
ターゴーン
シーチェンマイ
エート
シェンコー
ヴィエンサイ
ソップバオ
サムヌーア
ナーメオ
フアムーアン
ヒンタン遺跡
サムタイ
カム
ノーンヘート
1A
19
17A
17B
2E
3
1C
13
2
4
4A
6
6A
6B
7
1D
5
1
11
8
12

地図2　北部

エンチャン県ポーンホーン郡を過ぎたあたりから山間となってくる。観光地ヴァンヴィエンに行くにはこの山道を登っていく。

現在、同地域にはパラゴムノキが植えられている。そしてヴァンヴィエンを過ぎてヴィエンチャン県カーシー郡に入ると一段と山が高くなり、曲がりくねった山道が続く。カーシー郡の山の風景は美しいが、かつては山賊や反政府ゲリラが車やバスを襲撃する恰好の場所でもあった。曲がりくねった山道ではスピードが出せないため、狙うにはもってこいの場所と言える。実際にカーシー郡からルアンパバーン県プークーン郡まで車で走っていると、今ここで襲われたら終わりだろうと思われる場所がいくつもある。

現在、国道一三号線を北上して目にするのがラオス＝中国高速鉄道プロジェクトの看板と工事現場である。鉄道の工程は中国との国境ルアンナムター県ボーテンから、ウドムサイ県、ルアンパバーン県、ヴィエンチャン県を通って、首都ヴィエンチャンまでの約四二七キロメートルである。つまり北部から中部まで線路が敷設されることになる。しかし先述のように北部はラオスの中でも高い山々が連なる地域である。そこで鉄道は全行程の約半分がトンネルとなる。現在、二〇二一年の完成を目指して北部では掘削工事が行なわれている。

北部の山では焼畑稲作が行なわれているとイメージする人も多いだろう。しかし盆地では水田稲作が行なわれている。水田と言っても揚水水車で水を汲み上げるもの、灌漑を使用するもの、天水田など実に多様である。また一部の地域では焼畑稲作と水田稲作が密接に結びついている。たとえば「ルー族や黒タイ族などラオス北部のタイ系民族の間では、水稲であっても陸苗代に播種し、水苗代一次移植の後本田に移植する」(園江 2011: 214)。このように同じ北部でも地域や場所、また民族によって異なる稲作が行なわれている。

北部のもう一つの特徴は、ラオ・タイ系以外の民族が多いことである。北部ではサイニャブーリー県を除いて、すべての県において非ラオ・タイ系民族が半数以上を占めている。北部全体で多いのはクム(カム)、アーカー(アカ)、モン、プーノーイなどである。北部を歩いていると実にさまざまな民族に出会う。

方言も異なっている。たとえば北部ではルアンパバーン方言とサムヌーア方言がある。ルアンパバーン方言は抑揚があり、ゆっくりかつ柔らかい口調が特徴である。

一方サムヌーア方言は独特の発音が特徴であり、たとえば「パイサイ?」(どこ行くの?)は「パイスー?」となり、「サムタイ」とヴィエンチャンの人が発音する地名も「サムトゥー」となったりする。サムヌーア方言は同じラオス人でも理解することが難しい場合も多い。

①ルアンパバーン(ルアンプラバーン):世界遺産の町

ルアンパバーンは一一世紀には「ムアンスア」(ムアンサワー)、その後はシェンドーンシェントーンと呼ばれた。そして、一四世紀にファーグム王がラーンサーン王国を建国して以降、一五六〇年にセーターティラート王が現在の首都ヴィエンチャンに遷都するまでラーンサーン王国の王都であった(詳細は次章「3歴史」を参照)。

セーターティラート王は遷都の際、ファーグム王がカンボジアから持ち帰ったとされる八三センチメートルのパバーン仏をシェンドーンシェントーンに残し、ルアンパバーン(パバーンの王都)と改称した。またセーターティラート王は現在のルアンパバーン県でもっとも有名な観光地の一つであるワット・シェントーン(シェントーン寺院)の建立を命じた。その後、ルアンパバーンは一七〇七年にルアンパバーン王国の王都となり、フランス植民地時代に王国が保護国となった際にも王都は維持された。

旧王都ということもあり、もともとルアンパバーンは国内では有名な観光地であった。しかし国外にも同地が知れわたり外国人観光客が数多く訪れるようになったのは、一九九五年にユネスコの世界遺産に登録されてからである。とはいえ世界遺産登録以降、すぐに観光客が押し寄せたわけではない。ルアンパバーンが世界的に知られるようになったのは、二〇〇〇年代中盤に欧米の旅行雑誌に取り上げられたことが大きい。二〇〇七年に約一八万人だったルアンパバーンの年間観光客数は、二〇一五年に約五〇万人、二〇一六年には約六〇万人となった。

元王宮だったルアンパバーン国立博物館、町のいたるところにある寺院、プーシーの丘、パークウー洞窟、クアンシーやセーなどの滝、象に乗れるエレファントヴィレッジなどが主要観光地となっている(写真2-1)。夜になれば町の中心にあるシーサワンウォン通りではナイトマーケットが開かれ、モン族の刺繍が入った小物などの土産物が売られる。

ルアンパバーン＝世界遺産というイメージだが、世界遺産に指定されたのはルアンパバーン県ルアンパバーン市の三三村だけである。つまり世界遺産地域はルアンパバーン市の一部であり、県全体というわけではない。町の中心である世界遺産地域だけを見ればルアンパバーンは経済的に豊かに見える。町の中心に位置する村の一人当たり年間平均所得は八〇〇〇ドルを超えている。しかし県内にはいまだに貧困地域が多く存在する。

写真2-1　クアンシー滝。(撮影筆者)

表2-3　ルアンパバーン県内の貧困率

	人口	貧困者率（%）	貧困ギャップ率（%）	二乗貧困ギャップ率（%）	貧困者数（人）
ルアンパバーン県全体	418,000	22.9	4.9	1.6	95,575
ルアンパバーン市	82,541	11.5	2.3	0.7	9,532
シェングン郡	31,689	22.7	4.8	1.5	7,198
ナーン郡	27,992	16.3	3.3	1.0	4,566
パークウー郡	25,509	21.2	4.3	1.3	5,401
ナムバーク郡	67,113	24.1	5.2	1.7	16,191
ゴーイ郡	29,546	27.0	5.8	1.9	7,973
パークセーン郡	22,024	30.2	6.7	2.2	6,647
ポーンサイ郡	31,802	30.5	6.8	2.2	9,695
チョームペット郡	29,927	26.5	5.9	1.9	7,943
ヴィエンカム郡	28,441	30.5	6.8	2.2	8,664
プークーン郡	22,735	26.7	5.7	1.8	6,061
ポーントーン郡	18,681	30.5	7.2	2.5	5,606

(注) 国勢調査では県内の人口は約43万1889人だったが本統計では41万8000人となっている。
(出所) Ministry of Planning and Investment, Lao Statistics Bureau (2016a: 93).

現在のルアンパバーン県の人口は約四三万人（二〇一五年国勢調査数値）であり、一一の郡（シェングン、ナーン、パークウー、ナムバーク、ゴーイ、パークセーン、ポーンサイ、チョームペット、ヴィエンカム、プークーン、ポーントーン）とルアンパバーン市から構成されている。表2－3は二〇一五年の国勢調査と二〇一二／一三年度の支出・消費調査結果を基にしたルアンパバーン県の貧困率、貧困ギャップ率（貧困層の支出・収入がどの程度貧困ラインを下回っているかを示し、貧困の程度を表す指標）、二乗貧困ギャップ率（貧困の重度を示す指数）である。どの指標も世界遺産があるルアンパバーン市が圧倒的に低いことがわかる。世界遺産地域とその他の郡では大きな格差が生じているのである。

②フアパン県：革命の拠点

フアパン県はラオス北東部の山岳地に位置しベトナムと国境を接している。現在の人口は約二九万人であり、八つの郡（サムヌーア、シェンコー、ヒアム、ヴィエンサイ、フアムーアン、サムタイ、ソップバオ、エート、クワン、ソーン）から構成されている。県庁所在地はサムヌーア郡である。

ラオス人民革命党にとってフアパン県は歴史的にもっとも重要な場所と言える。抗仏闘争を展開したネオ・ラオ・イサラ（ラオス自由戦線）はサムヌーアに本拠地を置いた。そして一九五四年のジュネーブ協定締結の際、ポンサーリーとフアパンが自由戦線の再結集地として認められた。一九五七年のヴィエンチャン協定によりポンサーリーとフアパンは王国政府に返還されたが、その後も一部地域はネオ・ラオ・イサラやネオ・ラオ・ハック・サート（ラオス愛国戦線。一九五六年にラオス自由戦線から改称）の活動拠点であり続けた。一九五五年三月二二日にはソーイ郡（現ヴィエンサイ郡）ナーメオ村でラオス人民革命党の前身ラオス人民党の結党大会が開催されている。

ヴィエンサイ郡はサムヌーアから約三〇キロメートル東に位置し、石灰岩でできた岩山で囲まれている。岩山には一〇〇以上の洞窟があり、そのうちの一部に一九六一年から一九七五年まで党とラオス愛国戦線の拠点が置かれ、指導者たちが潜伏していた。それぞれの洞窟はそこで生活していた指導者の名前にちなんで、カイソーン・ポムヴィハーン洞窟（写真2－2、2－3）、ヌーハック・プームサワン洞窟、スパーヌウォン洞窟（写真2－4）、

写真2-2　カイソーン洞窟内通路。（撮影筆者）

写真2-3　洞窟内のカイソーンの寝室入り口。（撮影筆者）

カムタイ・シーパンドーン洞窟（写真2－5）などと名付けられ、現在では観光地となっている。実際に指導者たちが使用していたベッド、会議室、また鉄の扉でできた避難用の部屋などがあり、内戦時の様子を垣間見ることができる。

一九七五年以降、ヴィエンサイには政治教育キャンプが置かれ、旧王国政府の軍人や高官など数千人が収容された。

現在、フアパン県はラオスでもっとも貧しい県の一つ

写真2-4　スパーヌウォン洞窟入口。（撮影筆者）

写真2-5　カムタイ洞窟と軍司令部がある岩山。（撮影筆者）

写真2-6　ヒンタン遺跡。（撮影筆者）

である。県の貧困者率は三七％であり、サーラワン県に次いで高い。中でもファムーアン、クワン、ソーン郡は貧困者率が四〇％を超えている。二〇一五年の国勢調査では、県内の六歳以上の人口約二五万人のうち、一五％が教育を受けたことがなく、初等教育を修了していない人は二九・二％に上った。革命の拠点であったファパン県の経済開発は党にとって重要課題の一つと言える。

特に観光は潜在的な開発資源である。シェンクアーン県から山道を走りサムヌーアに向かう途中、道路沿いの家々に織機が置いてあることに気がつく。サムヌーアは染織で有名な町である。また道中には、詳細はいまだに不明だが一五〇〇年前に作られたとされる石柱群と平石からなるヒンタン遺跡もある（写真2－6）。ヴィエンサイの洞窟群からは内戦の歴史を感じ取ることができる。

観光開発には首都ヴィエンチャンからの交通インフラの改善が条件となるが、ファパン県は是非訪れて欲しい場所である。

③ウドムサイ県：北部の交通の要

ウドムサイ県はポンサーリー、サイニャブーリー、ルアンパバーン、ルアンナムター、ボーケーオ県に囲まれた北部交通の要である。県内の八五％が山岳地帯であり、中国とも約一五キロ国境を接している。一一月から三月の乾季には気温が一桁に下がり、一月から二月は一度や二度になることもある。以前はほとんど見なかったが、最近では暖房器具を使用する家庭も増えている（写真2－7）。

写真2-7　ウドムサイ県の市場で売られている中国製暖房器具。（撮影筆者）

ウドムサイ県はもともとルアンパバーン県の一部であり、ウドムサイ県という名称がついたのは一九六〇年代に入ってからである。フランス植民地時代、現在のウドムサイ県の県庁所在地であるサイ郡（ムアンサイ）はルアンパバーン保護国に帰属し、それ以外の郡はルアンパバーン王国の直接の管理下にあった。一九五六年にルアンパバーン王はサイ郡、フン郡、そしてパークター郡をまとめ、ルアンパバーン県に帰属するサイニャプーン地区（ラオス語でキンクウェーンという王国時代に存在した行政区で、県知事の管轄下に置かれていた複数の郡や区をまとめた行政区）を設置した。

その後王国政府と対峙した革命勢力であるパテート・ラオがサイ郡を解放し、一九六二年七月一五日にサイニャプーン地区をラーンサーン県とした。そして一九六五年にラーンサーン県はムアンサイ県に、一九六七年にはウドムサイ県に改称され、また一九九二年にはパークター郡がボーケーオ郡に移譲されて現在に至っている。

現在のウドムサイ県は七郡（サイ、ラー、ナーモー、ガー、ベーン、フン、パークベーン）から構成され、人口は約三〇万人である。県内の民族構成はタイ・カダイ系語族が約二〇%、モーン・クメール系語族が約六〇%、シナ・チベット系語族が約四%、モン・イウミエン系語族が一四%となっている。二〇〇四年に県が発行した県史では、県内にはクム、アーカー、ビット、ルー、モン、レンテンなど二三の民族がいるとされる（本書では各県の資料に基づき、「４民族」の民族構成リスト〈公称〉にない民族名称〈自称〉を一部使用している）。

この一〇年間で急増したのが中国人である、町の中心には中国市場があり、市場の三階には中国人商人たちが住んでいる。薄暗い廊下にはガスコンロが置かれ、さながら中国映画に出てくるワンシーンのような雰囲気である。中国資本の大型ホテルやゲストハウスも増えており、中国人観光客が宿泊している。中国ナンバーの車や中国人経営の食堂も多く、明らかに中国の影響力が強まっていることがわかる。これはウドムサイ県だけでなく北部

写真2-8　ナムカットヨーラパー・リゾート内で象に乗る観光客。（撮影筆者）

全体に言えることである。

近年、県は観光開発に力を入れている。県内にはもともと温泉や滝などいくつかの観光名所がある。現在もっとも有名なのはナムカットヨーラパー・リゾートである。ウドムサイ県サイ郡の中心部から約二〇キロメートルのところに位置し、ナムカット川沿いの保護林にあるリゾートである（写真2－8）。エコツーリズムによる同地区の保護を目的とし、リゾート内ではジップラインやトレッキングなどのアクティビティーを楽しめる。

④シェンクアーン県：激しい戦地から世界遺産へ

ラオス北東部に位置するジャール平原で有名な県であり、七つの郡（ペーク、カム、ノーンヘート、クーン、モーク、プークート、パーサイ）から構成されている。人口は約二四万人である。タイ・ラオ系民族と少数民族の割合はほぼ半々で、特にモン族が多く暮らしている。

県庁所在地はペーク郡である。ただしフランス植民地時代の県庁所在地はクーン郡であった。同郡には現在でも植民地時代の建物や、一九六八年にアメリカの爆撃を受けて崩壊したピアワット寺院の仏像等が残されており（写真2－9）、空爆の激しさを知ることができる。シェンクアーン県は内戦時代にアメリカの激しい爆撃を受けた場所でもある。

アメリカの爆撃は一九六四年一月からシェンクアーン県のジャール平原を中心に始まり、多くの人々が国内難民になった。一九七一年にアメリカ情報サービス局（The United States Information Service: USIS）がヴィエンチャンの難民キャンプで行なった調査では、シェンクアーンの九六村の村民がキャンプ生活をしていたことがわかっている。観光地として有名なジャール平原では、つい一〇年前まで観光客が歩くすぐ横で金属探知機による不発弾調査が行なわれていた。内戦中、学校や病院が設置されていたカム郡にあるピウ洞窟では、一九六八年のアメリカ軍による爆撃で三〇〇人以上が命を落とした（写真2－10）。

ジャール平原はその名の通り巨大な石壺（jar）が並ぶ平原である（写真2－11）。しかし石壺がいったい何かということはいまだに判明していない。これまでの調査で見つかったいくつかの出土品はもっとも古くて紀元前二〇〇〇年くらい前のものと見られているが、石壺は紀元

写真2-9　アメリカ軍の爆撃を受けたピアワット寺院の仏像。(撮影筆者)

写真2-10　ピウ洞窟。(撮影筆者)

写真2-11　ジャール平原サイト1。（撮影筆者）

前八〇〇～紀元前五〇〇年の鉄器時代のものと考えられている。

初めての調査は一九三一～三二年にフランスの考古学者コラニーによって行なわれた。直近では二〇一六年にオーストラリアとラオスの合同チームが調査を行なった。同調査では二五〇〇年前のものと見られる人骨や陶器製の壺に入れられて埋葬された人骨が発見された。調査チームは二次埋葬、またいくつかの一次埋葬の跡地ではないかとの見解を示した。

現在、政府はジャール平原の世界遺産登録申請準備を行なっている。承認されればルアンパバーンとチャンパーサック県のワット・プー遺跡に続きラオスで三番目の世界遺産となる。

⑤ルアンナムター県：少数民族の宝庫

ラオス北西部に位置し、ウドムサイ県と同じように県内の八五％が山岳地帯である。一九六二年に革命勢力パテート・ラオが同地域を支配下に治めた後にルアンナムターという名称がつけられた。

観光ガイドブックには、ルアンナムター県は少数民族の宝庫と書かれている。人口約一七万人のうち約七〇%が少数民族であり、クム、アーカー、ルー、タイ・ダム(黒タイ)、レンテン族などが住んでいる。街の中心にある通りでは、ミサンガなどの小物を売り歩く少数民族の人々を目にする。中にはアヘンを売っている人もいる。このような光景は十数年前から変わっていない。

県内は五つの郡(ルアンナムター、シン、ローン、ヴィエンプーカー、ナーレー)によって構成されている。特にルアンナムター郡から二時間ほどで行けるシン郡は、ルー、タイ・ヌーア、アーカー、ローロー、タイ・ダムなどの少数民族が多く暮らしており、町の市場では民族衣装に身を包み、早朝に籠を背負って野菜などを売りにくる女性の姿を目にする。

県はゴム栽培で有名である。二〇〇〇年代に入り、中国でのゴム需要の高まりにより、中国と国境を接するルアンナムター県ではゴム栽培が急激に拡大した。私が初めて同県を訪れた二〇〇四年はちょうどゴム栽培がブームとなり始めた時期であり、知り合いの県の役人も所有する山一面にパラゴムノキを植えたことを自慢げに語っていた。

現在の県のゴム栽培面積は三万四〇〇〇ヘクタール以上となっており、中国企業を中心に二二企業がゴムビジネスを行なっている。しかし価格の低下によりゴムを伐採し別の作物を植える農民も出てきている。

県庁所在地のルアンナムター郡は静かでのんびりした町だが、中国国境のボーテンに行くと、ここは中国かと見間違うほど中国語の看板と中国人が目立ち、がらりと雰囲気が変わる。

かつてはボーテン国境も静かでトラックの通行もさほどなかった。しかし二〇〇〇年代中盤から、トウモロコシ、サトウキビ、ゴムなど、ボーテン国境を通り中国に運ばれる農作物が大幅に増え、今ではトラックが列をなして国境通過待ちをしている。

また二〇〇〇年代中盤にはカジノも建設され、一気に中国人観光客が押し寄せ周辺の様相は様変わりした(写真2-12)。しかしカジノとともに売春や麻薬などの問題が拡大し、殺人事件も起きるようになった。中国政府の要請もあり、二〇一一年にラオス政府はカジノを閉鎖した。

現在ボーテンでは金融センターなどを含む新たな経済特区を建設中であり、ラオス=中国高速鉄道建設も行な

写真2-12 かつてカジノがあったボーテンのホテル。(撮影筆者)

われ、周辺は建設ラッシュとなっている。

鉄道や経済特区が完成すると、間違いなく中国人観光客や企業が国境を越えてやってくる。そしてヒトやモノの流れはボーテンを超え、ルアンナムター県の中心地、引いては北部全体に及ぶだろう。

⑥ボーケーオ県：拡大する中国の影響

ボーケーオ県は北西部に位置し、タイとミャンマーと国境を接するラオスで二番目に小さい県である。県は五つの郡（フアイサーイ、トンプン、ムン、パーウドム、パークター）によって構成されている。県庁所在地はフアイサーイ郡である。

一九七五年六月一五日、革命勢力パテート・ラオが現在のボーケーオ県地域で行政権力を掌握した。当時、ボーケーオ県はフアコーン県の一地域であり、その後はルアンナムター県の一部となった。ボーケーオ県が設立されたのは一九八三年三月二六日である。設立当初は三郡（フアイサーイ、トンプン、ムン）だけであった。ウドムサイ県からパークター郡とパーウドム郡がボーケーオ県に移譲され、現在の五郡になったのは一九九二年七月である。

写真2-13　ボーケーオ県にあるカジノ。(撮影筆者)

二〇一五年の国勢調査によると、県の人口は約一七万人であり、主にラオ、ルー、クム、タイ・ダム、ニュアン、ラメート、サームタオ、アーカーなど約三〇の民族が暮らしている。

ボーケーオ県の二〇一七年の経済成長率(推計)は七%を超えている。経済を牽引するのは農業である。特にトウモロコシやバナナが主要作物となっている。ピーク時では四三の中国企業が一万ヘクタール以上でバナナ栽培を行なっていた。しかし企業による除草剤の使用により環境や人体への被害が深刻化し、政府は新規バナナプランテーション事業の認可を認めず、県は企業に対して、現在の収穫や契約終了後にカボチャなど別の作物への転換を義務付けた。

一方県内には「ゴールデン・トライアングル特別経済区(経済特区)」があり、既に六〇〇〇人以上の雇用を生み出している。特区にはホテル、レストランなどがあるが、中心はカジノであり、中国人観光客が大半を占める(写真2-13)。カジノで働く労働者の多くも中国人であり、特区周辺はさながら中国である。二〇一二年一二月に対岸のタイ・チェンコーンとの間のメコン川に第四友好橋が開通すると、タイ人も押し寄せるようになった。とはいえ売春も横行し、一時は中国人相手に絶滅危惧種動物の売買も行なわれていたと言われている。ボーテンのカジノは閉鎖されたが、ゴールデン・トライアングル経済特区のコンセッション（国土の使用権や事業にかかる建設、操業、採掘権等を供与する）期間は九九年間であり、今後さらに開発が行なわれる予定である。また、ボーテンとファイサーイ間には高速道路建設計画もあり、中国人観光客や対中国貿易の増加が期待されている。既に県にはナムカーン国立公園などでのツリーハウスへの宿泊やトレッキングツアーなどがあり、外国人観光客の人気を集めている。

しかし中国からタイ、またタイから中国へのヒトとモノの流れの増加が、必ずしもラオスに利益をもたらすとは限らない。もちろん少なからず経済効果はあろう。しかしラオスは通過するだけで、県への経済効果はさほど高くないとの懸念もある。このような通過の問題はサワンナケートの国道九号線（東西経済回廊）などでも指摘されてきた問題である。周辺国との連結をどのように生かすかは、ボーケーオ県だけでなく、ラオスの多くの県が抱える課題である。

⑦ポンサーリー県：最北端の県

ポンサーリー県は中国やベトナムと国境を接し、ラオス最北端に位置している。現在はポンサーリー、マイ、クワー、サムパン、ブンヌーア、ニョートウー、ブンタイの六つの郡から成り、人口は約一七万八〇〇〇人、県庁所在地はポンサーリー郡である。

ポンサーリー郡の中心部までは首都ヴィエンチャンから約八〇〇キロメートル離れており、とにかく行くまでに時間がかかる。車で行く場合、首都ヴィエンチャンを早朝に出発し、ウドムサイ県に一泊してから翌日の午後にポンサーリー県にようやく到着する。最短でも約一七〜一八時間はかかる。道中は曲がりくねった山道であり行くだけで大変だが、山の風景は美しく、ラオスの豊かな自然を感じることができる。つい一〇年前までは道中の山道で、上半身裸で薪の入った籠を背負いながら歩く少数民族の女性の姿も目にした。

ポンサーリー県は山岳地帯にあり、県庁所在地のポンサーリー郡も海抜一四〇〇メートルに位置している。そのため一一月から三月は気温が一桁になり寒く、一日中霧に覆われていることもある。ただし、霧に覆われた町の光景は他の場所では味わえないものである。特にポンサーリー郡の中心部の一角は、ラオスでは珍しく石畳に瓦葺屋根の家が何軒も建っており、どこか別の国に来たのではないかと感じるくらい、情緒ある雰囲気を醸し出している。

ポンサーリー県は他の北部諸県と同様、多くの少数民族が暮らしている。アーカー、プーノーイ、ルー、ホー、ローローなど、主に二三民族がいる。

ポンサーリーはお茶で有名な場所であり、中国企業やマレーシア企業などが投資している。また近年は、プーノーイ族の女性が樹齢四〇〇年の木に登って茶葉を摘む四〇〇年茶が名産品となっており（写真2－14）、お茶のパビリオンもできた。

写真2-14　400年茶の木。（撮影筆者）

最近は作り手が少なくなったが、ラオ・キアオ（緑酒）の産地としても有名である。田舎の村ではお祝い事などの食事では必ずと言ってよいほどラオ・キアオが出される。かつてはポンサーリー郡の中心地にもさまざまな種類のラオ・キアオを売る店があったが現在はなくなり、市場や商店などでしか買えない。以前、私は美味しいと言われるラオ・キアオを求め山道を一三キロメートルほど行ったが、道中で出会う少数民族に村の場所を聞いてもラオス語を理解せず、結局酒造りの村にたどり着くことはできなかった。現在、ポンサーリーの都市部の食事会では中国酒が出されることも多くなった。

ポンサーリー県はラオスの歴史においても重要な場所である。フランス植民地への抵抗運動は南部少数民族によるものが有名だが、実はポンサーリー地域では一九〇八年にルー族が、一九一五年にはクム族などが抗仏闘争を行なった。一九四五～五三年まではマイ郡、クワー郡、サムパン郡が闘争の重要な拠点となった。そしてこれらの地域はその後の革命にとっても重要な役割を果たした。

一九五四年のジュネーブ協定において、ポンサーリー県はファパン県とともにパテート・ラオの再結集地となった。ただし県全体がパテート・ラオの支配地域となったわけではない。一九五七年に第一次連合政府が設立されると現在のポンサーリー郡には王国政府が入ってきた。その後一九六〇年代初頭になると、ポンサーリー、ブンヌーア、ブンタイの三郡は中立派の支配下となった。パテート・ラオの拠点となったのは先述のマイ郡、クワー郡、サムパン郡である。今でも同地域に行くと、革命時代に戦況をカイソーンやカムタイなどの指導部に伝達する任務を担っていた老人に出会うこともある。マイ郡には今でもカイソーンが住んでいた住居が残っている。

このように同じ県内でも歴史が異なる。そして王国政府や中立派の支配地域だった三郡と、革命勢力パテート・ラオの支配地域だった三郡とでは、現在でも町の様相は異なっている。それにはもちろん地形的な要因もある。

今後、県庁所在地はポンサーリー郡からブンヌーア郡に移転される予定である。既に中国企業によって道路や国家機関事務所などのインフラ建設が進められ、教育局など一部公的機関が移転している。今後は政府の予算状況に応じて徐々にすべての国家機関がポンサーリー郡からブンヌーア郡に移転する予定である。したがって、現在ポンサーリー郡にいる県の職員とその家族の多くも移転しなければならない。つまりブンヌーア郡は今後さらに経済開発が進むが、ポンサーリー郡は人口が減少し、少なからず経済に悪影響が出るかもしれない。

⑧サイニャブーリー県：象祭りと発電所の地

サイニャブーリー県は北西部に位置し、タイと長く国境を接している県である。したがって一九七〇年代から八〇年代にかけて、タイからサイニャブーリー県に反政府組織が侵入し、タイとの間で小競り合いが起きていた。

またタイとの間には国境問題もあった。この背景には、サイニャブーリー地域の支配権がラオスとタイの間で何度も入れ替わったことがある。もともとサイニャブーリー地域はラーンサーン王国の一部であったが、一八九三年のフランス・シャム条約によりシャムの支配下に置かれた。そして一九〇四年、一九〇七年のフランス・シャム条約によりルアンパバーン王国領に戻り、一九四一年には再びタイ領となった。その後、サイニャブーリー地域は一九四六年にルアンパバーン王国の領土となり、現在に至っている。

現在、サイニャブーリー県は一一の郡（サイニャブーリー、コープ、ホンサー、グン、シェンホーン、ピアン、パークラーイ、ケーンターオ、ボーテーン、トンミーサイ、サイサターン）から構成され、人口は約三〇万人である。県にはラオ族以外にクム、タイ・ダム、ルー、パイ族などがいる。また二〇一六年時点で一八人しか残っていない森の民であるムラブリ（トーンルアン）族もいる。

現在のムラブリ族は完全に森で生活しているわけではなく、病気などで都市の病院に来ることもある。また県も彼らの近代化を目指し、子供たち数名を試験的にラオ族の家に住まわせラオス語を学習させるなど、同化政策を実施している。しかし同化はうまくいっていない。

サイニャブーリー県はチークや象で有名だが、特に多くの観光客を惹きつけるような観光名所があるわけではないため、ラオスの中でも外国人があまり行く機会がない県である。県中心部でも夜七時を過ぎれば人の行き来が少なくなり、八時を過ぎれば静かになる。私と一緒に全国を回ったラオス人は、「ここはラオスの中でも静かな町だ」と言っていた（写真2-15）。

とはいえここ数年は、毎年二月頃に行なわれる象祭りの時期になると、国内外から多くの観光客が訪れるようになった。サイニャブーリーはラオスでもっとも象が多

写真2-15　高台から臨むサイニャブーリー県中心部の街並み。（撮影筆者）

写真2-16　サイニャブーリー県パークラーイ郡に建設された橋。（撮影筆者）

く生息している県であり、象保護センターもある。在住外国人に象祭りは知られていたが、在住者以外にも知られるようになり、象祭りを目当てにラオスを訪問する外国人観光客もいる。象祭りは、象が多く生息するホンサー、パークラーイ、サイニャブーリー郡の三郡が毎年交代で開催している。

　しかしサイニャブーリーに行くには少し時間がかかる。現在は首都ヴィエンチャンからサイニャブーリーまでの航空便がないため、陸路で行かなければならない。その場合も二通りある。第一は、国道一三号線を北に向かい、ルアンパバーン手前で左折するルート、第二は、首都ヴィエンチャンからメコン川沿いを北上しヴィエンチャン県サナカーム郡を通り、サイニャブーリー県パークラーイ郡のメコン川を渡り北上するルートである。第一ルートの所用時間は約八～九時間、第二ルートは約九～一〇時間ほどだった。特に第二ルートは道も悪く、パークラーイ郡のメコン川を渡し船で車ごと渡る必要があったため、かなり時間がかかった。通常、渡し船は車がいっぱいになるまで出発しないため、長時間待たされることがある。したがってこれまでは、第一ルートが一般的なルートであった。

しかし道路が舗装され、二〇一七年にパークラーイ郡のメコン川に橋が架かると（写真2－16）、首都ヴィエンチャンから約六～七時間で行けるようになった。今では第二ルートで行く方がより一般的となっている。

近年、サイニャブーリー県では大規模発電所が建設され、ホンサー郡ではラオス初の火力発電所が稼働している。建設費用は約三七億ドル、設置発電能力は一八七八メガワットである。また現在、県内のメコン川主流では約三五億ドルでサイニャブーリーダムが建設中である。両発電所の建設にはタイ企業が参加し、生産された電力のほとんどはタイに輸出され、タイの電力安定化を支えることになる。またパークラーイ郡のメコン川主流にも水力発電所の建設が計画されている。

かつて反政府組織や国境問題を抱え、関係がさほど良くなかったサイニャブーリー県とタイは、経済的結びつきを強め、お互いを支え合う関係へと生まれ変わろうとしている。両者の関係は、まさにラオスとタイ両国関係の変遷を如実に物語っている。

中部

中部ラオスはベトナム国境沿いのルアン山脈（アンナン山脈）から、高原や丘陵、そしてメコン川の平地に傾斜している地域である。このルアン山脈によって中部の気候が形作られる。

ルアン山脈は南シナ海など東側からやってくる台風を防ぎ、インド洋から吹くモンスーンがこのルアン山脈にぶつかって雨となる。その水がメコン川の支流に流れ込み、中部には、グム川（シェンクアーン県→サイソムブーン県→ヴィエンチャン県を流れる。全長三五四キロメートル）、セーバンヒアン川（サワンナケート県。全長三三八キロメートル）、セーバンファイ川（カムアン県→サワンナケート県。全長二三九キロメートル）、セーラノーン川（サワンナケート県。全長一一五キロメートル）、カディン川（ボーリカムサイ県。全長一〇三キロメートル）など、全長一〇〇キロメートル以上の川がいくつもある（「セー」は川の意味。主に南部で使われる）。

メコン川まで達すると平野が広がっている。首都ヴィエンチャンやヴィエンチャン県に位置するヴィエンチャ

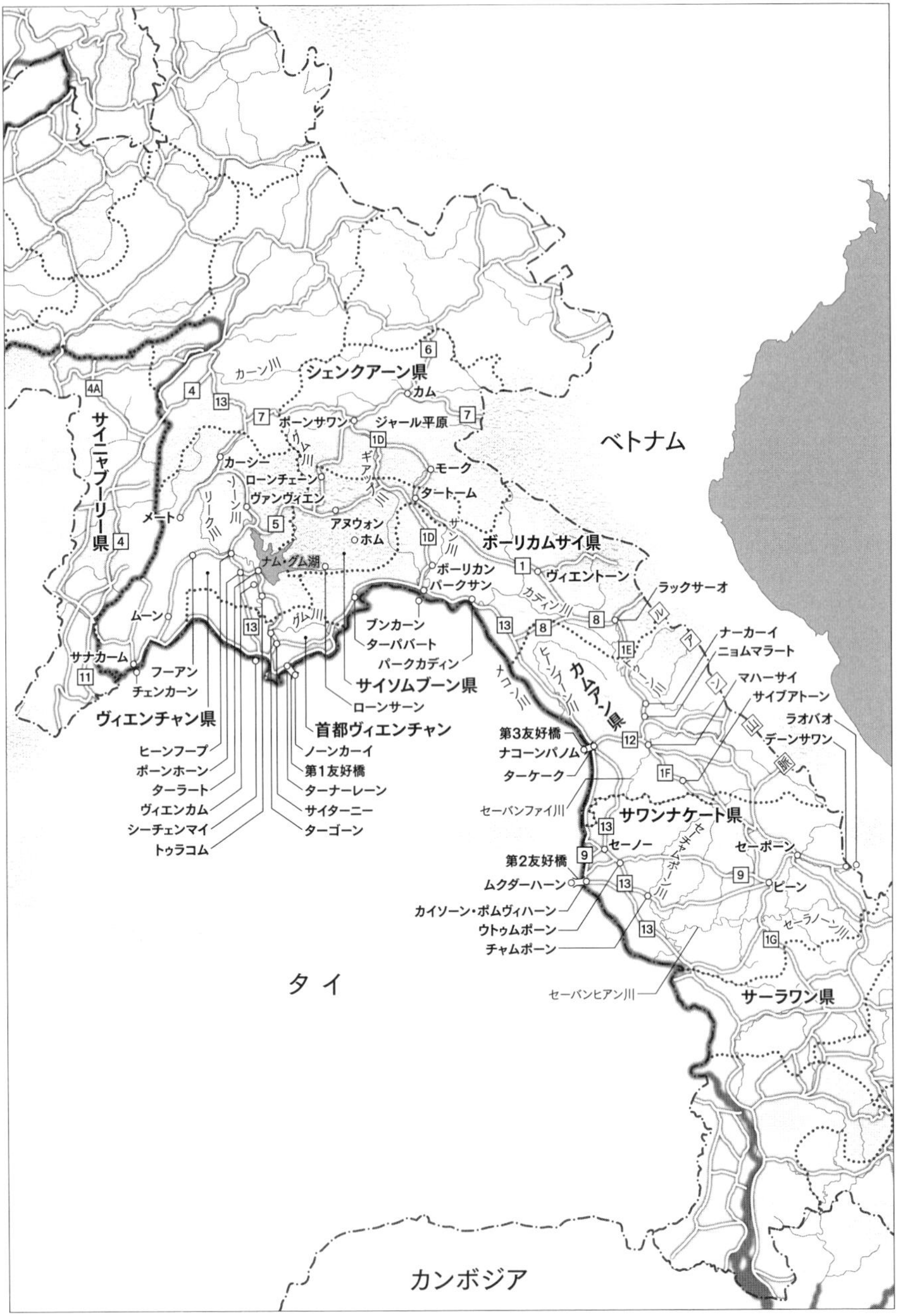
ベトナム
タ イ
カンボジア
シェンクアーン県
カーン川
カム
ボーンサワン
ジャール平原
カーシー
ローンチェーン
ヴァンヴィエン
メート
サイニャブーリー県
アヌウォン
ホム
ターートーム
モーク
ボーリカムサイ県
ボーリカン
パークサン
ヴィエントーン
ラックサーオ
カディン川
ナム・グム湖
グム川
ムーン
サナカーム
フーアン
チェンカーン
ヴィエンチャン県
ブンカーン
ターパバート
パークカディン
サイソムブーン県
ローンサーン
首都ヴィエンチャン
ヒーンフープ
ボーンホーン
ターラート
ヴィエンカム
シーチェンマイ
トゥラコム
ノーンカーイ
第1友好橋
ターナーレーン
サイターニー
ターゴーン
カムアーン県
ナーカーイ
ニョムマラート
マハーサイ
サイブアトーン
ラオバオ
デーンサワン
第3友好橋
ナコーンパノム
ターケーク
セーバンファイ川
サワンナケート県
セーノー
セーポーン
第2友好橋
ムクダーハーン
ピーン
カイソーン・ポムヴィハーン
ウトゥムポーン
チャムポーン
セーラノーン川
セーバンヒアン川
サーラワン県
アンナン山脈

地図3　中部

表2-4　各県の雨季作、乾季作の水田作付面積（2014，2015年）

雨季作　単位：ha

県	2014年	2015年
北部	127,638	126,400
ポンサーリー	7,436	7,682
ルアンナムター	11,663	10,458
ウドムサイ	15,895	15,387
ボーケーオ	14,761	14,643
ルアンパバーン	13,992	13,949
フアパン	12,313	12,632
サイニャブーリー	31,952	32,236
シェンクアーン	19,526	19,413
中部	414,525	422,179
首都ヴィエンチャン	55,530	54,064
ヴィエンチャン	51,590	51,816
ボーリカムサイ	36,666	35,111
カムアン	74,789	73,818
サワンナケート	188,630	200,050
サイソムブーン	7,320	7,320
南部	218,888	220,614
サーラワン	74,670	75,935
セーコーン	9,098	9,098
チャンパーサック	113,055	112,879
アッタプー	22,065	22,702

乾季作　単位：ha

県	2014年	2015年
北部	8,313	7,647
ポンサーリー	4	20
ルアンナムター	225	169
ウドムサイ	443	207
ボーケーオ	2,020	1,486
ルアンパバーン	1,322	1,508
フアパン	1,576	1,600
サイニャブーリー	2,723	2,657
シェンクアーン	–	–
中部	68,154	66,389
首都ヴィエンチャン	17,961	17,166
ヴィエンチャン	8,555	9,090
ボーリカムサイ	2,698	2,039
カムアン	10,350	8,223
サワンナケート	28,548	29,863
サイソムブーン	42	8
南部	26,037	24,983
サーラワン	12,270	13,130
セーコーン	912	743
チャンパーサック	12,500	10,843
アッタプー	355	267

（注）計画・投資省統計ではシェンクアーン県は中部に入っているがここでは行政における地域区分に基づきシェンクアーン県を北部としている。
（出所）Ministry of Planning and Investment, Lao Statistics Bureau (2016b: 67-68)。

ン平野は稲作中心地の一つである。表2－4は二〇一四年、二〇一五年の各県の雨季作、乾季作の水田作付面積である。中部が北部と南部よりも圧倒的に作付面積が多いことがわかる。首都ヴィエンチャンから車で国道一三号線を南に下って行くと、水田が一面に広がっている。サワンナケートにもセーバンファイ川とセーバンヒアン川が作る平野がある。しかし、ラオスには近隣のタイ、ベトナム、カンボジアのような「熱帯デルタという米びつ」がなく、平野に人口が密集しているわけではない（河野・落合・横山，2008）。

　とはいえ首都ヴィエンチャンの人口は約八二万人で全国二位、サワンナケート県は約九七万人と全国でもっとも多く、中部六県には全人口の約四六％が居住している。その七〇％はタイ・ラオ系民族である。

　少数民族はクム、マコーン、カターン、モン、タオーイ、スワイなどが比較的多い。また、ボーリカムサイ県からカムアン県にかけての国道一三号線沿いには、村の入り口に十字架が掲げられている場所がいくつもある。この地域はラオスでキリスト教が最初に普及した場所でもあり、今でも多くのキリスト教徒が住んでいる。

中部は首都ヴィエンチャンの他にも比較的大きな都市があり、政治、経済の中心と言える。南北を走り経済を支える国道一三号線に接続する八号線がボーリカムサイ県、一二号線がカムアン県、九号線（東西経済回廊。二二五ページ参照）がサワンナケート県を通っている。特にカムアン県とサワンナケート県にはタイとの間に友好橋が架かっており、経済特区も設置された。サワン・セーノー経済特区（サワンナケート県）には既に多くの企業が進出している。

ターケーク経済特区（カムアン県）は現在開発中であり、六五階建ての金融センターやテーマパークの建設が予定されている。また今後九号線沿いにはマレーシア企業による鉄道の敷設が予定され、ボーリカムサイ県パークサン郡にもタイ（ブンカーン）との間に橋が架かる。

中部はこれまで以上に近隣諸国とラオスを結ぶ重要な物流拠点、また経済の中心地となる可能性が高い。

①首都ヴィエンチャン：ラオスの顔か？ 異質な場所か？

一五六〇年、セーターティラート王がシェンドーンシエントーン（ルアンパバーン）からヴィエンチャンに遷都し、ラーンサーン王国の王都となった。そしてラーンサーン王国がルアンパバーン王国、ヴィエンチャン王国、チャンパーサック王国の三つに分裂して以降も、ヴィエンチャンは引き続きヴィエンチャン王国の王都と定められた。しかし一八二七〜二八年にシャムが入城し、町を徹底的に破壊するとともに人々をシャムに強制的に連行すると、ヴィエンチャンは廃墟となった。

その後ラオスを植民地としたフランスは、一八九九年にヴィエンチャンに理事官を派遣し首都と定めた。これは町の復興にとって絶好の機会になったと言える。そして一九五三年にフランス・ラオス連合友好条約が締結されると、ルアンパバーンはラオス王国の王都となり、ヴィエンチャンは行政首都に定められた。

このように一五六〇年の遷都以降、ヴィエンチャンは一時を除いて政治・行政の中心地であった。一九七五年のラオス人民民主共和国建国後もそれに変わりはない。しかし建国後の一九七六年から一九八一年までは、ヴィエンチャン県・特別市と呼ばれ、現在のヴィエンチャン県と首都ヴィエンチャンは一つの行政区とされた。表2－5は現在の首都、ヴィエンチャン県、かつてのヴィエンチャン県・特別市を構成する郡を示している。表を見ると、県・特別市には現在の首都ヴィエンチャンとヴィエンチャン県を構成する郡の多くが含まれていることがわかる。また当時はボーリカムサイ県が設立されていなかったため、現在は同県の県庁所在地であるパークサン郡がヴィエンチャン県・特別市に含まれていた。

首都ヴィエンチャンは経済の中心地であり、企業も首都に集積している。表2－6は二〇一三年に行なわれた第二回全国経済調査による各県（調査時にはサイソムブーン県が設置されていなかったため首都・一六県での調査）の企業数を示している。調査は二〇一三年五月時点での登録数一七万八五五七の企業単位のうち、一三万四五七七企業を

表2-5　ヴィエンチャン県・特別市、首都ヴィエンチャン、ヴィエンチャン県の構成郡

ヴィエンチャン県・特別市（1975年～1981年）	ヴィエンチャン県（2017年）	首都ヴィエンチャン（2017年）
チャンタブーリー	ポーンホーン	チャンタブーリー
シーコータボーン	トゥラコム	シーコータボーン
トゥラコム	ケーオウドム	サイセーター
ポーンホーン	カーシー	シーサッタナーク
サイセーター	ヴァンヴィエン	ハートサイフォーン
パークサン	フーアン	ナーサーイトーン
カーシー	サナカーム	サイターニー
ハートサイフォーン	メート	サントーン
ヴァンヴィエン	ヴィエンカム	パークグム
ナーサーイトーン	ヒンフープ	
サナカーム	ムーン	
シーサッタナーク		
ホム		
ケーオウドム		

（出所）Sulaphon（1998：33-34），Ministry of Planning and Investment, Lao Statistics Bureau（2017: 15, 17）。

表2-6　各県の企業数

県	企業数	割合（%）
首都ヴィエンチャン	35,187	28.2
ポンサーリー	1,565	1.3
ルアンナムター	2,238	1.8
ウドムサイ	3,875	3.1
ボーケーオ	2,330	1.9
ルアンパバーン	9,226	7.4
フアパン	2,424	1.9
サイニャブーリー	8,295	6.6
シェンクアーン	4,211	3.4
ヴィエンチャン	11,258	9.0
ボーリカムサイ	5,042	4.0
カムアン	6,057	4.9
サワンナケート	13,789	11.0
サーラワン	3,254	2.6
セーコーン	1,549	1.2
チャンパーサック	11,426	9.2
アッタプー	3,147	2.5

（出所）Khana siinam kaan samluat seetthakit thua patheet（2015: 59）。

写真2-17　首都ヴィエンチャンにあるハードロックカフェ。（撮影筆者）

対象に行なわれ、そこから教育機関や保健機関などの非営利団体九七〇四社を除いた一二万四八七三社の数値である。表からは全企業数の二八・二％が首都に位置していることがわかる。

首都の一人当たり年間平均所得は約五〇〇〇ドル（二〇一七年）であり、全国平均の二倍以上となっている。第二の都市パークセーがあるチャンパーサック県でも一人当たり平均所得は約二二〇〇ドルである。首都ヴィエンチャンでは高級車が街を走り、さまざまな国のレストランやカフェ、ショッピングモールが建ち並んでいる（写真2－17）。店の移り変わりも激しく、近年では外国人向けのマンションやアパートの建設ラッシュが続いている。首都ヴィエンチャンはラオスのどの場所でも見られないような経済発展を遂げており、ラオスの中では異質な場所とも言える。

とはいえ九つの郡すべてが同じような経済発展を遂げ、政治、経済の中心として機能しているわけではない（地図4）。中心は四郡（チャンタブーリー、サイセーター、シーコータボーン、サイターニー）であり、ここに政府省庁や外国企業が集中している。特にチャンタブーリー郡にはパトゥ

地図4　首都ヴィエンチャン地図

写真2-18　パトゥーサイ（凱旋門）。（撮影筆者）

ーサイ（凱旋門。写真2-18）、オントゥー、ホーパケーオ、シーサケートの各寺院、国家主席宮殿などの観光名所もある。

一方、サイセーター、シーコータボーン、サイターニーの三郡も含め、その他の郡では水田が広がり、竹皮でできた家が並び、道路沿いを水牛、山羊、鶏が歩いている姿を目にする。特にサントーン郡やパークグム郡などは貧困者率が人口の一二%を超えている。チャンタブーリー郡の貧困者率は五%と全国でもっとも低い。同じ首都でも中心の四郡とそれ以外の郡では様相がずいぶん異なっている。

首都には各地から人が集まってくる。また高等教育機関が充実しているため、子供を首都にいる親戚に預けて中学校や高校に通わせる人も多い。特に二〇〇〇年代初頭まで総合大学は首都ヴィエンチャンの国立大学一校しかなく、国立大学に通うとなれば自ずと首都に来るしかなかった。今ではルアンパバーン県、サワンナケート県、チャンパーサック県に国立大学ができたため、わざわざ首都に来ることもなくなったが、それでもラオス国立大学を目指す学生は多い。その一つの理由が首都への憧れである。

ラオスの人々の多くは毎日タイのテレビを見ており、バンコクが首都ヴィエンチャンよりもはるかに発展していることを知っている。しかし、首都ヴィエンチャンには地元にないショッピングモールや娯楽施設がある。大学を卒業し田舎に帰る学生もいるが、首都ヴィエンチャンで就職先を探す人も多い。当然、首都は他地域よりも就職の機会に恵まれているが、一部の学生にとっては首都での楽しく便利な生活が留まる理由となっている。

②サイソムブーン県：軍事管理から通常の県へ

二〇一三年一二月一二日、第七期第六回国会でヴィエンチャン県サイソムブーン郡を新たに県として設置することが承認され、一二月三一日に一八番目の県として正式に誕生した（写真2－19）。県の名称は同地域が解放闘争における最後の勝利の地であることから、完全勝利と名付けられたと言われている（「サイ」とは勝利、「ソムブーン」は完全という意味である）。

サイソムブーン県はこれまで複雑な歴史をたどってきた。サイソムブーンのローンチェーンにはかつて、アメリカＣＩＡによって支援・訓練を受けたモン族反政府ゲリラ部隊の拠点があった。ローンチェーンには飛行場も建設され、一時は最大で約四万五〇〇〇人にのぼるゲリラとその家族が居住していた。この飛行場にはＣＩＡによって設立された航空会社エア・アメリカの飛行機が発着し、武器や食料などの必要物資の他、同秘密部隊の重要な資金源であったアヘンの輸送を行なっていた。そのような背景もあり、一九七五年の建国後もこの地域にはゲリラ部隊が残り政府軍と衝突を繰り返した。

そこで、人民革命党の最高意思決定機関である政治局

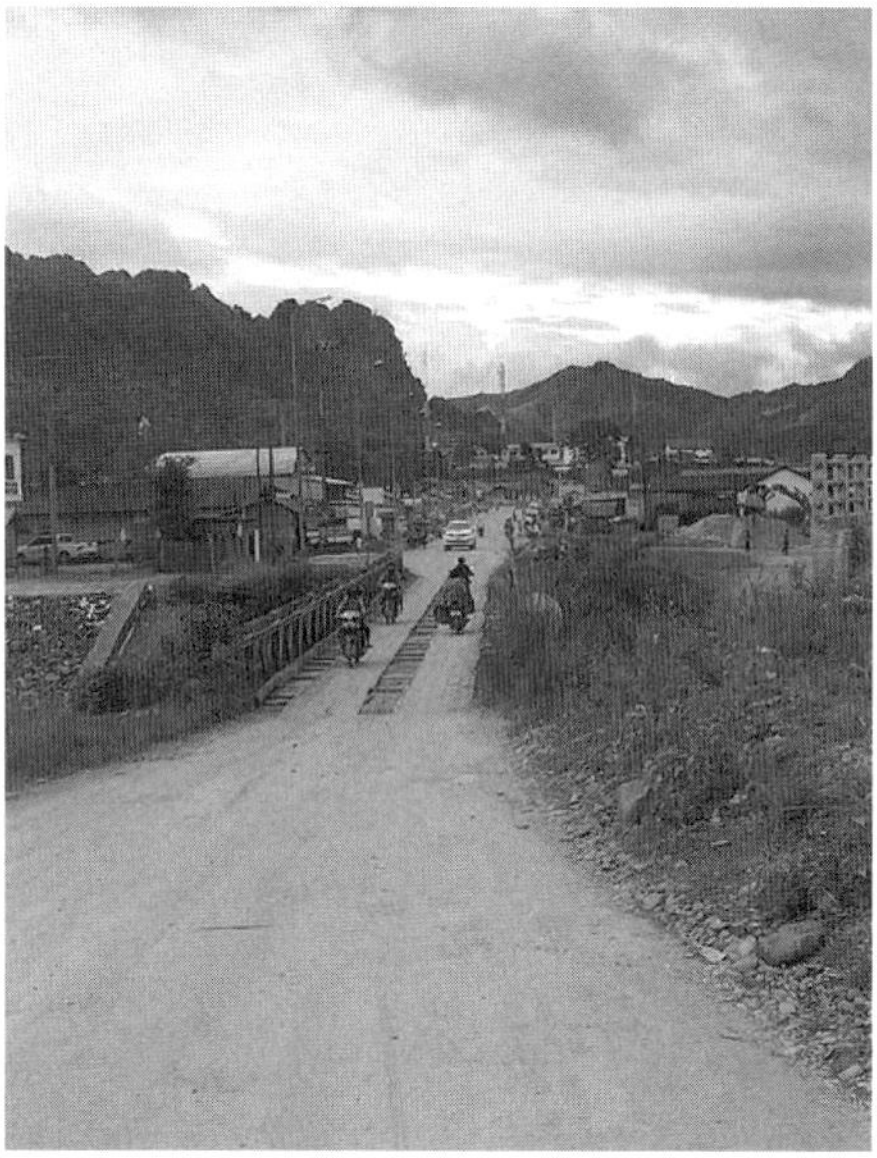
写真2-19　サイソムブーン県の中心地。（撮影筆者）

は一九九四年六月、軍事管理を目的にサイソムブーン特別区を設立した。特別区には、ヴィエンチャン県からサイソムブーン郡、ホム郡、ヴァンヴィエン郡の一部、シエンクアーン県からはタートーム郡、またボーリカムサイ県からはボーリカン郡の一部が編入された。

　反政府ゲリラの掃討にはベトナム軍も動員されたが、同地域の治安は長らく改善せず、二〇〇〇年代に入っても政府軍と反政府ゲリラの間で散発的な衝突が続いた。また二〇〇三年頃までは、北部国道一三号線のヴァンヴィエンやカーシー地域でバスや車への銃撃・襲撃事件が相次いだ。中には山賊によるものもあるが、多くはサイソムブーン地域の反政府ゲリラによる事件と見られている。

　しかし二〇〇〇年代中盤になると、残党ゲリラの弱体化や軍事作戦が功を奏したことで、治安問題は徐々に解決されてきた。それを受けて特別区は二〇〇六年に廃止され、五つの構成郡はヴィエンチャン県とシェンクアーン県に再び割譲された。二〇一三年に新設されたサイソムブーン県も五郡（かつてのサイソムブーン郡を分割したアヌウォン郡とローンチェーン郡、ヴィエンチャン県ホム郡を分割したホム郡とローンサーン郡、シェンクアーン県の構成郡であったタートーム郡）で構成され、人口は約八万五〇〇〇人となっている。

　しかしこれは法律で定められた人口一二万人という県設立要件を満たしていない。それでもサイソムブーンを県として設立したのには、経済・社会インフラ整備を通じて同県の貧困問題を解決する狙いがある。サイソムブーンは治安が安定しなかったことからインフラ開発も進まなかった。特別区が設立された一九九〇年代中盤でも、一部地域でコメが年間七~九ヵ月不足することもあり、同地域の開発は当初から党にとって大きな課題だったのである。

現在、サイソムブーンの経済開発はゆっくり進んでいる。しかし治安が完全に回復したわけではない。二〇一五年一一月からサイソムブーン地域で断続的に車輌襲撃・銃撃事件が起き死傷者が出た。その背景には二〇一六年に第一〇回党大会、国会・県人民議会選挙、ASEAN首脳会議、そしてオバマ・アメリカ大統領の来訪という政治日程を控え、反政府組織が活動を再開させたことがある。

党大会後の二〇一六年三月になってもバスや車への襲撃事件があった。一連の事件を受けて党は、党大会後に県党書記・知事を文民政治家から軍人に交代させている。

③ヴィエンチャン県：もう一つのヴィエンチャン

ラオスには先述した首都ヴィエンチャンとヴィエチャン県の二つのヴィエンチャンがある。一般的に日本では、ヴィエンチャンというと首都ヴィエンチャンを指し、ヴィエンチャン県のことを知らない人は多い。

建国後の一九七六年から一九八一年まで、ヴィエンチャン県は現在の首都ヴィエンチャン（以前はヴィエンチャン特別市）と合併し、ヴィエンチャン県・特別市という一つの行政区だった。しかし政治局は一九八一年八月二〇日に県と特別市の分割を決定する。その理由は、末端を密接に指導できないこと、党執行委員が常駐していない郡が問題を抱えていること、そして、都市部以外の郡を敵が活動の拠点にしていることなどであった。つまりヴィエンチャン県・特別市の範囲が広いため、党の管理が行き届かなかったことが理由と言える。

現在のヴィエンチャン県は人口約四一万人であり、一一の郡（ポーンホーン、トゥラコム、ケーオウドム、カーシー、ヴァンヴィエン、フーアン、サナカーム、メート、ヴィエンカム、ヒーンフープ、ムーン）から構成されている。県庁所在地はヴィエンカム郡である。

首都ヴィエンチャンに近いため、ヴィエンチャン県も首都と同様の発展を遂げているとイメージする人も多いが、実は貧困地域はいまだに多い。県内の一人当たり年間平均所得は約一七〇〇ドル（二〇一六年）であり、貧困者率は一六・五％（二〇一五年）と首都ヴィエンチャンに

激しくアジアに行きたくなる、メコン川探検記
——角幡唯介氏が『メコンを下る』を読む。

▶メコン川といえば黄河、長江、ガンジス、インダスに比肩しうるアジア有数の大河である。中学校の教科書にも載っていたことから、誰もが名前ぐらいは知っているスター河川と言っていい。そのスター河川の源流探検が行われて源頭が発見されたのが、なんと二十世紀末、つまりつい最近のことだったといえば、皆さん驚くだろうか。

▶驚かないかもしれない。どうでもいいと言われれば、その通りだ。しかしこれはかなり驚愕する偉業である。十九世紀にアフリカで行われていたような地理的探検が、源頭発見という立派な成果をともなって人知れず継続されていたのだ。しかも日本の無名の若者たちによって。探検冒険に関心の高い欧米なら大きなニュースになっていたことだろう。

▶無名の、と書いたが著者の北村氏は名門東京農大探検部の監督をつとめた業界では知らない人のいない有名探検家だ。私も本人から「またメコン行くんだ」「本を書いているんだ」と聞き、そのたびに「あ〜そうですか」と受け流していた。じつは何をしているのかよく知らなかったのである。それに本も出る出ると言って全然出ないもんだから、その話は流れたものだと思いこんでいた。それが今になって出たのですぐに読んだが、本当に意味のある地理的発見をしているので仰天した。どれだけ時代を逆行しているんだと半ば呆れる思いだった。

▶仰天したのは探検の素晴らしい業績もあるが、本として純粋に面白かったことも大きかった。構成としては旅を時系列でつづっただけだが、結果的にそれが見事な物語となっている。源流部の地理的源頭発見の記録にはじまり、チベット上流部の深い峡谷内部における決死の激流下りへの挑戦を経て、最後は竹筏や地元の船に乗り換えながら、下流部の東南アジアの国々をのんびりと下る。それぞれのパートで、それぞれのメコンが顔を変えて登場し、山あり谷ありで飽きることがない。読みやすい文章に流されるように一気に読み終えた。

▶足掛け十二年、六百七十五頁におよぶ長い旅の記録で、私の心に一番刺さったのはじつは後半ののんびりした下流部の部分だった。本来の読みどころは源流探検や上流部の冒険川下りの部分なのだと思う。そもそも最後ののんびり下りは、彼らが狙っていたメコン全流航下という世界初記録を別の探検家に達成されてしまった後の、目的を失った後の余興のような旅だった。しかしこの部分が実にいいのだ。それまでのハラハラした激闘から一転した、滔々と流れる飴色のメコンと一体化したような旅。人々との交流の中を無為とも思える時間が流れており、私たちが思い浮かべるメコンがすぐそこにあるのだ。本書を読みながら私は激しくアジアに行きたくなった。

▶若者が力をあわせて、かけがえのない何か大事なものを手に入れる。それは旅という行動様式のみが可能にする、人生における宝石のような瞬間だ。そう書くと陳腐で感傷的な表現のように思えるが、しかしそれを描くのに成功した記録や本はそう多くない。本書を読んで私は、こんな大きな川をこんな長い年月をかけて何度も挑戦した彼らのことを、率直に羨ましく思った。こんな冒険は、一生に一度あるかないかだ。彼らはそれを手に入れた。それは人生を手に入れたに等しいことである。

▶好感の持てる素晴らしい青春記であり、稀に見る旅行記だ。ぜひ多くの人に読んでもらいたい。

［文藝春秋 2017年11月号より転載］

次いで低い。しかしカーシー、フーアン、メート、ムーン郡など山岳地域の貧困者率は二〇%を超えており、特にムーン郡は三〇%以上となっている。

これらの地域は山岳地帯に加え、建国後も反政府組織の活動拠点だったこともあり、開発が進まなかった事情がある。特に二〇〇〇年代に入ってからも、北部国道一三号線のカーシー地域ではバスや車への襲撃事件が頻繁に発生した。

治安が安定した二〇〇〇年代中盤から、県内ではゴム栽培が拡大し、今では国道一三号線沿いの山一面にパラゴムノキが植えられている。また二〇一三年からはヒーンフープ、ヴァンヴィエン、フーアン郡でバナナ栽培が始まった。しかし他地域と同様に環境への被害が拡大し、県当局は二〇一七年に県内でのバナナ栽培中止を決定した。

現在県が開発を進めているのがエネルギー・鉱物セクターである。ヴィエンチャン県は二〇一六年、県が承認した鉱物事業から二一億六〇〇〇万キープの収入を得た。県内では調査段階のものを含め、九三社が一二五の鉱物事業を実施している。

また県内では五つの水力発電所が稼働し、一五事業が調査段階にある。もっとも有名なものは日本が支援したナム・グム(グム川)1水力発電所であり、東南アジアのバッテリーを目指すラオスの象徴的なダムと言える。

同ダムがあるナム・グム湖は観光名所であり、週末になると多くの観光客が訪れる。遊覧船で湖をめぐり、湖畔で魚料理などを楽しめる。また最近ではジェットスキーなどの水上アクティビティーも充実している。ナム・グム湖周辺のターラートには公務員が会議や研修を行なう施設などもあり、公務員にとっても大変身近な場所となっている。政府公務員にとって、ターラートで会議や研修を行なうことは一種の娯楽であり、首都からも近いため、各省庁は何かあるとすぐターラートで会議を開催する。

④ボーリカムサイ県:木材とダムによる経済発展

ボーリカムサイ県は一九八四年三月に設立された新しい県だが、実は一九六〇年代にもボーリカムサイ県は存在した。

もともとは一九六一年、王国政府が現在のボーリカムサイ県地域の一部にボーリカン県を設立した。一方、ボーリカン県の東側は革命勢力の支配地域であり、一九六七年一〇月にネオ・ラオ・ハック・サートが四郡からなるボーリカムサイ県を設立する。革命勢力が権力を掌握するとボーリカン県は廃止され、ボーリカムサイ県も三郡はカムアン県に、一郡はパークサン郡に合併されヴィエンチャン県・特別市となった。

現在のボーリカムサイ県の人口は約二三万人であり、県内には二二の民族が居住している。ラオ族の他はクム、モン、ポーン、トゥム、タイ・ヌーア、プー・タイ、カターン族などが多い。県は七郡（パークサン、ターパバート、パークカディン、ボーリカン、カムクート、ヴィエントーン、サイチャムポーン）から構成され、県庁所在地はパークサン郡であり、首都ヴィエンチャンから車で二時間ほどの距離に位置する。パークサンは特に有名な観光地があるわけでもなく、南部に向うときの通過点であり、外国人観光客も少ない。

ボーリカムサイ県はラオスで最初にキリスト教コミュニティーが拡大した地域であり、今でも村の入り口に十字架を掲げているところも多い。宗教問題を担当する県建設戦線によると、近年ではプロテスタントの外国人宣教師が政府の許可を得ずに布教活動を行ない、ときには若者を現金やモノで買収し改宗させることもあるという。また一部カルト化した若者が神にささげるために家族を殺害する事件も起きるなど、他県に比べて宗教問題が多く発生している。

またボーリカムサイ県は木材が豊富であり、ベトナム国境沿いにあるラックサーオという町にはかつて、軍営企業である山岳部開発公社（BPKP）の拠点が置かれ木材伐採・輸出により莫大な収益を得ていた。政府関係者が絡む不法伐採・輸出も多く、ボーリカムサイ県には「木材御殿」と揶揄された大きな家がいくつもある。木材は今でも県にとって重要な収入源である。

また現在、総発電容量二九〇メガワットのナム・ギアップ（ギアップ川）1水力発電所が建設されている。これはタイ発電公社（EGAT）、関西電力、ラオス政府が出資するラオ・ホールディング・ステイト・エンタープライズ三社によるプロジェクトであり、コンセッション期間は二七年である。この間、同プロジェクトはラオスに税金や配当などを含め約六億ドルの収入をもたらすと期待されている。
つまり、これといった産業がないボーリカムサイ県が経済開発を進めるには、今後も天然資源に依存するしかないのである。

⑤カムアン県：期待される経済発展

首都ヴィエンチャンから三六〇キロメートル南に下ったメコン川沿いにカムアン県の県庁所在地ターケーク郡がある。そこから東側のベトナム国境までは一四五キロメートルしかない。カムアン県はラオスの中でもっとも横に狭い県である。県は一〇の郡によって構成され、人口は約三九万人であり、ラオ、プー・タイ、タイ、セーク、マコーン、グワン、トゥリー、クリー、モンなどの民族がいる。

フランス植民地時代、ターケークでは独立派のラオ・イサラ（自由ラオス）とフランスとの間で激しい戦闘が行なわれた。一九四六年三月一七日にフランス軍がチャンパーサック県パークセーから北上しサワンナケートを奪うと、三月二一日早朝から現在のサワンナケート県セーノーから飛び立った戦闘機や装甲車でターケークを攻撃した。ラオ・イサラ勢力はスパーヌウォン殿下の指揮下、ターケークでフランス軍と対峙した。フランス軍は一時後退するが激しい第二次攻撃によりターケークに迫り、夕方五時にはターケークの町は制圧された。スパーヌウォン殿下は撤退命令を出し、自らも船でタイ側に逃げようとするが、フランス軍の爆撃を受け重傷を負った。

ターケークの戦いでラオ・イサラ勢力は大きな打撃を受け、フランスにとってはラオスを支配する上で重要な勝利となった。

現在でも町の中心にはフランス植民地時代のコロニアル建築が多く残っており、独特の雰囲気を醸し出している。静かな町であり何か特別なものがあるわけではないが、ターケークには不思議な魅力がある。

しかし現在、ターケークは経済開発を推進し変化の兆しを見せている。二〇一一年一一月、タイとラオスを結ぶ三つ目の友好橋がターケークとナコーンパノムの間に架かり、ヒトとモノの流れが活性化した。今では六五階建ての国際金融センター、テーマパーク、ホテル、エコツーリズムサイト、居住区などを含め、総額約一〇〇億ドルの経済特区が建設中である。またヴィエンチャン↓

ターケーク→ベトナムを結ぶ鉄道の実施可能性調査も始まった。実現すればベトナムのヴンアン港（ハティン省）へのアクセスルートとなる。今後ターケーク周辺は大きく変化する可能性が高い。

⑥サワンナケート県：中途半端な県からの脱却

　サワンナケートはラオス最大の県であり一五の郡から構成されている。人口も約九七万人ともっとも多い。しかし広い県内に人口が分散しており、人口密度は一平方キロメートル当たり四五人とさほど高くない。そのため近年は、住民への効率的な行政サービスの提供を理由に県の分割という案も浮上している。

　フランス植民地時代、サワンナケート県には一時期行政上の首都が置かれていた。また中心地から東に約三〇キロメートル地点にあるウトゥムポーン郡セーノーには（写真2－20）、フランスの軍事基地が置かれていた。Senoとはフランス語のsud（南）、est（東）、nord（北）、ost（西）の略である。セーノーはインドシナ地域の戦略的地点に位置しており、ラオス国内では南北を走る国道一三号線と、東西を走る九号線が交わる場所にある。かつてのフランス軍基地は、その後ラオス王国軍、そして現在ではラオス人民軍の空軍基地となっている。

　県庁所在地はメコン川沿いに位置するカイソーン・ポムヴィハーン市である。以前はカンタブーリー郡と呼ばれていたが、二〇〇五年に建国の父でありサワンナケート県で生まれた故カイソーン・ポムヴィハーン党書記長の名に改称された。

　カイソーン・ポムヴィハーン市は二〇〇〇年代中盤までは中途半端な町であった。ラオス最大の県の県庁所在

写真2-20　セーノーの標識。（撮影筆者）

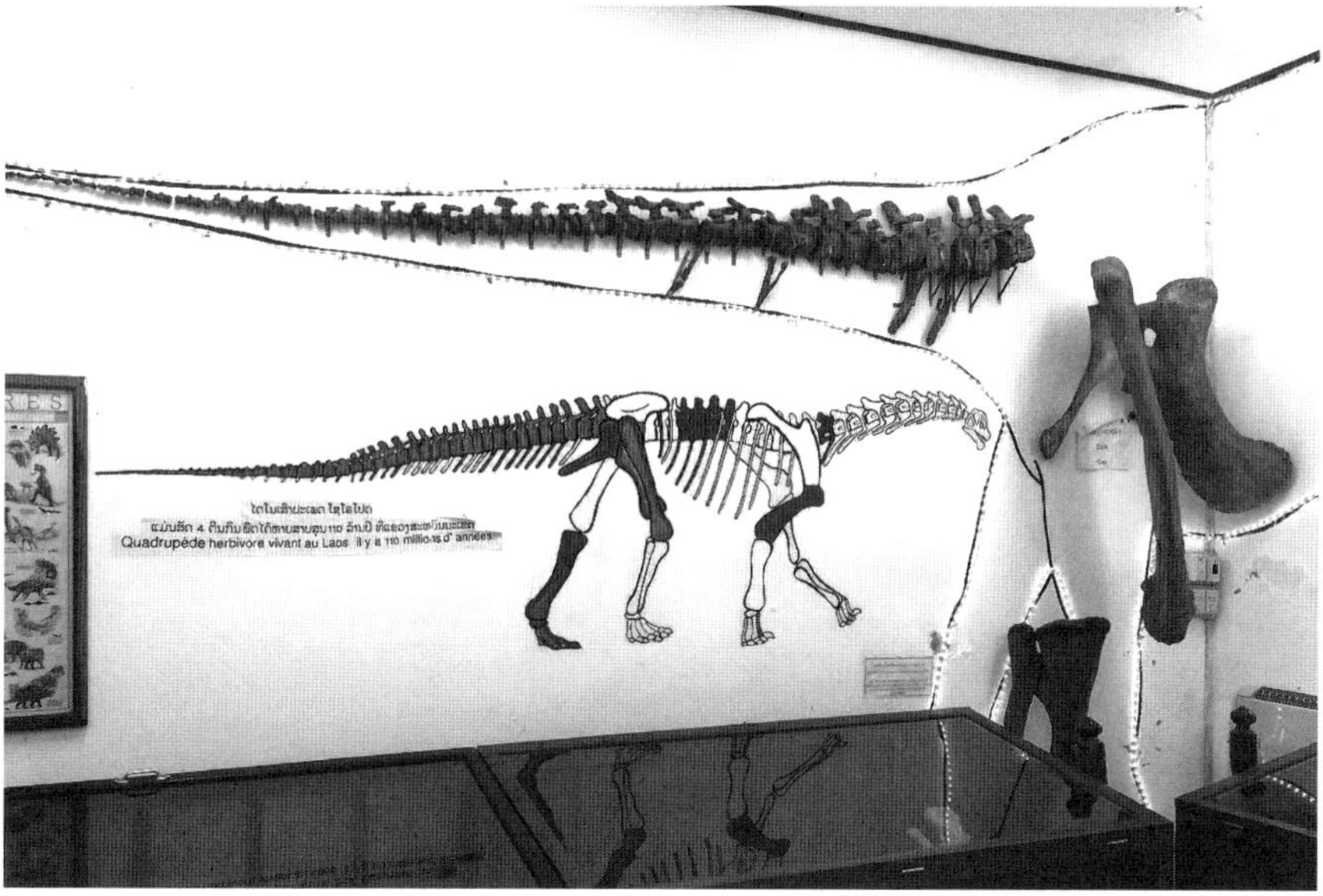

写真2-21　恐竜博物館。（撮影筆者）

地であるが、これといった特徴があるわけでもない。ターケークと同じようにフレンチコロニアル建築が数多く残っているが、ターケークのような独特の雰囲気は感じられない。メコン川沿いの開発も首都ヴィエンチャンと比較すると中途半端である。

町の中心地から比較的行きやすい観光地は郊外のタート・インハーン寺院と町中の恐竜博物館くらいである（写真2－21）。博物館では恐竜の骨を直に触らせてくれるため、一部外国人観光客の人気を集めている。このような博物館は世界でも珍しい。

しかし二〇〇〇年代に入り国道九号線が東西回廊として整備され、またサワン・セーノー経済特区やカジノが設立されると、中心部の様相も徐々に変化してきた。カジノには対岸から橋を渡ってタイ人が押し寄せ、経済特区への入居企業も徐々に増えつつある。今ではニコンやアデランスなど有名日系企業も進出しており、在留日本人も増えている。

今後は国道九号線に鉄道の敷設も計画されており、サワンナケート県は首都ヴィエンチャンに次ぐ経済の中心地になることを期待されている。

南部

南部はチャンパーサック県、セーコーン県、サーラワン県、アッタプー県の四県で構成されている。南部には比較的肥沃な土地が多く、近年はちょうど四県の間に位置するボーラヴェーン高原への農業投資に注目が集まっている。

ボーラヴェーン高原は標高約一二〇〇メートルに位置しており、コーヒーや高原野菜などが栽培されている。チャンパーサック県パークセー市からボーラヴェーン高原までの道路沿いではコーヒーの木が家の庭先に植えられており、一目でコーヒーの生産地であることがわかる。現在では海外の大企業がコーヒー豆の買い付けにやってくるようになった。またコーヒー以外にも、イチゴやアスパラガスなどを栽培する日系企業、観光農園を経営するタイ企業などが進出している（写真2－22）。

図1－1（〇一四ページ）にあるように、チャンパーサック県パークセー市の年間平均気温はその他の地域よりも高い。しかしボーラヴェーン高原では乾季の気温は約二〇～二六度、夜には一桁になることもあり、ダウンジャケットが必要になる。雨季も平野部より気温が一〇度くらい低くなり、夜には二〇度を下回ることもある。

写真2-22 アスパラガスを生産する企業の看板。（撮影筆者）

また南部は北部や中部よりも雨が多く降る。二〇〇〇年から二〇一五年までのパークセーの雨量は、二〇〇八、二〇一〇、二〇一一、二〇一二年を除いて他地域よりも多い。雨が多いため低地では洪水になりやすく、チャンパーサック平野では雨季に水中に沈んだ水田を見かける。中でも雨がもっとも多く降るのがボーラヴェーン高原で

ベトナム
サムワイ
15A
サワンナケート県
タオーイ
トゥムラーン
ラコーンペン
15A
セーバンヌアン川
サーラワン県
サーラワン
カルーム
タ イ
15B
セードーン川
1H
セーコーン川
セーコーン県
コンセードーン
ロ滝
ラオガーム
ターテーン
ダークチュン
1
コーンチアム
20
ラマーム
16
チョンメック
ボーラヴェーン高原
ワンタオ
パーク
セー
フアコーン滝
ファー湖
16
パークソーン
16
ファーン滝
サーンサイ
セーカマーン川
13
チャンパーサック県
セーナムノーイ川
1I
チャムパーサック
ワット・プー
セーピアン川
サイセーター
18B
サーマッキーサイ
セースー川
18A
プーウォン
13
サナームサイ
アッタプー県
セーコーン川
1J
コーン(グ)島
カンボジア
デート島
コーン島
コーンパペーン瀑布
セーコーン川
セーサン川
ストゥントラエン

地図5　南部

ある。ボーラヴェーン高原のこのような環境はコーヒーや高原野菜を栽培するのに適している。

南部には大きく分けてラオ・タイ系とモーン・クメール系の民族がいる。モーン・クメール系民族は、サーラワン、セーコーン、アッタプー県に多い。たとえばサーラワン県にはマコーン、ユル、タオーイ、スワイ、パコが、セーコーン県ではタリアン、カトゥー、ハーラック（アラック）が、アッタプー県にはイェ、タオーイ、タリアン等が多い。特にセーコーン県はラオ・タイ系民族が二〇％にも満たず、人口の八〇％以上を少数民族が占めている。郡によってはほとんどラオ・タイ系民族がいないところもある。

少数民族は南部の歴史、とりわけ抗仏闘争において重要な役割を果たしてきた。たとえば、一九〇一年にはボーラヴェーン地域でプー・ミー・ブン（有徳者という意味）の反乱が発生した。反乱はハーラック（アラック）族のバク・ミーという僧（オン・ケーオという名で知られていた）に率いられ、ボーラヴェーン地域一帯に抗仏闘争が広がった。オン・ケーオは一九一〇年に死亡するが、少数民族による抗仏闘争は三五年間続いた。

南部には貧困地域が多い。特にサーラワン県とセーコーン県はラオスの中でも特に貧しい地域の一つであり、サーラワン県は貧困者率が四八・二％ともっとも高い。少数民族地域＝貧困地域とは限らないが、タオーイ郡やトゥムラーン郡など少数民族が多く居住する地域の貧困者率が高くなっている。

南部はラオスの中でもいわゆる「ディープ」な場所である。南部の少数民族地域には独特の雰囲気があり、いまだに黒魔術が行なわれている。他地域の人がセーコーンやサーラワン県などの少数民族居住地域に行くときには、匂いの強い石けんなどを携帯し魔除けにすることがある。南部に行って黒魔術にかけられ体調を崩したという話は今でも聞く。ヴィエンチャンの人々の中には南部少数民族地域に行くことをためらう人も多い。

チャンパーサック県には世界遺産があり、外国人観光客が多く訪れるが、セーコーン、サーラワン、アッタプーの三県には少ない。しかし近年はチャンパーサック県以外でも滝や川沿いのリゾート開発が進み、ようやく外国人観光客を見かけるようになった。実は、チャンパーサック県以外の三県にも多くの魅力的な場所がある。

写真2-23　フアコーン滝。(撮影筆者)

写真2-24　ロ滝。(撮影筆者)

アッタプー県には、ラーンサーン王国時代に栄え、セーターティラート王が建立したとされるチャオサイセーター寺院や、一年中真っ青な色をしているファー湖などがある。セーコーン県のファコーン滝（写真2－23）、サーラワン県のロ滝（写真2－24）などには外国人観光客が宿泊できるバンガローが並んでいる。また三県にはカラフルでビーズを織り込んだ独特の布もある。

パークセーから三県へのアクセス道路は既に整備されている。南部を訪れたらパークセーだけでなく、是非「ディープサウス」にも足を伸ばしていただきたい。

①チャンパーサック県：南部の中心

チャンパーサック県の人口は約六九万人であり、首都ヴィエンチャン、サワンナケート県に次いで三番目に多い。県内は一〇の郡によって構成され、県庁所在地のパークセー市は首都ヴィエンチャンに次ぐラオス第二の都市である。

チャンパーサックはかつてクメール王朝の支配領域であり、後にラーンサーン王国に組み込まれた。しかし、建国当初のラーンサーン王国にチャンパーサックは含まれていなかったという指摘もある（スチュアート－フォックス．2010．23）。ラーンサーン王国は一八世紀前半に分裂し、一七一三年にチャンパーサック王国がヴィエンチャン王国から独立した。王都はチャンパーサック郡であった。

フランス植民地時代の一九三二年から一九四五年まではパーサックという名称であり、ラオス王国下ではセードーン、チャンパーサック、コーン（グ）に分割された。分割された県は現在のラオス人民民主共和国下で統一されチャンパーサック県となった。

県には世界遺産であるワット・プー遺跡（写真2－25）やコーンパペーン瀑布など有名な観光地があり、外国人観光客がよく訪れる。今も昔も外国人観光客はパークセーを拠点に南部を旅行する。今ではパークセーの町にホテルや外国人向けのレストランが多く建ち並んでいるが、二〇〇〇年代初頭はまだ閑散としていた。また以前はパークセーからワット・プーまで行くのにメコン川を船で渡る必要があったが、現在は道路が整備されアクセスは大幅に改善された。

ワット・プー遺跡はクメール人によって建立されたヒンドゥー寺院であり、「リンガパルヴァタ」として知られ

写真2-25　ワット・プー遺跡。（撮影筆者）

写真2-26　山腹からの眺め。（撮影筆者）

るカオ山の山麓にある。現在の寺院は一一世紀に建てられ、その後一三世紀まで改築や増築が行なわれたと見られている。

ワット・プー遺跡は二〇〇一年に世界遺産に登録された。遺跡は広大な区域にあり、急な階段を上り山腹まで登った地点から見る景色は圧巻である（写真2－26）。しばらく階段に座りチャンパーサックの町を眺める観光客も多い。

もう一つの観光名所はシーパンドーンである。シーパンドーンとは「四〇〇〇の島」の意であり、その名の通り川幅が広がったメコン川に点在する無数の島を指す。ほとんどの観光客はそのうちのコーン（グ）島、コーン島、デート島の三島のいずれかに宿泊する。コーン島にはリーピー滝やメコン川最大の瀑布であるコーンパペーン滝がある。またカンボジアとの国境地帯には絶滅が危ぶまれている世界でも珍しいイラワジイルカ（川イルカ）が生息している。

チャンパーサックは観光だけでなく、外国企業が製造業や農業に投資を行なっている場所でもある。先述のようにボーラヴェーン高原は農業分野の投資先として注目を浴びており、今後さらに企業の進出が見込まれている。ダオフアンやシヌークなどの国内企業のコーヒー園もある。

製造業はパークセー周辺に多い。特にパークセー郊外にはパークセー・ジャパン中小企業専用経済特区があり、日系ウィッグメーカーや和装小物メーカーなどが入居している。

②セーコーン県：新たに設立された県

セーコーン県はサイソムブーン県が二〇一三年に設立されるまではラオスでもっとも小さく、もっとも人口が少ない県であった。

現在の人口は約一一万人であり、約九〇％が少数民族である。県内には主に一〇の主要民族（ラオ、タリアン、ラヴィー、スワイ、ラヴェーン、カトゥー、クリアン、タオーイ、ハーラック〈アラック〉、イエ）がおり、郊外にある県記念公園にはそれぞれの民族の男女の銅像が建っている（写真2－27）。

県を構成する郡の数は四つ（ラマーム、カルーム、ダークチュン、ターテーン）とラオスの中でもっとも少ない。郡の数や人口が少ない理由の一つは、セーコーン県がアッタプー県やサーラワン県から分割され、一九八四年に設立された新しい県ということがある。

フランスはかつてラオス南部をチャンパーサック、サーラワン、アッタプー県の三つに分けていた。一九五八年、ラオス南部党委員会は抗仏闘争における南部の拠点を強化するため、サーラワン県とアッタプー県東部地域に東部郡連合を設立した。連合は当時のダークチュン郡、北セーコーン郡、南セーコーン郡、タオーイ郡（現サーラワン県）、サーンサイ郡（現アッタプー県）、ヴィエントーン郡によって構成された。そして一九六一年に党中央は同郡連合を東部県として新たに設立する。

写真2-27　県記念公園にあるタリアン族の銅像。（撮影筆者）

その後ラオス人民民主共和国が建国される直前の一九七五年一〇月、党政治局がワーピーカムトーン県、東部県、サーラワン県の統合を命じ、三県はサーラワン県となった。そして一九八四年四月に閣僚評議会（政府）がサーラワン県の分割を決定し、五月にセーコーン県が正式に設立された。セーコーン県は少数民族が多く、またサーラワン県やアッタプー県から距離的にも遠く管理が難しかった。県設立当初は中心部でさえも森林が町を覆っている状態であり、同地域の開発は党の課題の一つであった。つまり住民管理と開発を目的にセーコーン県が設立されたのである。

では設立から三〇年以上経った現在はどうだろうか。二〇一五／一六年度の経済成長率は約九％であり、一人当たりの年間平均所得は約一六〇〇ドルとなった。数値だけ見れば順調に経済発展を遂げていると言える。

とはいえセーコーン県はいまだにラオスの中でもっとも貧しい県の一つである。特に東部のカルーム郡やダークチュン郡などの少数民族地域は貧困者率も高い。一方でボーラヴェーン高原に近いターテーン郡などには農業に投資する外国企業もある。また県庁所在地であるラマーム郡では市場の横に商業センターを建設中である。県全体としては経済開発が進んでいるものの、東部と西部で経済格差が拡大している。

③サーラワン県：豊かな自然と少数民族

サーラワン県はタイとベトナムと国境を接している人口約四〇万人の県である。そのうち約四五％を少数民族が占めており、主にカターン、スワイ、パコ、ラヴェーン、タオーイ、ンゲ族などが住んでいる。県は八つの郡から構成され、県庁所在地は県名と同じ名称であるサーラワン郡である。

サーラワン県はもともとムアン・マンと言われ、チャンパーサック王国の支配下にあった。一七七九年から一八九三年まではシャムの支配下に置かれ、この時にムアン・サーラワンに改称された。名称の由来は諸説ある。たとえば、もともと居住していたモーン・クメール系民族の言葉である「ハーラー」または「サーラー」と、現在のサーラワン地域を治めていたスワンという人物の名前が合わさり「サーラワン」（豊富な森林資源という意）となったという説、パーリ語の「サラ」（インギンという樹木）と「ワンナ」（森林）という二つの言葉が合わさったという説などがある。いずれにしろ同地域の豊富な森林に由来すると考えられる。

県庁所在地のサーラワン郡を見るとさほど感じないが、実はサーラワン県はラオスの中でもっとも貧しい地域であり、貧困者率が四八・二％（二〇一五年国勢調査数値）となっている。特に少数民族が多く住むトゥムラーン郡、タオーイ郡、サムワイ郡の貧困者率はそれぞれ七三・一％、六四・三％、五二・八％と非常に高い。同三郡の開発は政府にとって重要な課題である。その一つの鍵が観光である。

少数民族の暮らしや文化との融和が条件になるが、少数民族地域という特徴を生かした観光は既に北部でも行なわれており十分可能性はある。たとえばパークセーからサーラワンに向かう道路沿い（約五八キロメートル地点）にあるファイフーンというカトゥー族の村では、ビーズを織り込んだカラフルな織物が売られ、既に一部外国人観光客の人気を集めている。またサムワイやタオーイ郡には、ベトナム戦争時代にホーチミン・ルートが通っており、歴史観光の資源になり得る。

同県内には先述したロ滝以外にも数多くの滝や、革命の英雄であるスパーヌウォンが設計し一九四二年に建設され、一九六八年にアメリカの爆撃により破壊された橋梁跡など、さまざまな自然・歴史観光資源がある。東部にはラオ・カーオ（酒）で有名なコンセードーン郡がある。

サーラワン県を訪れる外国人は少ないが、非常に魅力的な場所であり、十分観光客をひきつけられる場所と言える。とはいえ今のように一部マニアックなバックパッカーだけでなく、より多くの外国人観光客を引き寄せるには、宣伝とともに、宿泊施設やレストランなどのインフラを一定レベルに引き上げる必要がある。

④アッタプー県：多くのポテンシャルを持つ県

アッタプー県はカンボジアとベトナムに国境を接しているラオス最南端の県である。現在、県は五つの郡（サイセーターー、サーマッキーサイ、サナームサイ、サーンサイ、プーウォン）から構成されている。県庁所在地はサーマッキーサイ郡である。

人口は約一四万人であり、主に一一の民族が暮らしている。ラオ族は人口の約三六％を占め、残りはオーイ、ブラオ、タリアン、チェン、ユル、ハーラックなどの少数民族である。

一八九三年にラオスがフランスの保護領となると、アッタプー県でもフランス支配が始まった。そしてアッタプー県は一九三四年に一度廃止され、チャンパーサック県に統合された。フランスは人頭税や畜産税、また酒造税などさまざまな税金や強制労働を課したため、人々の生活は困窮を極めて不満が高まり、ボーラヴェーン高原と同様にアッタプー県でも少数民族による反乱が起きた。

一九四五年以降は、自由ラオス（ラオ・イサラ）運動による抗仏独立闘争が始まり、一九五〇年にラオス自由戦線（ネオ・ラオ・イサラ）が設立されると、インドシナ共産党の支援のもとに闘争が続いた。アッタプー県がフランス支配から完全に解放されたのは一九五四年二月である。

アッタプーは内戦時代も県内の大部分を革命勢力パテート・ラオが支配下に治めていた。既に一九六一年に第一回県党大会が開催されていたことは、革命勢力の支配が

写真2-28　アッタプー県のセーコーン川のほとり。（撮影筆者）

強かったことを物語っている。とはいえパテート・ラオが県を完全に掌握したのは一九七〇年五月二八日である。県の開発は二〇〇〇年代に入って急速に進んだ。特にベトナム企業ホアン・アイン・ザー・ライが県内で砂糖精製工場建設、観光開発、ゴム栽培、国際空港建設などさまざまな投資を行なったことが大きい。アッタプーの一部は、同企業の支配下にあると言っても過言ではない。しかし二〇一五年にオープンした空港は、搭乗客が増えずフライトもなくなり、二〇一七年には空港自体が一時的に閉鎖された。観光客が期待通りに増えなかったのである。

とはいえ県内に観光資源がないということではない。他県と同様に豊かな自然や歴史的名所、少数民族の素晴らしい工芸品などがある。しかしそれらが多くの外国人や国内のラオス人を惹きつけるまでには至っていない。これはラオスの多くの県に言えることだが、手つかずの自然、工芸品、少数民族文化だけでは多くの観光客を呼び寄せることはできない。私はラオスの豊かな自然、少数民族の文化や工芸品の素晴らしさを否定しているのではない。アッタプー県は個人的には好きな町の一つであ

写真2-29 サイセーター郡にあるワットルアン寺院。(撮影筆者)

る。セーコーン川のほとりやかつての中心地サイセーター郡でのんびりと過ごす時間は貴重である(写真2-28、29)。とはいえ、観光産業を育てようとするならば、「ラオスには豊かな自然と素晴らしい文化がある」という何十年も謳われてきた文句だけでは不十分であろう。宣伝とともに、観光地への道路アクセスなどのインフラ整備は必須である。

アッタプー県は鉱物資源でも有名であり、金、銅、ボーキサイト、砂金、サファイアやルビーなどがある。特に近年話題になったのが雪花石膏である。二〇一三年頃から中国企業が押し寄せ、県は四〇社以上に調査許可を公布した。近隣の村人も無許可で採掘し、プーウォン郡のカーンホン山は軍隊が出動するほどの混乱を極めた。政府は問題解決のため二〇一四年に企業による調査中止命令を公布し、関係省庁が自ら調査を行なうことにした。

アッタプー県はまたベトナムと国境を接しており、木材の不正輸出も多い。実はアッタプー県の豊富な天然資源をめぐり、さまざまな利権と人々が渦巻いているのである。

ラオスの10人

ペッサラート（一八九〇～一九五九年）

ペッサラートは、文化や歴史研究を通じてラオスアイデンティティの確立を目指し、初期ナショナリズムの形成に貢献したラオスナショナリズムの父である。

一八九〇年一月一九日、ルアンパバーン王国ブンコン副王の長男として生まれる。一四歳でサイゴン（ベトナム）のリセ（フランスの後期中等教育機関）に入学し、その後パリで八年間学んだ。一九一三年にラオスに帰国するとヴィエンチャンの理事官府に配属され行政官吏となった。これは、ペッサラートにとってフランス植民地下の「ラオス」を知る絶好の機会になったと言える。

一九四一年には副王に任命されるとともに王国政府首相に就任した。一九四五年四月に日本軍がルアンパバーン国王に独立を宣言させると、ペッサラートは日本の敗戦後もこの独立を維持しようとする。しかしシーサワンウォン国王はフランスの保護を認め、ペッサラートを解任することで対抗する。その後ペッサラートは各地にラオ・イサラ（自由ラオス）委員会を設立し、その他組織とともに独立運動を展開した。そして一九四五年一〇月に形成されたラオ・イサラ政府では国家元首に就任する。

ラオ・イサラ政府はフランスのラオス復帰後バンコクに亡命するが、一九四九年七月にフランス・ラオス独立協定が締結され、ラオスがフランス連合内での独立を付与されると完全独立派と独立容認派に分裂する。前者はベトナムに向かい、後者はラオスに帰国するが、ペッサラートはベトナムにもフランスにも依存しない独立を目指しバンコクに残った。

ペッサラートは最後までラオスの中立を目指していた。一九五七年にラオスに帰国して以降は実質的な政治的舞台から姿を消し、一九五九年一〇月一五日に死亡した。

ペッサラート。

3　歴史

　ラオスの国民国家建設が実質的にスタートしたのは一九七五年以降であり、まだ四〇年しか経っていない。そのように考えれば、現在のラオスの経済・社会インフラ状況、教育レベル、行政制度など、あらゆる面で問題を抱えていることは理解できる。

ラーンサーン王国

憲法の前文は次のような一節で始まっている。

「過去何千年もの間、ラオス国民の祖先は諸民族ラオス人民（多民族から成るラオス国民という意…筆者）とともにこの愛する領土に存在し、発展するために闘争してきた。一四世紀半ば以降、我々の祖先、特にファーグム王は我が人民を導きラーンサーン国を建国し、統一と繁栄をもたらした」

その後、外国の侵略から独立するために闘い、一九三〇年以降はインドシナ共産党、そして人民革命党の指導の下でラオス国民は闘争し、一九七五年一二月二日にラオス人民民主共和国を建国したと続いている。つまり人民革命党は自らの革命とラーンサーン王国の連続性を強調し、党がラーンサーン王国の正統な後継者であると主張しているのである。

ラーンサーン王国はファーグム王が一三五三年に建国したラオ族初の統一王国である。実は、それ以前の歴史はあまりよくわかっていない。現在の人口の約五三％以上を占めるラオ族は、中国南部やベトナム東北部あたりから東南アジア大陸部に移動してきたと言われており、一一世紀には現在の東北タイやラオス地域に「ムアン」と呼ばれる小さな「くに」を形成した。

ムアンとは一人の首長を中心とする政治、経済、宗教的な集団であり、現在の国家のように明確な国境線はなく、首長の権威が届く範囲をその「くに」とし、人々は首長の庇護を受ける代わりに支配を受け入れていた。現在の国家は国境線を明確に定めその範囲内にいる人々を国民とし「面」による支配を行なうが、ムアンは面ではなく「点（人）」を支配するという違いがある。

東南アジア大陸部にはそのような小さなムアンがあたかもマンダラを形成するように無数に存在していた。これらのムアンは可変的であり、小さなムアンはより大きく力のあるムアンに朝貢し、また吸収されたりしながら伸縮を繰り返した。このように境界が曖昧で特定のムアンへの帰属意識が育ちにくいということは、現在の国民国家形成にも影響を与えている。

そのような無数にあったムアンを統一したのがファーグム王である。ファーグムの存在は確認されているものの、生まれた時に歯が三三本（通常は親知らずを含め三二本と言われている）あったなど伝説的な部分も多い。伝承では、ムアンサワー（現在のルアンパバーン）の王族として生まれたファーグムはムアンサワーを追放され（あるいは自分自身で亡命したという説もある）、メコン川を下ってアンコールの地にたどり着き、クメール王に育てられたとされている。ファーグムはアンコールで王妃を授けられ、軍隊を引き連れてムアンサワーに戻る途中に各地のムアンを支配下に入れ、一三五三年にラーンサーン王国を建国した。ファーグムはその後王国から追放されてしまうが、現在のラオスの礎を築いた英雄である。だからこそ、人民革命党は憲法の前文でわざわざラーンサーン王国に言及し、その正統な継承者であることを強調したと言える。

写真3-1　ファーグム王の銅像。（撮影筆者）

二〇〇三年一月五日、首都ヴィエンチャンの中心地から空港方面に向かう途中にファーグム王の銅像が建立され、式典が開催された（写真3－1）。旧王国時代の国王の銅像が建立されたのは人民革命党体制下では初めてである。式典で情報・文化大臣（現在は情報・文化・観光省）は、銅像の建立は愛国心を高め、多民族から成るラオス人民の伝統的な一枚岩的結束の強化に資するとのスピーチを行なった。つまりファーグムは国民統合のシンボルでもある。

ラーンサーン王国はファーグム王の息子ウンフアンがサームセーンタイ王（一三七二～一四一六年）として後を継いだ。サームセーンとは三〇万、タイは奴隷（カー族）、僧侶、移住者、婦女子などを除いたタイ系の自由民を指す。つまりタイ系住民三〇万人を代表する王という意味であ

写真3-2　セーターティラート王の銅像。（撮影筆者）

る。裏を返せば、このとき既に階級社会が形成されており、ラオ族優位の民族関係が構築されていたと言える。また三〇万という数は召集できる軍隊の数でもあった。

ラーンサーン王国はその後、ポーティサラート王（在位一五二〇〜四八年）とセーターティラート王（在位一五四八〜七一年）の時代に勢力を拡大し（写真3－2）、一五六〇年にはシェンドーンシェントーン（現在のルアンパバーン）からヴィエンチャンに遷都した。セーターティラート王は約四年間かけて新王都ヴィエンチャンに城壁をめぐらせ、現在のラオスのシンボルでもあるタートルアン（大仏舎利塔）を建設した（写真3－3）。現在でも首都ヴィエンチャンでは、道路工事や水道管工事をすればラーンサーン王国時代の城壁やさまざまな遺物が掘り出される。

ラーンサーン王国はその後ビルマの脅威にさらされながらも、スリニャウォンサー王（在位一六三七〜九四年）の時代に芸術や仏教が繁栄し黄金期を迎える。スリニャウォンサー王は「タンミカラート」（仏法王）と尊称が呈される仏教の擁護者となり、仏教研究の一大中心地となったヴィエンチャンにはカンボジアやビルマから多くの僧侶が訪れた。

またこの頃は東南アジア全体が「交易の時代」と呼ばれるほど商業が盛んとなり、ヴィエンチャンは隣国との交易により巨大な富を築いていたとオランダ東インド会社の商人やイタリア人宣教師が記している。

絶大な権力と王都の繁栄を築いたスリニャウォンサーの死後、ラーンサーン王国は王位継承争いやベトナムやシャム（現在のタイ）の介入等もあり、一七〇七年にルアンパバーン王国とヴィエンチャン王国に分裂した。そして一七一三年にはチャンパーサック王国が建国され、最

写真3-3　タートルアン。（撮影筆者）

終的に三つに分裂して、それぞれがラーンサーン王国の継承者であると主張するようになった。この三王国の分裂が、その後の国民国家建設やアイデンティティ形成に影響を及ぼしたことは先述のとおりである。

三王国は一七九七年にシャムの支配下に置かれ、ヴィエンチャンからは多くの仏像がバンコクに持ち去られた。その中には現在バンコクのワット・プラケーオ（エメラルド寺院）に安置されているエメラルド仏も含まれている。写真3－4はエメラルド仏が置かれていたラオスのワッ

写真3-4　ワット・ホーパケーオ。（撮影筆者）

ト・ホーパケーオ（エメラルド寺院）の修復後の姿である。以前寺院には、「エメラルド仏は外国勢力によって持ち去られた」と記された看板があったが、現在は撤去されている。

　シャムに反旗を翻したのが一八〇四年にヴィエンチャン国王になったアヌウォン（アヌ）王（一八〇四〜二八年）である。アヌ王は新しい宮殿を建設し、現在でもヴィエンチャンの観光名所となっているワット・シーサケート（シーサケート寺院）を建立する等ヴィエンチャンの復興に力を注いだ。当初アヌ王はシャムに忠実な姿勢を示していたが、一八二七年にヴィエンチャンと当時支配下に治めたチャンパーサックからコーラート高原に進攻した。

　なぜシャムに反旗を翻したのかその理由は定かでない。ラーマ二世の葬儀に参列した際に無礼な仕打ちを受けたこと、シャムのラオ族農民に対する強制労働政策に反対したこと、またチャンパーサックを支配下に入れたためラーンサーン王国復興への意欲が湧いた等の理由が指摘されている。

　最終的にアヌ王は撤退を余儀なくされ、ヴィエンチャンに入城したシャム軍は徹底的に町を破壊した。翌二八年にアヌ王は再びシャムへの反抗を企てるが捕らえられ、裏切り者として見世物にされながらバンコクで死亡した。

　タイではアヌ王の行動は臣下の反乱として描かれるが、ラオスではシャムの支配から逃れようとした英雄とされている。そして二〇一〇年にはメコン川沿いにアヌ王の銅像が建立された。それは対岸のタイに手をさしのべて向いており（写真3－5）、あたかもタイへの和解を呼びかけているように見える。

写真3-5　アヌ王の銅像。（撮影筆者）

フランス植民地時代

一九世紀半ば以降、ベトナムとカンボジアを植民地としたフランスはラオスの植民地化を進めた。まず一八八六年にルアンパバーンに副領事館を設置することをシャムに認めさせた。一八九三年にはフランス・シャム条約を締結し、メコン川左岸（上流から見て左岸）がフランスの保護領となった。その後若干の変更はあるが、基本的にはこの時の条約によりメコン川がタイとラオスの国境線となっている。それはかつてのラーンサーン王国地域がラオスとタイ東北部に分裂したことを意味する。つまりメコン川中流から下流にかけて、ラオ族は二つの国に分かれたのである。

二〇一五年の国勢調査では、ラオスの人口の約五三％（約三五〇万人）がラオ族となっている。一方、現在東北タイには約一五〇〇万人以上のラオ語の話者（本書ではラオ族の言葉を指すときはラオ語とし、ラオスの公用語を指すときはラオス語と表記する）がいると言われている。「ラオ」と国名に入るラオスよりもタイの方がラオ語の話者が多いのである。

一八九九年、フランスは今日のラオス地域をラオ（Lao）族の複数形である「ラオス」（Laos）と名づけ、仏領インドシナ連邦に編入する。フランスはヴィエンチャンを首都に定めてフランス人理事長官を置き、ルアンパバーンを除く各省に理事を派遣して直接統治を行なった。ルアンパバーンは保護領となり、形式的には国王による統治体制は維持された。フランス人官僚は全国で数百人しかおらず、時代によっては一〇〇人を切るほど少なく、実際の統治にはベトナム人官吏が活用された。いわゆる分割統治である。一番上にフランス人、次にベトナム人、その下にラオ族、底辺に少数民族を配置し民族的ヒエラルキーを形成したことは、フランスにとって有効な統治形態であった。

フランスは住民に人頭税や賦役などを課したため、徐々に人々の反発が強まったが、不満は直接フランスに向かうのではなく、住民の一つ上の階層に位置するラオ族や、またその上のベトナム人に向けられた。つまりフランス植民地政府の下級官吏として働いていたラオ族は、時に少数民族の攻撃対象となったのである。そしてラーンサーン王国時代から続くラオ族優位の民族間関係は、このフランスの分割統治により固定化していったと言える。

当初、フランスはラオスの鉱物資源開発を進め、その利益により統治費用を賄おうと考えた。しかし開発は期待通りに進まなかった。輸送路として想定されていたメコン川は、カンボジア国境沿いのコーンパペーン瀑布が障害となった。滝の迂回手段として七キロメートルの鉄道も建設されたが、船への積み替え作業に費用がかかり断念した。当時の鉄道跡はチャンパーサック県コーン島に残っており、現在は観光名所の一つとなっている。

またフランスは人頭税の他に、通行証、家畜所有許可証、象の登録・処分・輸出許可証等の行政許認可手続き料金を徴収していたが、統治費用を賄うには至らなかった。当時の歳入のもっとも大きな財源は、インドシナ連邦を構成するトンキン、コーチシナ、カンボジアからの交付金(＝援助)であり、それが歳入の五〇％から八〇％を占めていた。フランスの意図に反してラオスの維持には多額の費用が必要だったのである。

そこでフランスは統治費用を抑える方針に切り替える。多くの植民地国家で見られたような行政制度や教育制度はラオスでほとんど整備されなかった。フランスは県の中心部にフランス語教育を行なう小学校を設立したものの、生徒の多くはベトナム系住民であった。また、フランスが首都ヴィエンチャンに中学校コレージュ・パヴィを設立したのは一九二一年と遅く、ラオス人学生が大学に進学するにはベトナムのハノイに行かなければならなかった。

一九三〇年代末にコレージュ・パヴィの全四年過程に進学したのは一二〇人であり、ラオス人は半分にも満たなかった。そして一九三九年にベトナムの高等教育機関に進学したのは七人であり、そのような機会を得られたのは王族関係のごくわずかな人々であったという(スチュアート－フォックス 2010: 71-72)。

このような教育制度の未整備にベトナム人を登用する分割統治も加わって、ラオス人行政官もほとんど育たなかった。したがって、教育や行政制度を通じて地方から首都に向かい、異なる地域の人々や民族と出会いながら「ラオス人」としての一体感や国民意識が「想像」されることは、ごく少数の王族エリートを除いてなかったのである。

フランスがラオス人行政官吏を育てなかったのは金銭的理由だけではない。フランスはベトナム人と比べラオス人を頼りないと見ていた。フランス人にとってラオス人は、「だまされやすく、何事も他人任せで、きつい仕事には向いていないと映っていた」（スチュアート-フォックス 2010: 69）という。つまり「サバーイ」を求め他人や他国に依存する姿勢は、フランス植民地時代から変わっていないのである。

フランスのラオス統治に変化が現れるのは、第二次世界大戦でフランスがドイツに降伏して以降である。まず一九四一年八月にルアンパバーン王国と正式な保護条約を締結し、王国の法的地位を確定した。そして宮廷会議を内閣に改編し、副王の家系であるペッサラート（〇九二ページ）を首相に就任させる。実質的支配権は伴っていないものの、これはラオス人エリートに「自治」を意識させる契機となった。

またフランスは、隣国タイの拡張主義や日本軍の進駐に対抗するため「ラオス刷新運動」（ラオ・ニャイ運動）を展開し、親仏ラオス人エリートの育成を目指した。これはラオス初のラオ語新聞の発行やラオ語による文学や芸術の振興、教育機会の拡大など一種の文教政策である。

フランスはこれらの政策を通じて、タイからラオスを守っているのは自分たちであるとアピールし、フランスの地位を高めようとした。しかし刷新運動は反対に抗仏ナショナリストを育成し、このナショナリストたちが後に独立を志向するようになる。ラオスナショナリズムの始まりである。

一方で、この運動は当初からラオ族エリートを対象とし、ラオ語による文化振興を行なうことで、ラオ語ができない少数民族を自然と排除する面もあった。つまり「ラオス刷新運動」はラオスナショナリズムの始まりであったが、それはラオ族に限定された狭義のナショナリズムだったのである。

このように少数民族は、ラーンサーン王国時代から国民統合対象となってこなかった。しかし一九五〇年代に内戦が始まり、特に革命勢力が少数民族地域に拠点をかまえると、少数民族は戦略上重要となり、「国民」と位置付けられていくのである。

独立闘争から内戦へ

国民意識の形成

一九四四年一〇月、日本がフィリピンでの戦いに敗れ連合国がインドシナに上陸する可能性が高まると、日本は一九四五年三月九日にインドシナからフランスを追い出し単独支配を行なうための明号作戦を実施する。そして日本軍は四月八日にルアンパバーン王国に独立を宣言させる。もちろん日本軍政下で行なわれた独立であるため形式的なものではあったが、フランスによる支配が途絶えたことはラオスにとって大きな意味があった。

一九四五年八月、第二次世界大戦で日本が敗戦しインドシナに政治的空白が生まれると、それまで秘密裏に活動していた独立運動が表舞台に登場する。これはラオ・イサラ（自由ラオス）運動と呼ばれ、中心人物はルアンパバーン王国首相のペッサラート（〇九二ページ）であった。ラオ・イサラ運動は、ラオス国内や東北タイで独立運動を行なっていたグループが集結した総称である（図3－1）。各グループは独立という目標では一致していたものの、その考え方はさまざまであった。中には同語族であるタイとの合併や連邦制を目指す者、東北タイのラオ族を併合して大ラオスの形成を目指す者もいた。このような違いはあるものの、明らかにラオ族中心の「国家」を志向している点では共通だった。

イサラ勢力は一九四五年一〇月一二日にラオス臨時人民政府（ラオ・イサラ政府）を樹立し、暫定憲法を採択するとともに、それまでにフランスと結ばれた条約の無効を宣言した。しかし翌年にはフランスが武力によってラオスに復帰し、イサラ勢力はバンコク亡命を余儀なくされる。そして一九四九年七月にフランス・ラオス独立協定が締結され、ラオスがフランス連合内での「独立」を付与されると、イサラ勢力は完全独立派と独立容認派に分裂し、一〇月二四日にラオ・イサラ亡命政府は解散を宣言する。

完全独立派はベトナム独立同盟（ベトミン：フランスと日本による植民地支配からの独立を目的に結成された統一戦線組織）の支援を求め、ベトナムに向かった。このグループには後の国家主席となるスパーヌウォン殿下（一七一ページ）も含まれていた。

またフランス連合内での独立容認派はラオスが小国で

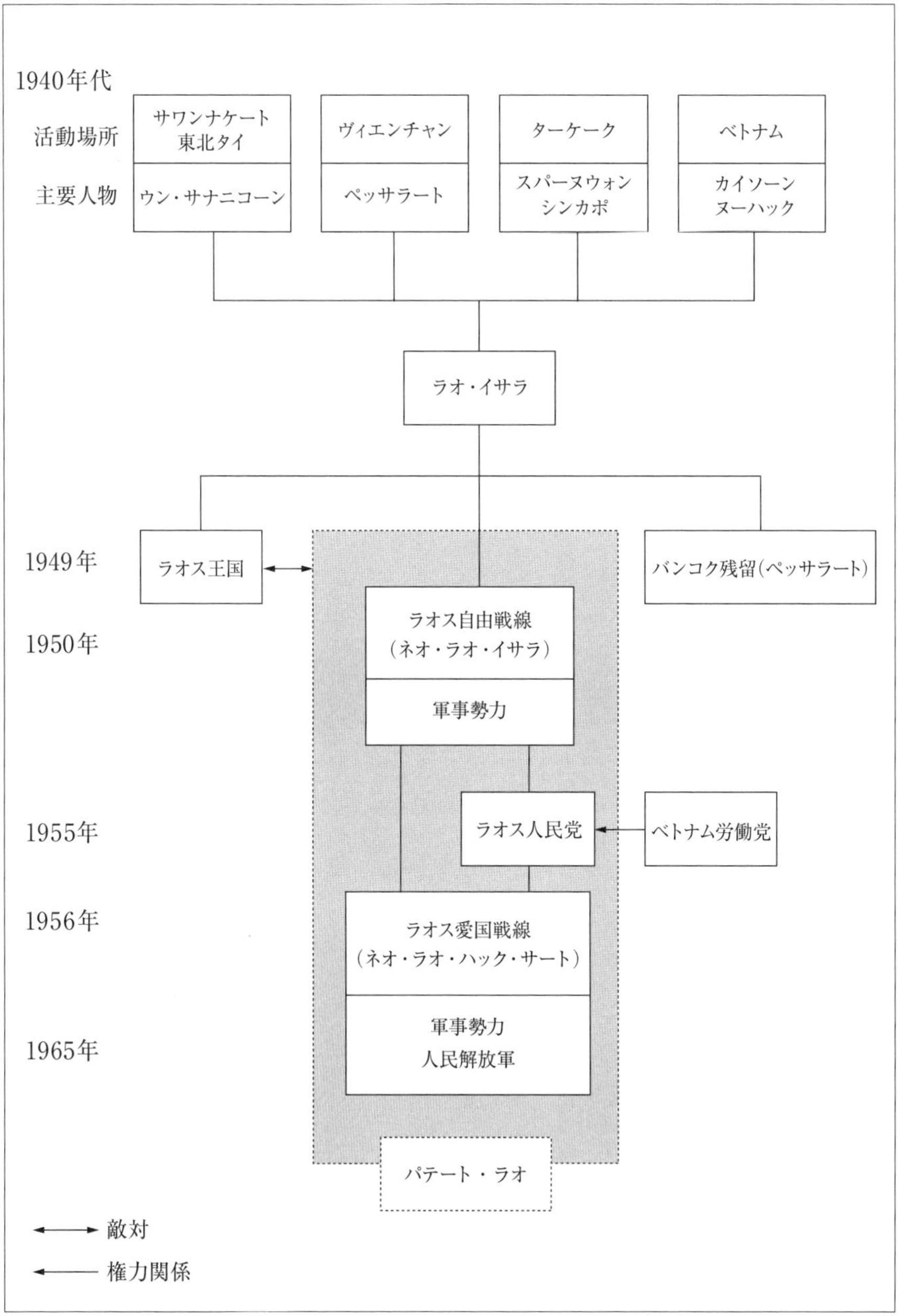

図3-1 独立勢力相関図
(出所) 菊池(2002 : 161) を基に筆者作成。

あり大国の庇護が必要と考え、フランス下の新体制でエリート特権を回復するためにヴィエンチャンに戻った。このグループには後に王国政府首相となるスワンナプーマーがいた（一七二ページ）。

一方ペッサラートはベトナムにもフランスにも依存しない独立を目指しバンコクに残った。運動段階で覆い隠されていた差異が、現実の「独立」に直面することで表面化したのである。

ラオ・イサラ分裂後、スパーヌウォン率いる完全独立派は一九五〇年八月にベトミン解放区で第一回ラオ・イサラ全国大会を開催し、ネオ・ラオ・イサラ（ラオス自由戦線）と抗戦政府を樹立した。大会では帝国主義への抵抗、真の独立と統一ラオスの形成、強制労働の廃止、人民の生活水準の向上、全少数民族への平等の権利等、「一二項目の政治綱領」が採択された。ベトミンの影響もあるが、当初からネオ・ラオ・イサラ指導部は少数民族の存在を重視していたと言える。

そして全民族の「平等」という概念は指導部の構成で実践された。指導部は大きく三つに分けられる。

第一は、一般家庭出身のラオ族でカイソーン・ポムヴィハーン（〇四二ページ）やヌーハック・プームサワン（一二〇ページ）などのベトナムと関係が深いグループ、第二は、スパーヌウォンやプーミー・ウォンヴィチット（一四八ページ）に代表される王族や有力家系出身者、第三は、モン族首長のファイダーンやラヴェーン族首長のシートン・コムマダムなどの少数民族である（一四七ページ写真4−6）。

つまりネオ・ラオ・イサラは、一般のラオ族、ラオ族エリート、そして少数民族が初めて対等に肩を並べたことで、諸民族の「平等」を実践し、真の「ラオス国家」（パテート・ラオ）を体現していると正統性を主張したのである。そして後にネオ・ラオ・イサラを含む革命・解放勢力は「パテート・ラオ」と呼ばれるようになる。

一九五三年一〇月、フランスはラオス王国政府と「フランス・ラオス連合友好条約」を締結し、ラオス王国の「完全独立」を認める。しかし、王国がフランス連合内に留まったこともあり、ネオ・ラオ・イサラは王国政府をフランスの傀儡と位置づけ闘争を継続した。

一九五四年七月、インドシナ問題解決のためのジュネーブ会議でラオスに関する協定が締結され、外国軍の撤退や国内統一のための総選挙の実施などが定められた。

しかしラオスから参加が認められたのは王国政府だけであり、基本的には王国政府の支配的枠組みが国際社会の承認を得たのである。ネオ・ラオ・イサラは活動拠点であるポンサーリーとファパンを再結集地として与えられ、一九五七年に王国政府と第一次連合政府を形成するまで組織拡大を図った。

総選挙は一九五五年に予定されていたが、王国政府とネオ・ラオ・イサラの間で選挙法をめぐる対立などもあり実施には至らなかった。ネオ・ラオ・イサラは組織拡大を図るため、一九五六年に自らをネオ・ラオ・ハック・サート（ラオス愛国戦線）に改組した。この改組は、総選挙、王国政府による協定不履行、そしてアメリカの介入といった想定されるあらゆる状況に備え、北部二県以外で広範な支持を獲得するためと考えられる。その意図は、愛国戦線指導部に少数民族や女性、また僧侶などを加えたことからもうかがえる。

また組織名からわかるように、パテート・ラオは「愛国」という新たな概念を提示した。愛国者の明確な定義があるわけではないが、愛国戦線の政治綱領からは、民族や性別の区別なく愛国戦線の綱領を実現し、平和・独立・民主・統一のためにラオス国家の建設に参加する者と理解できる。つまり、愛国戦線とともに闘う者だけが「国家」の構成員であると意味づけたのである。このようにパテート・ラオは当初から国家や国民形成を意識していたと言える。一方、ラオ族エリート意識が強い王国政府側にこのような考えはなかった。

王国政府と愛国戦線は対立しながらも交渉を続け、一九五七年一一月にようやく連合政府（第一次連合政府）が成立し、翌年には北部二県統合のための国会議員補欠選挙が実施された。選挙ではアメリカの援助に伴う王国政府側の汚職が問題となり、愛国戦線が二一議席中九議席を獲得した。これに危機感を募らせた王国政府内の右派は、中立を掲げ愛国戦線と交渉してきたスワンナプーマー首相に代わって親米派のプイ・サナニコーン内閣を成立させ、パテート・ラオとの対立を深めていった。

連合政府はわずか八ヵ月で崩壊し、王国政府とパテート・ラオは再び戦闘を開始した。分裂した独立闘争は、どちらの下に「国民」を統合し「国民国家」を建設するかという国家の指導権をめぐる内戦へと至ったのである。

この間、一九五五年三月二二日にラオス人民党（一九七二年にラオス人民革命党に改称）が設立された。以降、人民党はパテート・ラオの中心勢力として、北ベトナムの指導下で解放闘争を秘密裏に牽引することになる。闘争を前面で指揮したのはラオス愛国戦線であった。インドシナ共産党の流れを引く人民党ではない戦線組織を前面に出すことで、より広範な国民の支持獲得を狙ったのである。人民党の存在は一九七〇年まで公にされることはなく、多くのラオス人は党の存在すら知らなかったと言われている。

一九六〇年八月、王国政府のコン・レー将軍が右傾化を危惧してクーデタを実施し、再び中立を掲げるプーマ＝内閣が成立した。しかしアメリカは右派を支援し、再び親米右派政権を樹立する。このように政治状況が安定せず、パテート・ラオも北部で勢力を拡大していく中で停戦交渉が行なわれ、一九六二年六月に中立派、右派、パテート・ラオ三派による第二次連合政府が樹立され、翌七月にはジュネーブ会議でラオスの中立が宣言された。しかし第二次連合政府もわずか一〇ヵ月で崩壊する。

内戦はパテート・ラオを北ベトナムが、また王国政府をアメリカがそれぞれ支援したため代理戦争の様相を呈した。したがって北ベトナムが南ベトナムでの軍事活動を本格化させるとラオスの内戦も激しさを増した。ラオスには北ベトナムからラオスを経由し南ベトナムに至る支援物資ルート（ホーチミン・ルート）が通っており、一九六四年五月からはアメリカによるラオスへの爆撃も激しくなった。

一九六四年から一九七三年までの一〇年間でラオスに落とされた爆弾の量は二〇〇万トンを超えている。これはアメリカ軍が第二次世界大戦中にヨーロッパ全土で落とした量に匹敵し、一人当たりに換算するとラオスはこれまででもっとも爆弾を落とされた国となる（写真3－6）。今でも旧ホーチミン・ルート沿いの地域では不発弾による死傷者が出ている（写真3－7）。

また爆撃の激化は難民の増加を招き、七五万～一〇〇万人の人が故郷を離れて国内難民となり、パテート・ラオの支配地域に行くか、王国政府難民キャンプに入るかを迫られた。

一九六〇年代後半になるとパテート・ラオ勢力は国土の三分の二以上、人口の約半数を支配下に収め、徐々に実行支配地域を拡大していった。また一九六〇年代中頃

写真3-6　シェンクアーン県にある爆弾のクレーター。(撮影筆者)

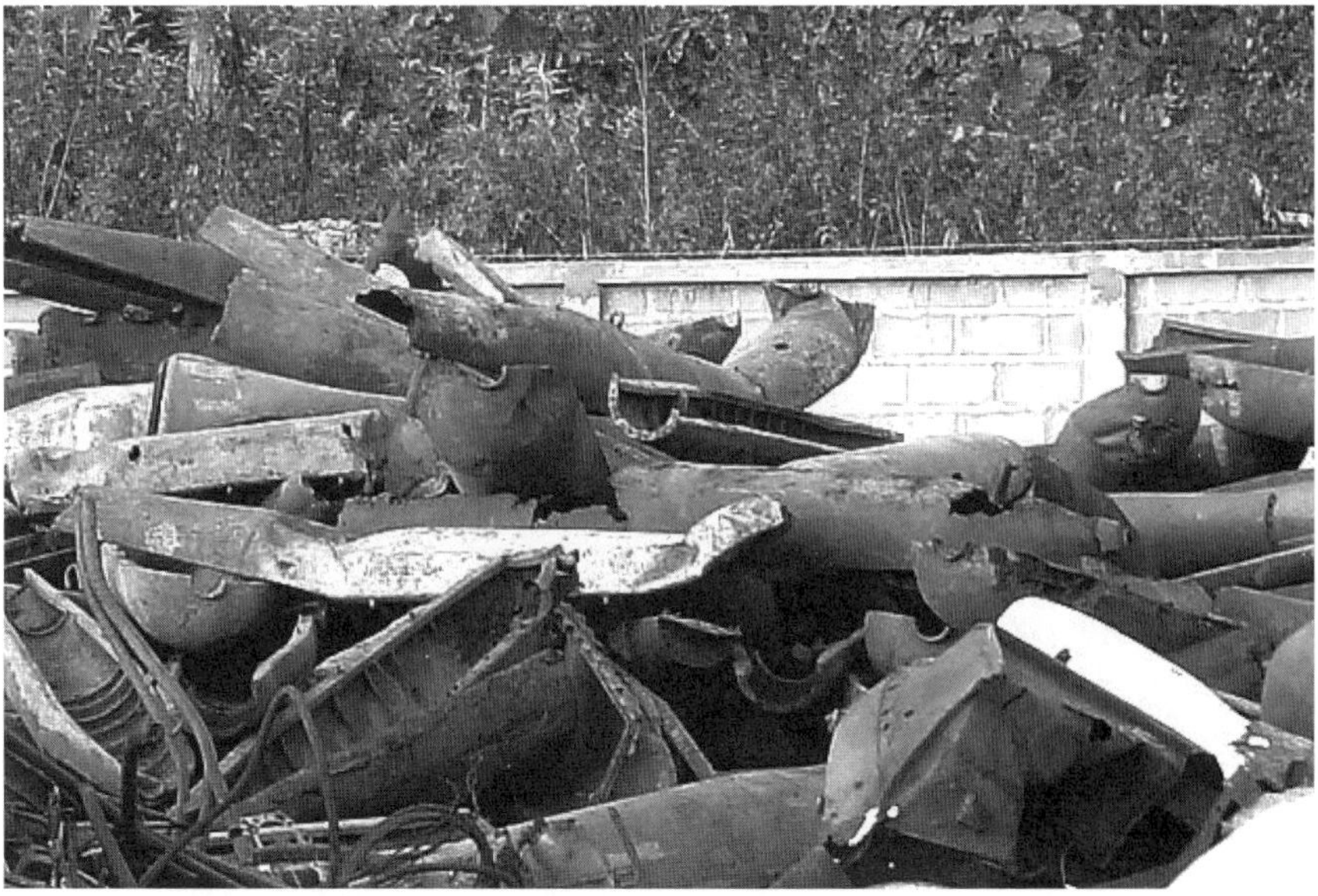

写真3-7　セーコーン県のホーチミン・ルート近くの工場に山積みになる爆弾の鉄くず。(撮影筆者)

から頻発したクーデタにより王国政府の正当性は低下し、空爆の激化は人々にアメリカという「敵」の存在を明確にした。このような状況の中、パテート・ラオは王国政府に和平交渉を呼びかけ、一九七三年二月にラオス和平協定が調印された。協定では現状での停戦や外国軍の撤退と基地の撤去、暫定国民連合政府や全国政治協商会議の設置などが定められ、軍事的に優位にあったパテート・ラオの主張が概ね取り入れられた形となった。

その後、一九七四年四月に第三次連合政府が発足する。しかし右派勢力の腐敗や汚職に対するデモが多発したのを機に、パテート・ラオは右派の追い出しにかかり、国外に脱出する旧王国政府高官などが増え始めた。

一九七五年になるとベトナムやカンボジアでの革命勢力の勝利を受けて、パテート・ラオは全国で行政権力を奪取する。そして一九七五年一二月一日〜二日、パテート・ラオは全国人民代表者大会を開催し、王制の廃止とラオス人民民主共和国の樹立を宣言したのである。

大きな軍事衝突なしに王制が廃止され、新たな体制が設立されたことから、ラオスの革命は「静かな革命」と呼ばれている。

社会主義国家建設から市場経済化へ

ラオス人民民主共和国が樹立されると、それまで秘密裏に活動していたラオス人民革命党が表舞台に登場し、社会主義国家建設を開始する。人民革命党は建国前の一〇月に第二期党中央執行委員会第三回総会を開催し、戦後は「資本主義的段階を通らずに直接社会主義に至る」という方針を確認した。つまり一気に社会主義国家建設を進めようとしたのである。党内には内戦に勝利した多幸感からか、すぐにでも社会主義国家建設を実現できるとの楽観論があった。

とはいえ、フランス植民地時代に基本的な経済・社会インフラが十分整備されず、また三〇年近く独立闘争と内戦を闘ったこともあり、社会主義国家建設に必要な基盤が整っていなかった。また国民の政治意識も低かった。したがって党は農業集団化を長期目標と位置づけ、非社会主義経済部門を残し資本主義的要素を容認する姿勢も示したのである。

その上で党は、社会主義の過渡期における二つの目標を提示した。第一は、植民地や封建制の痕跡を除去するとともに、中央から末端まで行政権力を整備し、人民民主主義体制を構築すること、第二は、旧い生産関係を改造し、また新しい生産関係を構築することで「人民の生活を平常にする」ことである。言い換えれば国家建設と戦後復興ということになる。そして二つの目標を達成するには、少なくとも五つの課題の克服が必要とされた。

第一は、経済・社会基盤を整備し、衣食住という国民生活の基本を整えることである。そうすることで数十万人の国内難民を故郷に戻し「生活を平常にする」ことができる。これは党にとって最重要課題であった。

第二は、全国における党支配体制の整備である。人民革命党は一九七五年一二月に権力を掌握し人民民主共和国を樹立したが、旧王国政府支配地域には党組織がほとんどなく、全国に党支配を確立したわけではなかった。

第三は、国家行政機関の整備である。これは第二の課題と表裏一体であり、党支配を確立するには党の方針を執行する国家行政機関が必要になる。王国政府も全国を統一管理できるほどに行政機関を整備していたわけではなかったため、人民革命党は党と国家機関の双方を確立する必要があった。

第四は、思考を含めた戦時体制からの脱却である。党は内戦に勝利するため、組織、人材、資源配分などあらゆる面で戦時体制を敷いてきた。また拠点を山岳地域に置いていたため、限られた範囲での統治経験しかなかった。小国とはいえ一つの国家を運営するのは初めてであり、制度も思考も戦時体制からの転換が必要であった。

そして第五は、多くの異なる民族をまとめあげ国民を形成することである。

以上を要約すれば、建国後の課題は国家としての土台を構築することであり、いわば近代国民国家建設と言うことができる。つまりラオスの国民国家建設が実質的にスタートしたのは一九七五年以降であり、まだ四〇年しか経っていない。そのように考えれば、現在のラオスの経済・社会インフラ状況、教育レベル、行政制度など、あらゆる面で問題を抱えていることは理解できる。

当初、党指導部は五つの課題はすぐに解決できると考えていた。しかし国家建設は思うように進まなかった。国家建設を担える教育を受けた人材は社会主義を恐れ国外に脱出するか、再教育キャンプに送られた。党中央の方針に沿って統一的に国家建設を行なうことも各地方の自律性が高く難しかった。歴史的に地域主義的な面が強く、また戦時中に各軍管区司令官が独立的に振る舞ったことも加わり、すぐに党中央が全国を画一的に統制できる状況になかったのである。

そして財源もなかった。さらに王国政府を支えていたアメリカや西側諸国の援助が停止され、タイも国境を封鎖したことで、輸入に依存していたラオスは生活必需品が不足し国民生活が影響を受けた。建国直後の旱魃《かんばつ》もあり、国民生活は新体制下で悪化の一途をたどったのである。

しかし党は一九七七年二月の第二期党中央執行委員会第四回総会で、社会主義化を速めることを決定する。党は社会主義化を推進することで状況を打開し、社会主義への過渡期を駆け抜けようとしたのである。これを受けて一九七八年から農業集団化（農業合作社建設）が本格的に進められた。この農業集団化は集団生産によって生産性を向上させ食糧を増産するとともに、農村への党管理強化という政治目的もあった。しかし現状に合わない土地や生産手段の集団化、平等主義に基づく分配方式は農民の反発を招いた。党の思惑とは反対に、集団化によって生産性は落ち、人民の生活状況はさらに悪化した。

表3－1は一九七一～八一年のコメ生産量を示している。一九七六年、七七年の生産量の低下は旱魃など自然災害の影響である。農業集団化が本格化した一九七八年には生産量は回復するが、内戦中であった一九七五年以前と比較すると生産量は低い。生産量が一九七五年以前を上回るのは一九七九年に農業合作社の新規建設を中止し、実質的に集団化促進政策が形骸化した一九八〇年代初頭になってからである。つまり農業集団化は生産増加に逆効果だったと言える。

人民の生活状況の悪化により、党は再度路線転換を迫られることになった。一九七九年一一月、党は第二期党中央執行委員会第七回総会で市場経済原理の一部導入を決定した。ラオスは社会主義の過渡期にあることを再確認し、過渡期には国家経済、集団経済、国家資本主義経済、私営経済、個人経済の五つの経済部門が存在することを認め、生産拡大と国民生活改善のために非社会主義経済部門を活用する方針を打ち出したのである。つまりすぐにでも社会主義国家を建設するとしていた党は、大

表3-1　1971年〜1981年のコメ生産量　（単位：1000トン）

年	1971	1972	1973	1974	1975	1976	1977	1978	1979	1980	1981
生産量	811	817	874	905	910	858	530	796	925	1000	1140

（出所）Luther（1983: 16）。

きく路線転換することになった。この背景にはソ連、中国、ベトナムなど、社会主義圏全体で改革の機運が高まっていたこともある。

この路線転換はラオス史にとって三つの重要な意味を持っている。

第一は、ラオスにとって社会主義国家建設が実質的かつ現実的な国家目標ではなくなったことである。これはラオスが社会主義国家建設を放棄したことを意味しない。社会主義国家建設は今でも党が掲げる目標である。しかしこの方針転換により、現実的目標であった社会主義はいつ届くかわからない「理想」となった。そして現実的な国家目標となったのが戦後復興と国家の土台作りであった。これが第二の点である。

つまり現実的かつ達成可能な目標設定が必要となり、そこで戦後の五つの課題が社会主義国家建設の手段から目標に取って代わったのである。

第三は、新たな目標達成の手段として市場経済原理を導入したことである。

以上をまとめれば、党は社会主義を「理想」に据えることでマルクス・レーニン主義政党として、また社会主義国家としての正統性を維持しつつ、その枠内でより現実的な国家建設を目指す路線に舵を切ったと言える。一九七〇年代後半時点でこの転換の意味はさほど明確ではなかった。しかし一九九〇年代になり市場経済化が本格的に進められると、次第に社会主義という「理想」と市場経済という「現実」のギャップがよりはっきりするようになる。

市場経済原理を導入したからといって、すぐにすべてが市場経済原理に基づいて動くわけではない。一九七九年以降、国有企業に部分的自主権が与えられ、また公務員給与も一部現物支給ではなくなるなど、新しい経済管理メカニズムは徐々に制度化されていった。また当時はまだ「市場経済化」という言葉は使用されず、「社会主義的経済管理メカニズム」と言われていた。「新経済管理メカニズム」と呼ばれるようになるのは一九八〇年代半ばである。

そして一九八六年、人民革命党は第四回党大会にて

「チンタナカーン・マイ」（新思考）という新たなスローガンを提示し、新経済管理メカニズムを具体的に実施していく。

では、新思考とは一体何だろうか。

カイソーン党書記長は旧思考を、問題点や事実を覆い隠し、また歪曲して功績だけを語ろうとすることや主観的かつ急進的な思考だとし、反対に新思考とは率直に客観的事実を語ることだと述べている。また経済面における新思考とは、「官僚主義的補填メカニズム」を廃止し社会主義的な採算制に移行すること、行政管理と生産管理を区別すること、そして経済発展や人民の生活改善において非社会主義経済部門の長所を見ることだとした。

つまり「チンタナカーン・マイ」（新思考）とは、社会主義中央計画経済にありがちな嘘や偽りから脱却し、事実に基づき現実に即した経済開発を行なうため、新しい思考を持って「新経済管理メカニズム」を実施しようというスローガンであり、国民へのメッセージなのである。

そして市場経済化は一九九一年に建国後初の憲法が制定されると本格化し、ラオスは経済発展に邁進するようになる。

一九九一年の憲法制定
ラオス史における分岐点

一九九一年八月一四日、最高人民議会（憲法制定により国会に改称）で建国後初の憲法が採択され、翌一五日に公布された。ラオスは一九七五年以降一六年間憲法がなく、一九七〇年代、八〇年代は法律もほとんど制定されなかった。統治は憲法や法律に代わり党が公布する文書や閣僚議会（現政府）の決議等に基づいて行なわれた。憲法制定に一六年もの時間が費やされたのは、人材不足や党の方針が定まらなかったこと等いくつかの理由がある。

憲法制定は二つの重要な意味を持っている。一つは、「新経済管理メカニズム」が憲法で規定されたことである。第一六条は、「経済管理は政府調整を伴う市場経済メカニズムに沿って、また、中央部門の統一的で集権的な管理と地方への合理的な責任分担の協調という原則によって執行する」と規定した。「政府調整を伴う」とは、党や国家が経済管理を緩めるつもりがないとの意思表示である。とはいえ「市場経済メカニズム」という文言が憲法に公式に明記されたことの意味は大きい。また第一三条はラオスが多部門経済であること、第一四条は外国人投資家の所有権保護も規定している。そして新経済管理メカニズムの実施体制として、地方人民行政委員会に帰属していた部門（セクター）組織を中央省庁の直轄とし、部門別管理体制が採用されることになった（一九七五年以降の行政管理体制については「5政治」を参照）。言い換えれば、中央省庁が直接管理する出先機関を県、郡に置き、全国統一的に行政を管理する制度である。

もう一つの重要な点は、憲法制定がラオスにとって戦後脱却と本格的な国民国家建設の開始を意味していることである。ヌーハック最高人民議会議長は憲法制定に際し、経済基盤建設は初期的成功を収め、改革路線と実際の状況も適合し、政治・社会の新しい制度や市民の基本的権利や義務、国家機構の組織を定め、また経済や社会文化の発展や人々に新しい生活を提供する上でも憲法制定が必要になったと述べている。

つまり憲法制定はラオスが戦後復興を遂げ、国民国家建設という新たな時代に入るために必要であり、いわば戦後脱却を象徴しているのである。

これまでは、「チンタナカーン・マイ」（新思考）が提示された一九八六年の第四回党大会がラオス史の分岐点とされてきた。それは「チンタナカーン・マイ」が旧ソ連の「ペレストロイカ」、中国の「改革・開放」、ベトナムの「ドイモイ」（刷新）と同様の改革政策と考えられてきたためである。しかし「チンタナカーン・マイ」という文言は「改革・開放」や「ドイモイ」と異なり、一九九〇年代初頭には使用されなくなった。つまり一過性のスローガンと言える。

事実、「改革・開放」「ドイモイ」という文言が、それぞれ中国、ベトナム両国の憲法に記されたのに対して、「チンタナカーン・マイ」はラオス憲法で言及されたことはない。また市場経済化は一九八六年になって初めて導入されたわけではなく、一九七九年から開始された改革と連続性が見られる。したがって戦後を脱却し新時代に入ったという意味では、一九九一年の憲法制定がラオス史における分岐点と言える。

一方、憲法制定には国内要因だけでなく、ソ連・東欧の民主化も大きく影響した。一つは、ソ連からの援助が大幅に削減されたためラオスが西側諸国からの支援を必要としたこと、もう一つは、党内や国外のラオス人の間で民主化議論が高まったことである。

一九九〇年五月、ワルシャワやプラハでラオス人留学生による民主化デモが行なわれた。八月には党中堅幹部が複数政党制導入を訴える書簡を回覧するという事件が起きた。これらの国内外の事件は大きな民主化デモに発展することはなかったが、党指導部に方針転換を迫るには十分なインパクトがあった。これにより党は国内外の「民主化」や「自由化」といった要求に応えつつ、一党独裁体制を維持するという難しい課題に直面したのである。

当時の党の苦慮は、憲法草案と制定された憲法の内容を比較するとよくわかる。草案第一条では、「ラオス人民民主共和国はラオス人民革命党指導下の人民民主主義国家である」と規定されていた。しかし憲法では「ラオス人民革命党指導下」という文言が削除され、憲法第三条で人民革命党は「政治制度の中核」と規定された。明確な表現を避けたのである。また草案にはなかった「市場経済メカニズム」「教育を受ける権利」「移動や居住の自由」等も憲法で明記された。

その一方で党は、長年の課題であった中央集権化に着手した。もともと草案では、一九七五年の建国時に設立された地方人民議会や人民行政委員会（地方政府）が維持されていた。しかし憲法ではそれらの機関を廃止し、先述のように中央省庁が地方に直接の出先機関を置く部門別管理体制が導入され、地方行政は中央から任命される県知事や郡長が担うこととなった。

つまり党は市場経済化を明記し、自由化を拡大することで国内外の要望に少なからず配慮しつつも、地方人民議会を廃止し国民の政治参加を狭め、行政管理を中央集権化することで一党独裁体制を強化したのである。したがって憲法は、党が国内外の状況の変化に巧みに対応した結果の産物と言うことができる。

それはヌーハック議長の次の発言からも裏付けられる。「これまで世界の友好国が、我が国の人権、市民の民主的権利、信仰の自由、民間企業の商業の自由、外交、開放政策に興味を示してきた。私は今回承認した憲法がこれらに対する回答だと考えている」（*Pasaason*, August 16, 1991）。

憲法制定によりラオスは新たな時代に入ることとなる。

新時代の国民国家建設

後発開発途上国から上位中所得国へ

憲法制定によりラオスは本格的な国民国家建設の時代に入った。それは、戦後復興に代わる新しい国家目標が必要になったことを意味する。つまり、今後どのような国家建設を行なうのか、国民に新しい目標を提示する必要が出てきたのである。

そこで党は一九九三年二月、第五期党中央執行委員会第六回総会で国家を徐々に後発開発途上国から脱却させるという目標を掲げた。いわゆる貧困脱却である。そしてこの目標は一九九六年の第六回党大会で「二〇二〇年までに」と具体的な期限が定められた。以降ラオスは二〇二〇年の目標に向かって経済開発を進めることになる。

図1－4（〇三三ページ）にあるように、ラオス経済は一九九〇年代以降プラス成長を続けている。一九九八年には前年に発生したアジア経済危機の影響から経済は低迷するが、二〇〇〇年代に入り徐々に回復した。一九九六年から二〇〇五年までの年間平均経済成長率は六・二％であり、ラオスは順調に経済成長を遂げてきたと言える。しかし一九九六～二〇〇〇年の目標は平均八～八・五％成長、また二〇〇一～〇五年は最低七％が目標であった。つまり安定した経済成長を遂げたものの、実は目標に届いていなかったのである。

そうしたこともあってか、党は二〇〇六年三月の第八回党大会で経済開発に対する強い意志を示した。党は開発を最優先事項と位置づけ、工業化と近代化を優先的に進めていく方針を掲げたのである。そして二〇〇六年以降の一〇年間、平均経済成長率は七％を超えた。ラオスは東南アジアでもっとも安定的に高い経済成長を続けている国と言っても過言ではない。

一方で、経済発展により党や国家幹部の汚職、経済格差、麻薬、窃盗などの「否定的現象」も拡大した。特に汚職や経済格差の拡大は、平等を掲げ社会主義国家建設を目指す党にとっては頭の痛い問題であり、国民が党への不信感を募らせる原因となっている。一九七九年の市場経済原理導入時に生まれた理想と現実の乖離が顕著に現れ始めたのである。

党はその乖離を埋め支配の正当性を維持するために、一九九〇年代後半から政治理論・思想の修正に着手した。

まず党は、社会主義の過渡期が非常に長期の複雑な過程であるとの認識を示し、そして経済発展とともに発生しているさまざまな問題は、そのような長期の過程に生じる困難であると位置づけた。このような時代認識の修正によって理想と現実のギャップが埋まるわけではないが、少なくとも政治理論・思想的に社会主義の過渡期に生じる困難や問題を正当化したのである。

また党は、二〇〇六年の第八回党大会で社会主義の三つの基準を次のように定めた。

①経済力を拡大させること。

②国家を強健にし、政治分野の安定を確実にすること。

③生活を向上させ人民に利益をもたらすこと。

その上で、「党の長期目標に到達するために、我々は工業化と近代化を開発の優先事項とみなさなければならない。なぜなら、社会主義建設と工業化と近代化は同じ意味だからである」とし、近代化・工業化と社会主義を同義に位置づけた。そうすることで、現在の経済開発は社会主義の「理想」と齟齬をきたさないことになる。

このような経済発展の追求とそれを支える政治理論・思想の構築という作業はその後も続いている。二〇一六年一月に行なわれた第一〇回党大会で党は、新たな国家目標として「ビジョン二〇三〇」を、そして新たな思想として「カイソーン・ポムヴィハーン思想」(以下、カイソーン思想)を提示した。

「ビジョン二〇三〇」とは、二〇三〇年までに所得を現在の四倍(一人当たり約八〇〇〇ドル)にし、上位中所得国入りを果たすという目標である。

世界銀行は一人当たり国民総所得(Gross National Income: GNI)によって、各国を四つのグループに分けている。二〇一七年現在の基準は二〇一六年の所得水準で一人当たりGNI一〇〇五ドル以下は低所得国、一〇〇六～三九五五ドルが低位中所得国、三九五六～一万二二三五ドルが上位中所得国、そして一万二二三六ドル以上が高所得国となっている。

二〇一七年現在、東南アジアではシンガポールとブルネイが高所得国、マレーシアとタイが上位中所得国に入っている。ラオスよりも経済開発が進んでいるインドネシア、フィリピン、ベトナムはいまだにラオスと同じ低位中所得国である。

このように見ると、「ビジョン二〇三〇」がいかに野心的な目標かがわかるだろう。つまり目標達成のためにはこれまでと同様の、もしくはそれ以上の経済開発を行なう必要がある。それは一方で、社会主義の「理想」と市場経済の「現実」のギャップがますます乖離することを意味する。

それを意識してか、党は「ビジョン二〇三〇」と同時に「カイソーン思想」を提示した。故カイソーン党書記長は国民からもっとも尊敬されている指導者であり、ラオス建国の父である。しかし党はこれまで、中国の毛沢東思想、鄧小平理論、ベトナムのホー・チ・ミン思想のように、指導者個人の名を冠した思想・理論を構築してこなかった。この背景には、集団の団結を重視し良くも悪くも突出した個人を嫌う社会の特徴や、カイソーンも自身が神格化されることを嫌っていたことがある。

したがってカイソーン思想を提示したということは、党の明らかな路線変更と言える。この背景には、経済開発の負の側面が悪化し、カイソーン個人の権威に依存しなければならないほど、党が支配の正当化に苦慮していることがある。

では、カイソーン思想とは何だろうか。第一〇回党大会では具体的内容は示されていない。しかし言葉自体は新しいものではなく、これまでも党内でカイソーン思想に関する研究が進められていた。

たとえば二〇〇五年一一月、カイソーンの生誕八五周年を記念して「社会主義の道に沿った人民民主主義体制建設および拡大におけるカイソーン・ポムヴィハーンの思想」と題するセミナーが開催された。表3−2はそのときの内容である。

表からは、政治、経済、外交、女性開発、法律、民族大団結、教育、職員・党建設、保健、民族解放、農業、労働、社会主義建設、生活など、ほぼすべての分野を網羅していることがわかる。そして各章ではそれぞれのテーマについてカイソーンがどのような考えを持っていたのか、カイソーンの指導下でどのような発展を遂げてきたかについて論じられ、カイソーンの思想は現在の状況にも有効であり、継承していかなければならないとされている。またカイソーンはマルクス・レーニン主義の継承者としても描かれている。

つまりカイソーン思想とは、マルクス・レーニン主義に基づき、経済発展に伴って生じたさまざまな問題の解

表3-2　カイソーンセミナー(2005年)の内容

	タイトル
1	開会演説
2	カイソーン・ポムヴィハーン：ラオス民族の英雄で偉大な愛国者
3	カイソーン・ポムヴィハーンとラオス・ベトナム間の特別な団結、闘争連合および包括的協力の構築強化
4	1975年の3段階戦略による行政権力の奪取におけるカイソーン・ポムヴィハーンの役割
5	外交業務に関するカイソーン・ポムヴィハーンの指導思想
6	カイソーン・ポムヴィハーンと政治基層建設、人民民主主義体制の基盤構築
7	ラオス人民民主共和国における資本主義体制を通らずに社会主義を建設することに関するカイソーン・ポムヴィハーンの思想
8	新教育の拡大とカイソーン・ポムヴィハーン
9	ラオス民族の大団結に関するカイソーン・ポムヴィハーンの思想
10	ラオス人女性の開発とカイソーン・ポムヴィハーン
11	憲法および法律作成に関するカイソーン・ポムヴィハーンの指導思想
12	国家解放のための人民戦争実施に関するカイソーン・ポムヴィハーンの思想
13	カイソーン・ポムヴィハーンの経済分野の刷新における思想
14	新時代の党建設に関するカイソーン・ポムヴィハーンの指導思想
15	ラオス人労働者および勤労者部隊の建設に関するカイソーン・ポムヴィハーンの指導思想
16	ラオス人民民主共和国における職員建設および育成に関するカイソーン・ポムヴィハーンの指導思想
17	党の理論思想とカイソーン・ポムヴィハーン
18	保健業務とカイソーン・ポムヴィハーン
19	新世代の建設とカイソーン・ポムヴィハーン
20	敬愛するカイソーン・ポムヴィハーンの生活様式
21	農林業とカイソーン・ポムヴィハーン
22	ヌーハック党中央執行委員会相談役の意見

(出所) Khana khoosanaa ophom suunkang phaak (2006).

決に指針を示してくれる道標と言える。そして党はカイソーン思想を掲げることで、カイソーンの教えに沿って問題解決に取り組む自分たちは正しいと主張でき、党への国民の信頼を回復しようとしているのである。

建国以降のラオス史を振り返ると図3－2のようになる。建国後、党は社会主義国家建設に着手するが、条件が整っておらず、経済は悪化の一途をたどり、国民の不満が高まった。それを受けて党は、一九七九年に市場経済原理の一部を導入し路線を転換する。それに伴って社会主義はいつ届くかわからない理想となり、国家の土台作りや戦後復興が現実的な課題となった。そして一九九一年の憲法制定以降は貧困削減を国家目標にし、一九九六年には二〇二〇年までに後発開発途上国を脱却すると期限を定め、二〇一六年には「ビジョン二〇三〇」という新たな目標を掲げた。

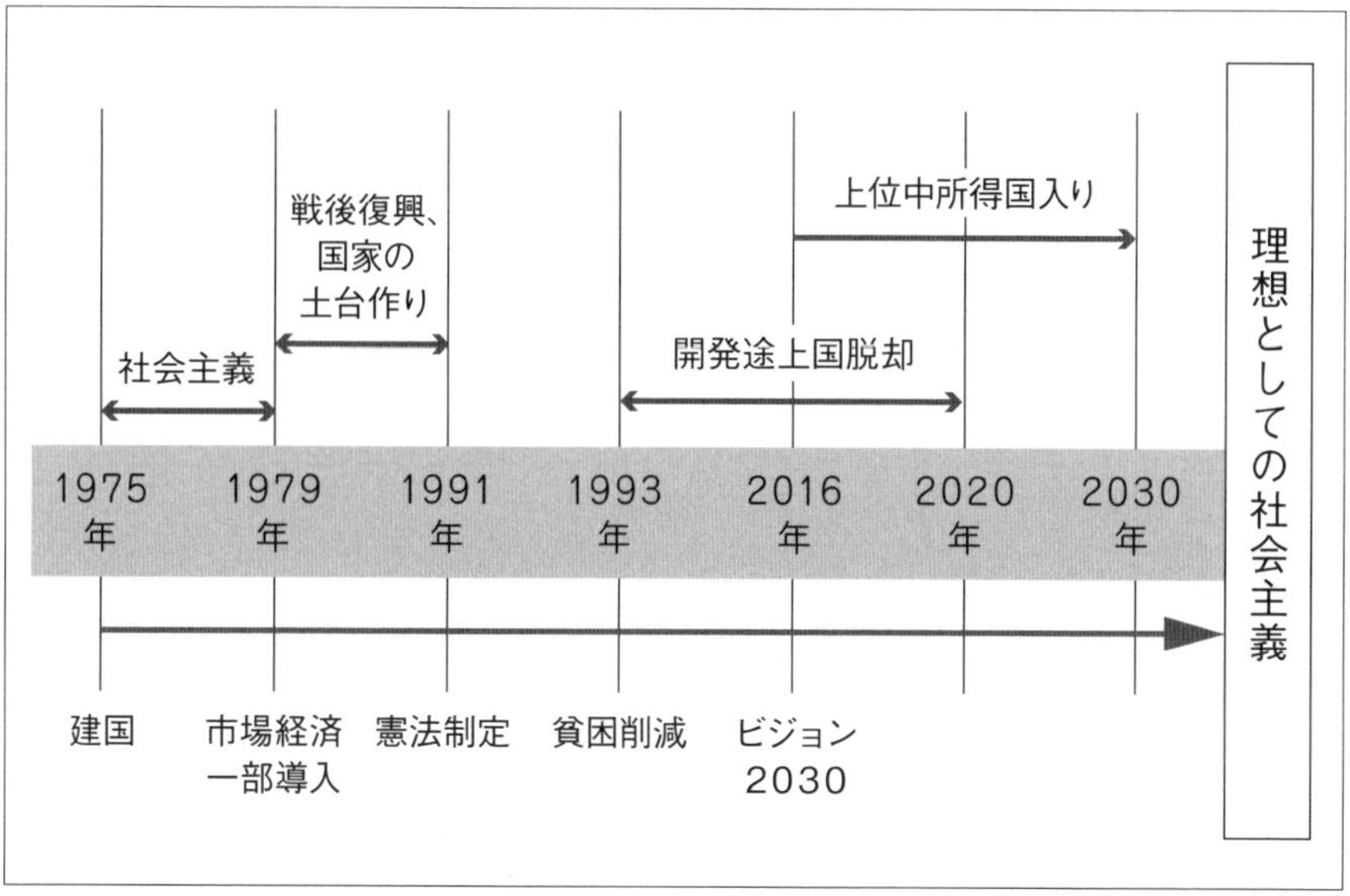

図3-2　建国以降のラオス
（出所）筆者作成。

つまり現在のラオスは、社会主義という「理想」を最終目標に据えつつ、中長期的かつより現実的な国家目標を設定し、それを一つずつクリアしながら進んでいるのである。

このような過程は、党が社会主義イデオロギーを完全に捨て去るか、体制転換が起きない限り続いていく。というのは、社会主義イデオロギーを掲げて権力を掌握した党がそれを捨て去るということは、自己否定につながるからである。言い換えれば、党は権力を掌握する限り社会主義の理想を追い求め続けなければならない。

しかし党が思い描くように単線的に国家建設が進むとは限らない。経済発展が進めば進むほど、県と県の間、都市と農村の間の経済格差は拡大するだろう。また開発プロジェクトによって土地を奪われる住民が増えており、特に農村部を中心に国民の不満も拡大している。

後述するように、党は国民の不満を緩和するためにさまざまな制度を構築し、民意を重視し始めた。このように党は常に現実の変化に対応し、理想と現実のバランスを保っていかなければならないのである。

ラオスの10人

ヌーハック・プームサワン（一九一〇〜二〇〇八年）

元国家主席であり、革命の英雄である。一九一〇年四月九日にタイのムクダハーンで生まれる。その後サワンナケート県に移住し、ベトナムとラオスの間のトラック運転手を務めた。その際ベトミンにリクルートされて独立闘争に参加し、ラオス東部抵抗委員会委員長に任命された。その後インドシナ共産党に入党し、抗戦政府では財務大臣に任命される。

一九五五年のラオス人民党（現人民革命党）設立大会では、中央指導委員会（現政治局）に選出され、経済・財務部門等を担当する。ラオス人民民主共和国建国後も副首相兼財務大臣として経済分野において影響力を行使した。したがって、ヌーハックといかに関係を構築するかが、さまざまな利権獲得やビジネスの実施において鍵となった。

一九八九年の第二期最高人民議会では議長に選出され、カイソーンの死後は国家主席に就任した。ヌーハックはオーソドックスな社会主義経済体制を信奉し、一九八〇年代初頭には市場経済化を目指すカイソーンと対立したと言われている。一九八三年から八五年頃まで、副大臣級の幹部の逮捕や拘束が相次いだ。この背景には汚職とともに、党内のイデオロギー対立があったと見られている。イデオロギー対立は、一九八六年の第四回党大会で市場経済化推進が決定され、カイソーンが勝利する。

ヌーハックは一九九八年に引退するが、その後も党中央執行委員会相談役として一定の影響力を行使した。晩年は地方視察を繰り返し、経済発展と貧困削減を説いてまわった。常にカイソーンのナンバー2という位置づけだが、国家建設に貢献したことには違いない。二〇〇八年九月九日に死亡した。

ヌーハック・プームサワン。

首都ヴィエンチャン。パトゥーサイとラーンサーン通り。
（写真提供：日本アセアンセンター）

ルアンパバーン県ルアンパバーン市。プーシーから見た市街。
（写真提供：日本アセアンセンター）

トラクターで村に向かう役人たち。
カムアン県サイブアトーン郡。(撮影筆者)

客人を迎えて食事をする村人たち。
カムアン県サイブアトーン郡。(撮影筆者)

田植えをする農民たち。
首都ヴィエンチャン、シーサッタナーク郡。(撮影筆者)

市場で魚を売る女性。
チャンパーサック県コーン(グ)郡。(撮影筆者)

ラオス正月。通りかかったバイクに水をかける少女たち。
ルアンパバーン県ルアンパバーン市。
（写真提供：日本アセアンセンター）

ナイトマーケット。ルアンパバーン県ルアンパバーン市。
（写真提供：日本アセアンセンター）

絹糸を繰る前に繭を煮る女性。
ルアンパバーン県ルアンパバーン市。（撮影筆者）

機織りをする女性。
フアパン県ヴィエンサイ郡。（撮影筆者）

仏像に花を捧げる女性たち。首都ヴィエンチャン、ハートサイフォーン郡。
（撮影筆者）

メコン川の支流カーン川を渡って通学する若い僧たち。
ルアンパバーン県ルアンパバーン市。（写真提供：日本アセアンセンター）

メコン川を船で行く。
ルアンパバーン県ルアンパバーン市。(撮影筆者)

コーンパペーン滝で魚を捕る人たち。
チャンパーサック県コーン(グ)郡。(撮影筆者)

イチゴ農園。ルアンパバーン県プークーン郡。
（撮影筆者）

ラオ・ニッポン橋。チャンパーサック県パークセー市。
（写真提供：日本アセアンセンター）

4 民族

ラオスにはいまだにラオス語を解さない人たちが多く存在する。山岳少数民族の中には国家よりも民族や村への帰属意識が強く、「ラオス人」意識が希薄な人も多い。ラオスではフランス植民地時代に教育制度や行政制度が整備されず、異なる地域の人々が首都で出会い国民意識を形成する機会が限られていた。また現在もそうだが、出版印刷物が他の東南アジア諸国と比べて極端に少なく、全国に流通していないため、共通言語である出版言語も普及しなかった。現在でも国民形成はラオスにとって大きな課題である。

多民族国家ラオス

写真4－1（上）はラオスの一〇〇〇キープ紙幣である。紙幣には三人の女性が描かれている。二〇〇〇年代中盤の一時期には、写真（下）のように絵ではなく実存する三人の女性が同様の衣装をまとい印刷されたこともあった。しかし国民から批判を受けて短期間で印刷が中止された。したがって現在は写真（上）の一〇〇〇キープ札が使用されている。

三人の女性はラオ・ルム（中央）、ラオ・トゥン（右）、ラオ・スーン（左）を表している。先述のように、低地に住むラオ族やタイ族などタイ・カダイ系語族をラオ・ルム（低地ラオ）、山腹に住むクム族やラメート族などモーン・クメール系語族をラオ・トゥン（山腹ラオ）、高地に住むモン族やヤオ族などチベット・ビルマ系語族をラオ・スーン（高地ラオ）と言う。居住地と言語が必ずしも一致するわけではなく、またこの三分類は既に公式に使用されていないが、一般国民レベルでは現在でもこの三分類が広く使用されている。

この三分類の成り立ちには諸説ある。

一つは、一九世紀後半からラオスを植民地としたフランスが既にラオスの人口を三つに分類しており、その後ラオス人共産主義者とベトナム人アドバイザーが相談の上、諸民族を統合するために各分類に「ラオ」という接頭辞を付け、一九七五年以降公式に使用するようになっ

写真4-1　1000キープ紙幣。（撮影筆者）

たという説、もう一つは一九五〇年代に王国政府側の少数民族によって提唱されたという説である。

いずれにしろ「ラオ」という接頭辞が付いていることから、ラオ族を主軸に国民を統合し、国民形成を図ろうという目的で考案された近代的産物と言える。言い換えれば「ラオス人意識」を形成するために創造された名称なのである。

では、三大分類が公式に使用されなくなったということは、国民統合が実現しラオス人意識が形成されたのだろうか。

ラオスにはいまだにラオス語を解さない人たちが多く存在する。山岳少数民族の中には国家よりも民族や村への帰属意識が強く、「ラオス人」意識が希薄な人も多い。ラオスではフランス植民地時代に教育制度や行政制度が整備されず、異なる地域の人々が首都で出会い国民意識を形成する機会が限られていた。また現在もそうだが、出版印刷物が他の東南アジア諸国と比べて極端に少なく、全国に流通していないため、共通言語である出版言語も普及しなかった。現在でも国民形成はラオスにとって大きな課題である。

では、ラオスにはどのくらいの数の民族が存在しているのだろうか。

たとえば一九五〇年のネオ・ラオ・イサラ（ラオス自由戦線）設立後に行なわれた研究では、ラオスにはラオ・ルム、ラオ・トゥン、ラオ・スーンの三つの主要な民族集団と六八の少数民族がいるとの結論が出された。

現体制になってからは、一九八一年六月六日〜一九日に「少数民族諸問題に関する政治局決議についての会議」が開催され、カイソーン党書記長がラオ・ルム、ラオ・トゥン、ラオ・スーンという呼称は適切でなく、①話し言葉、②過去の歴史と呼称の関係、③伝統と文化という三つの基準に沿って再度研究を行なうよう指示している。既に一九八〇年代前半には三大分類が不適切とされていたのである。

そして一九八四年に国家少数民族委員会が少数民族数は四七と結論づけたが、数万人が調査対象から漏れていたため党指導部はそれを承認しなかった。一九八五年に国勢調査が行なわれた際には自称民族数が八〇〇以上にのぼったという。

二〇〇〇年一二月一八日、政治局は民族数を四九とする国家建設戦線の提案に同意する。しかし一部の民族呼称については再度研究を行ない、ラオ・ルム、ラオ・トゥン、ラオ・スーンという三つの呼称は廃止するよう指示した。政治局の意見に基づき、国家建設戦線と各級の行政機関は特に中部と南部の少数民族について再度調査を行なった。自称と他称の齟齬などいくつかの問題があったのである。

その後二〇〇八年の第六期第六回国会で民族名称に関する審議が行なわれ、一部民族の呼称問題は残されているものの、国会は民族数を四九として承認した。表4－1は二〇一五年の国勢調査時の公定民族数と名称、表4－2は各民族の人口数である。

それによると、ラオ（Lao）・タイ（Tai）系語族は八民族で人口の六二・三％を占め、もっとも多い。モーン（Mon）・クメール（Khmer）系語族は三二民族であり、人口数では二四・八％を占める。シナ（Chinese）・チベット（Tibet）系語族は七民族であり人口の二・九％、そしてモン（Hmong）・イウミエン（Ewmien）系語族は二民族で人口の九・七％となっている。

一方で、民族名称を名乗らなかった人など、その他に

表4-1　ラオスにおける民族構成

語族の4分類	名称			
①ラオ(Lao)・タイ(Tai)：8民族	ラオ	Lao	ニュアン	Nhoaun
	タイ	Tai	ヤン	Yang
	プー・タイ	Phouthay	セーク	Xaek
	ルー	Lue	タイ・ヌーア	Thaineua
②モーン(Mon)・クメール(Khmer)：32民族	クム(カム)	Khmou	トゥム	Toum
	カターン	Katang	テーン	Thaen
	カトゥー	Katu	ビット	Bid
	クリアン	Kriang	ブラオ	Brao
	クリー	Kree	パコ	Pacoh
	クメール	Khmer	プライ	Pray
	グワン	Ngouan	ポーン	Phong
	チェン	Cheng	マコーン	Makong
	サームタオ	Samtao	モーイ	Moy
	サダーン	Sadang	ユル	Yrou
	スワイ	Xuay	イェ	Yae
	シンムーン	Xingmoun	ラメート	Lamed
	ニャフーン	Nhaheun	ラヴィー	Lavy
	タオーイ	Ta-oy	オーイ	Oy
	タリアン	Trieng	ウードゥー	Oedou
	トゥリー	Tri	ハーラック	Harak
③シナ(Chinese)・チベット(Tibet)：7民族	プーノーイ	Pounoy	ホー	Hor
	シーラー	Syla	アーカー(アカ)	Akha
	ラーフー	Lahou	ハーイー	Hayi
	ローロー	LoLo		
④モン(Hmong)・イウミエン(Ewmien)：2民族	モン	Hmong	イウミエン	Ewmien

（出所）Kaswang phaenkaan lae kaan longthun suun sathiti haeng saat（N/A: 130-131）, Ministry of Planning and Investment, Lao Statistics Bureau（N/A: 121-122）を基に筆者作成。

表4-2　各民族の人口数

	合計	女性	男性	人口比（%）
ラオ	3,427,665	1,716,221	1,711,444	53.2
タイ	201,576	99,354	102,222	3.1
プー・タイ	218,108	111,213	106,895	3.4
ルー	126,229	63,284	62,945	2.0
ニュアン	27,779	14,024	13,755	0.4
ヤン	5,843	2,848	2,995	0.1
セーク	3,841	1,973	1,868	0.1
タイ・ヌーア	14,148	7,100	7,048	0.2
クム（カム）	708,412	351,387	357,025	11.0
カターン	144,255	72,876	71,379	2.2
カトゥー	28,378	14,341	14,037	0.4
クリアン	16,807	8,368	8,439	0.3
トゥリー	37,446	18,819	18,627	0.6
クメール	7,141	3,524	3,617	0.1
グワン	886	434	453	–
チェン	8,688	4,435	4,253	0.1
サームタオ	3,417	1,680	1,737	0.1
サダーン	898	440	458	–
スワイ	46,592	23,954	22,638	0.7
シンムーン	9,874	4,819	5,055	0.2
ニャフーン	8,976	4,398	4,578	0.1
タオーイ	45,991	23,102	22,889	0.7
タリアン	38,407	19,427	18,980	0.6
クリー	1,067	535	532	–
トゥム	3,632	1,767	1,865	0.1
テーン	828	429	399	–
ビット	2,372	1,157	1,215	–
ブラオ	26,010	13,171	12,839	0.4
パコ	22,640	11,426	11,214	0.4
プライ	28,732	14,473	14,259	0.4
ポーン	30,696	15,226	15,470	0.5
マコーン	163,285	82,672	80,613	2.5
モーイ	789	368	421	–
ユル	56,411	28,932	27,479	0.9
イェ	11,452	5,782	5,670	0.2
ラメート	22,383	11,591	10,792	0.3
ラヴィー	1,215	556	659	–
オーイ	23,513	11,876	11,637	0.4
ウードゥー	602	302	300	–
ハーラック	25,430	12,964	12,466	0.4
プーノーイ	39,192	19,574	19,618	0.6
シーラー	3,151	1,514	1,637	–
ラーフー	19,187	9,609	9,578	0.3
ローロー	2,203	1,110	1,103	–
ホー	12,098	5,797	6,301	0.2
アーカー（アカ）	112,979	56,070	56,909	1.8
ハーイー	741	367	374	–
モン	595,028	292,800	302,228	9.2
イウミエン	32,400	15,935	16,465	0.5
その他・非申告	77,297	37,241	40,056	1.2
合計	6,446,690	3,221,255	3,225,435	100

（注）統計書では人口数が644万6690人となっているが、国勢調査の正式結果は649万2228人である。おそらく初期推計値をそのまま使用したと考えられる。
（出所）Kaswang phaenkaan lae kaan longthun suun sathiti haeng saat（N/A: 130-131）, Ministry of Planning and Investment, Lao Statistics Bureau（N/A: 121-122）を基に筆者作成。


分類されたのが約七万七〇〇〇人もいる。つまり、ラオスには四九以上の民族が存在していることになるが、彼らは国家が定めた民族枠には入らない人々と言える。

四九という数字はあくまで現在の公定民族数であり、今後も政策や管理方法の変更によって名称や数が変わる可能性はある。また必ずしも公称を各民族が使用しているわけではない。

このように多様な民族が暮らしており、「ラオス人」と言っても一様ではない。首都ヴィエンチャンで目にする「ラオス人」、北部ポンサーリー県で目にする「ラオス人」、南部サーラワン県で目にする「ラオス人」は、国籍が同じであっても違う言語を話し、異なる文化を持っているかもしれない。だからこそ異なる民族をまとめあげ、「ラオス人」として共通意識を形成することが党・政府にとって課題なのである。

したがって「ラオ」という接頭辞は非常に使い勝手がよかった。公式には使用されなくなったとはいえ、三分類は人々が日々使用する紙幣に印刷され、日常会話にも出てくる。若年世代であってもこの三分類を使用する。人々は無意識のうちに民族を三分類し、自分をいずれかの「ラオ」にあてはめているのである。

つまり「ラオ」による民族の括りは日常で再生産されていることになる。今でも「あなたは何民族ですか?」と尋ねると「ラオ・トゥン」などと三分類の一つで答える人は多い。このように「ラオ」という括りが一般化している状況は、党や政府がラオ族を主軸に国民統合を図ろうとした当初の目的がある程度達成されたことの証かもしれない。

ラオ族と少数民族の関係

ラーンサーン王国を建国したのはラオ族である。しかし現在のラオス地域には、もともとラオ族ではなくモーン・クメール系の民族が住んでいた。先住民族のクム族の民話でも、ラオ族の民話でも、クム族が先に生まれ兄と位置づけられている。たとえばラオ語年代記『クンブロム』やラオス人誕生話などには次のような内容がある。

クンブロムが天界から下界の地に支配者として下されたときに瓢箪《ひょうたん》が与えられた。また別の話では、世を覆っていた木を老夫婦（プーニュー・ニャーニュー）が切り倒したとき、その木には瓢箪の実がなっていたとある。さらに別の話では洪水で生き残った兄妹の妹が身ごもりかぼちゃを産んだ。瓢箪でもかぼちゃでも、鉄の棒を熱して穴を開けると黒く焦げた肌をしたクム族（ラオ・トゥン）が先に出てくる。次に同じ穴から、またはナイフで開けた別の穴からタイ系（ラオ・ルム）の人が出てきたとされる。つまりクム族が兄、タイ系民族が弟ということになる。そして兄弟は知恵比べを行なって兄が弟に負けたため山に住み、弟が低地に住むことになったという。

このような関係性は王国時代の王の即位儀礼にも見られる。新年の王の儀礼では王の装いをしたカサック（クム族の一種）の人々の長が王冠を被って王の装いをし、ラオ族の王よりも先に玉座に座るという儀式がある。そしてこのカサックの王が真の王に向かって登位するよう命じる。

つまりラオ族が現在のラオスの地を支配して以来、兄（クム族）と弟（タイ系のラオ族）の関係性は逆転したのである。サームセーンタイ王の時代に行なわれた人口調査では、既にラオ族とカー族（ラオ・トゥンの蔑称で奴隷という意）を区別していた。そしてフランス植民地時代もこの民族関係は維持された。

民族平等という概念が現れるのは内戦時代に入ってからである。先述のように、パテート・ラオは当初から民族平等を掲げ、指導部にも少数民族を登用するなど、自ら民族平等や多民族国家ラオスを実践した。しかし一九六〇年代後半になると、パテート・ラオは次第にラオ族を主軸とした国民統合を本格化させる。一九六八年にラオス愛国戦線は「一二項目の政治綱領」を発表し、少数民族への積極的支援や生活の向上、全民族を代表する国会の選出、多民族の歴史遺産の保護、多民族言語の文字化等を謳った。

その一方で、綱領ではラオ語の標準化や教育機関での国語（＝ラオス語）の使用義務化も掲げられ、またラオ語は他民族言語よりも「国家的、大衆的、科学的、進歩的」だとされた。一九六〇年代後半は戦況がパテート・ラオに有利となり、パテート・ラオが戦後の国民国家建設構想を具体的に考え始めていた時期でもあった。つまり戦争での勝利が迫ってくると、ラオ族を主軸に民族統一を図りたい指導部の本心が表れはじめたのである。

そしてラオ族優位の民族間関係は現在まで続いている。ラオ族は政治や経済だけでなくあらゆる分野の中心にいる。もちろん地域によってはラオ族が少数の場所もある。またラオ族とはほとんど関わらず、自分たちの言語や伝統を守って生活している民族もいる。たとえばサイニャブーリー県にはムラブリ（トーンルアン）と呼ばれる森の民が一八人（二〇一六年一〇月現在）ほどいる。

民族問題を担当する国家建設戦線（一五二ページ・一八八ページ）で話を聞くと、複数の民族で構成されている村でも特に民族間の衝突はないという。実際に村を訪れ村長に話を聞いても同様の答えが返ってくる。各民族が互いを尊重し、それぞれの祭祀や儀礼に参加しているというのである。

確かに激しい民族間衝突はない。しかしラオスで生活していると、特に言語面でラオ・ルムがラオ・トゥンやラオ・スーンを見下している場面に遭遇することが多々ある。少数民族が話すラオス語は時にラオ族にとって笑いの種になる。言葉遣いや発音、またスペルが少しでも違えば、「あの人たちはラオ・トゥンだから」と嘲笑する。また一部のラオ・トゥンはラオス語がうまく話せないことを理由に自分たちを卑下することもある。ラオ・ルムによるラオ・トゥンやラオ・スーンへの差別的態度、ラオ・トゥン、ラオ・スーンの言語面での劣等感はいまだに根深い問題として残っている。

そして必ずしも差別が要因というわけではないが、開発による生活資源や土地の喪失、政府の移住政策などもあり、低地に移住してラオ族と交わり、生業も焼畑から水田稲作に転換しラオ族化するラオ・トゥンが増えつつある。今後も経済開発に伴ってラオ族に同化する少数民族は増えるだろう。少数民族言語や文化の消失がさらに進む可能性がある。

主要民族の特徴と居住地

以下、ラオス国家建設戦線が二〇〇八年に出版した『ラオスにおける民族グループ』(*The Ethnic Group in Lao P.R.D*)に依拠しながら主要民族の特徴を記す。

①ラオ族

ラオ族は人口の約五三%を占めるもっとも多い民族であり、政治、経済、社会などすべての分野の中心にいる。しかしラオ族がどこからやってきたのかはよくわかっていない。

後漢の時代の記録には「哀牢」(アイラオ)という人々に関する記述がある。しかしそれがラオ族やタイ系民族の祖先に当たるかどうかは疑わしい。いずれにしろラオ族は一〇世紀前後に現在のラオスの地に移り、メコン川中流域の各地に「くに」(ムアン)を形成した。ラオ族は各県に住んでおり、またタイ東北部、ベトナム、カンボジアなどにもいる。言語はタイ・カダイ語族タイ諸語南西タイ語群に属するラオ語を話し、主に平野や川沿いの低地に暮らしている。

　ラオ族は上座仏教を信仰し、徳を積むために毎月さまざまな儀礼・祭礼を行なう。これはヒート・シップソーン（「一二の慣習」の意。「5宗教と文化」参照）と呼ばれる。とはいえ彼らの仏教は、先祖信仰や精霊信仰などと混じり合いながら実践されている。

　またラオ族は各自の体内には三二の魂（クワン）が宿っており、その魂が体内の器官を守っていると信じている。時にその魂が体内から遊離し病気や災いをもたらすことがあり、その場合は「バーシー・スークワン」（「5宗教と文化」参照）という儀式を行なう。

　ラオ族は一夫一婦制であり、結婚後は夫の姓を継ぐが一般的には妻の両親とともに暮らすことが多い。夫は家長だが女性の方が勤勉であり家庭を経済的に管理する。相続も母系制であり、両親の世話をする末娘が後を継ぐことが多い。

　住居は一般的に木やコンクリートの柱を立てた高床式であり、大きな居間と二〜三の寝室がある。台所は別棟で作られることが多い。高床式の下のスペースには農機具が置かれ、家畜が育てられたりしている。また近所の人が集まって茶飲み話をする交流の場でもある。

②タイ族

　二〇一五年の国勢調査によると人口約二〇万人で五番目に多い。タイ族といってもタイ・ダム（黒タイ）、タイ・カーオ（白タイ）、タイ・デーン（赤タイ）、タイ・ムーイなどいくつかのサブグループに分けられる。黒、白、赤というのはそれぞれのグループの女性が身に着ける衣装の色に基づいている。

　タイ族は北部全域からボーリカムサイ県あたりまで居住している。黒タイ族はルアンナムター県、赤タイ族はフアパン県やシェンクアーン県などに多い。

　タイ族は文字を持つ民族であり、特に黒タイ族の文字は古代ラオ文字に類似したものと言われている。しかし今では長老など限られた人しかその文字を読み書きすることができない。

　多くのタイ族は先祖や村、家、森、水等に宿る精霊を信仰している。一部は仏教徒でもある。精霊信仰を行なうタイ族にとってもっとも重要なのは家に宿る精霊である。したがって家には精霊の祠がある。そこには先祖霊も宿っているとされる。またほとんどの村では長老などがシャーマンの役割を果たしている。

タイ族社会では家族がもっとも重要な社会単位であり、多いところで一五〜三〇人という家族構成もある。伝統的慣習では、結婚後に夫が妻の家に八年間住んだ後に独立するが、現在では二〜三年と短い。以前は親同士が子供の結婚を決めたが今は自由恋愛が一般的である。結婚の際は新郎が銀や家畜、また現金を新婦の家に持参する。一部では一夫多妻制も見られたが、通常は一夫一婦制である。相続は父系制であり、両親の面倒を見る義務がある長男にもっとも多く相続する権利がある。しかし次男や三男が両親の面倒を見るのであれば彼らがもっとも多く相続する。

タイ族の家屋はグループによって異なるが、たいていは竹を支柱に籐の葉や藁を敷き詰めた屋根で三角の形をした高床式である。高床式の下のスペースは農機具が置かれ、家畜が育てられている。また通常、屋内には先祖を祀る祭壇があり、居間、寝室などが壁ではなく布などで仕切られている。したがって目的別スペースの境界がわかりにくいが、先祖が祀られている空間への立ち入りには厳格なルールがある。

③クム（カム）族

クム族はラオスの地に居住するもっとも古い民族の一つであり、人口七〇万人とラオ族の次に多い。主に北部一帯に居住しているが、中部や南部にも少なからずいる。しかしカムアン県以南になると数は大きく減少する。

クム族はクム・ローク、クム・ルー、クム・ウー、クム・クウェーン、クム・ニュワン、クム・チュアンなどいくつかのサブグループに分かれ、自称も「クム」「クー」「カ」「カム」など異なっている。しかし二〇〇一年以降は「クム」に統一され、それが公称となった。クムとは「人」という意味である。

クム族は他の多くの民族と同様に先祖を信仰しており、家には先祖が祀られている祭壇がある。また村、郡、森、空、水の精霊なども崇めている。彼らがもっとも恐れるのはピーポープという精霊だという。

クム族は父系制であり、動物や植物の名にちなんで虎、セキレイ、シダの木などの氏族に分かれる。氏族を象徴する生物を殺したり食べたりすることは禁じられている。

タブーを犯して触れた場合は手の皮が剝がれ、食べた場合は歯が抜け落ち、殺した場合は身体や精神に異常をきたすと信じられている。

結婚後は妻が夫の家に入ることが一般的だが、妻の家族が貧しい場合は夫が養子になることもある。

クム族の家は一般的には竹でできており窓はない。屋内は大きく二つの部屋に分かれている。内側の部屋は両親の部屋であり、彼ら専用の囲炉裏がある。一方外側には客間と料理に使用するための炉がある。客人は内側の部屋に入ってはいけない。また包まれていない動物の肉を昼前に家に持ち込むことも禁止されている。一部の氏族では家のそばに客人や親戚、また若い男性の寝床用に小屋を建てる。

写真4-2　道端でタケノコを売る少数民族の人々。ポンサーリー県。（撮影筆者）

クム族は主に焼畑により陸稲や野菜などを育てている。豚、馬、牛、水牛、山羊なども飼育している。これは自分たちの食料であるとともに、精霊（ピー）への祭祀の際に使用するためでもある。また非木材林産物を採取し市場や近隣の民族と物々交換も行なう（写真4－2）。

④マコーン族

マコーン族の人口は約一六万人であり六番目に多い。現在のミャンマーやタイのロッブリー県あたりからサワンナケート県ノーン郡に移住した。そして人口増加などによりサワンナケート県の各地やカムアン県に散らばっていったと言われている。

以前はブル族と呼ばれていたが、現在はマコーンが公称となっている。トゥルイ、プワ、マホーイなどいくつかのサブグループに分かれている。マコーンの言語はモーン・クメール語族カトゥー諸語ブル語群に属しており、文字はない。一般的にマコーンの人々はカターン、トゥリー、タオーイ、スワイ族の言葉を話すことができるという。

マコーン族も他の民族と同様に先祖と精霊を信仰している。たとえば空、天、田植え、稲刈り、治癒などの精霊、また村人全員が崇め恐れる村の守護霊「マヘーサック」などがいる。家を建てるときには精霊に祈り、豚、牛、水牛を供物として捧げる。家畜を売るとき、また子供を授かったときも精霊にお供えをする。それらの祭祀や村の慣習を取り仕切るのが長老である。しかし現在は多くの村で仏教が信仰されるようになり、精霊信仰と混在している。

マコーン族の家は家族が住める適度な大きさであり、屋内には囲炉裏、両親の寝室、既婚者の子供の寝室、独身男性の寝室、客室などに分かれている。

マコーンの人々は一三歳くらいから男女の自由恋愛が始まり、両思いになると仲介者を通じて両親に伝える。両家の合意が得られれば結婚式の日取りを決める。それまで新婦や新郎を含め両家の者が相手の家に上がることはできない。新郎は牛、水牛、豚、鶏、結婚式費用などを用意する。離婚の際、妻に非がある場合は結婚式費用を夫側に払い戻す。一方男性は水牛や銀などの結婚費用を払えることができれば妻を何人もらっても構わない。夫が死亡した場合、妻は夫の兄弟の妻となることができるが、そうしない場合は夫側に結婚式費用を払い戻さなければならないという。

女性は妊娠した際、あまり睡眠を取らずに常に働き、お腹を動かしていれば安産だと信じられ、また妻が妊娠中、夫が動物を殺した場合は胎児に異変をもたらすと考えられている。妊娠中は食のタブーもあり、バナナ、豚、水牛などを食べた場合は、子供が猿、トカゲ、モグラ、タウナギなどの動物や植物になると言われている。

以前は森で子供を産んでいたが、現在では家の外に小屋を作ってそこで出産し、出産後は三日間小屋に留まり、その後自宅に上がる。出産後にも食事のタブーがあり、三日間ほどはご飯と塩のみを食す。鳥、トカゲ、モグラ、ヘビ、鹿などは三ヵ月以上食べてはならない。

⑤モン族

モン族は一八世紀に入りチベットから黄河付近に移住し、その後、清の時代の少数民族弾圧政策によりさらに中国南部、ベトナム、ラオス、タイに移り住んだと言われる。ラオスの地には一九世紀半ば以降に多く住み始めた。現在、モン族は北部山岳地帯に数多く住み、ボーリカムサイ県より南には、タイの難民キャンプから帰国した人たちを除きほとんどいない。人口は約六〇万人であり、少数民族の中ではクム族の次に多い。白モン、縞モン、黒モンなどいくつかのサブグループに分かれている。

モンはもともと文字を持っていない民族だが、現在はアルファベットを使用したモンラテンとラオ文字を使ったラオフォンの二種類の文字がある。モン族居住地域で見かけるモン語のポスターやインターネットなどではモンラテンが一般的に使用されている。とはいえ文字が作られたのはこの数十年のことであり、昔の記録などはすべて口承で語り継がれてきた。モン族も他の少数民族と同様に先祖や自然に宿る精霊を信仰している。

モン族の家はラオ族と異なり高床式ではなく、木や竹などで地面にそのまま建てられる。家の中には料理をし、暖をとるための囲炉裏や、精霊や霊魂を祀る祭壇がある。

モン族は父方の氏族を継承する。したがって結婚後、女性は夫の家に住み、自身の父親の氏族から離れて夫の氏族に入る。ただし親族関係が切れるわけではない。たとえば、シンリー、シンロー、ヤーン、トー、ワーン、ソン、フーなどの氏族があり、同族同士の結婚は禁止されている。一般的にモンの女性は一四歳くらい、男性は一八歳くらいで結婚する。出産は家の囲炉裏の下側で産婆の補助を受けながら行なう。胎盤は家の床下に埋められる。

モンの人々は焼畑を行ない、主にコメとトウモロコシを植える。コメは自分たちで食べるためだがトウモロコシはほとんど豚のエサとなる。

モン族のもっとも有名な伝統行事はキンチアン（お正月）で、一般的にはコメ収穫後の新月の日に行なわれる。しかし地域によって収穫の時期が異なるため、お正月を祝う日も違ってくる。日本と同様にモン族のお正月にはお餅が欠かせない。元旦には若者がきれいに着飾り、男女に分かれて互いに即興の歌を歌い交わしながらマリ投げを行なう。これが男女の出会いの場となる（写真4－3）。

モン族はラオスの少数民族の中でももっとも国際社会や歴史に翻弄された人々と言えるかもしれない。モン族の人々はよく悲惨な歴史をたどってきたと描かれてきた。

写真4-3　正月にマリ投げをするモン族（シェンクアーン県）。（撮影筆者）

写真4-4　乾燥させたケシ。（撮影筆者）

それは後述するように、一部のモン族が内戦中にＣＩＡの秘密部隊として活動したことに起因する。内戦では多くのモン族が犠牲となった。そして多くは戦後に故郷を離れ、タイの難民キャンプやアメリカに渡り苦しい生活を強いられた。

内戦時、ケシ（芥子）はモン族にとって大きな現金収入源だったが、その栽培も国際社会に大きく左右された（写真４―４）。フランス植民地時代、人々は人頭税が支払えなければアヘンを納めた。したがってモン族はケシを栽培し、フランス植民地政府も資金調達のためにケシ栽培を奨励した。内戦時代は資金調達という同じ理由でケシ栽培が行なわれ、ＣＩＡの航空機会社エア・アメリカにより輸送が行なわれていた。

ケシは今でも薬として使用されている。しかし現在、国際社会はケシ栽培の撲滅に取り組み、ラオス政府も国際社会からの援助獲得のためにケシ栽培の中止と代替作物への転換を奨励している。価格に左右されるが、アヘンの収入はトウモロコシなどの換金作物に比べて一ヘクタール当たりの収益率が高い（横山, 2012: 107）。コメが獲れないときはアヘンを売った収入でコメを買う。したがってケシ栽培は簡単に止められない。今でも北部に行くとケシが植えられているのを目にする。モン族は生業も国際社会によって左右されてきたのである。

とはいえすべてのモン族が同じような歴史をたどったわけではない。先述したようにモン族にはさまざまな氏族があり、王国政府側についたモン族、人民革命党側についたモン族がいる。確かに悲惨な歴史をたどってきたモン族は多い。しかしモン族と一括りにして語ることには注意しなければならない。

抗仏闘争と内戦における少数民族

少数民族はラオス史において重要な役割を果たしてきた。ボーラヴェーン地域では少数民族が抗仏独立闘争を展開し、内戦中は一部モン族が王国政府側で、パテート・ラオ側ではベトナム国境沿いの少数民族が重要な役割を担った。ここでは、抗仏闘争と内戦において重要な役割を果たした少数民族のリーダーたちを取り上げる。

①ワン・パオ

もっとも有名なモン族の指導者である。とはいえモン族にはさまざまな氏族があり、ワン・パオを支持しないグループも多い。けっしてモン族全体の指導者というわけではない。

ワン・パオ（写真４−５）は一九二九年にシェンクアーン県で生まれ、一四歳でフランスの秘密エージェントとして抗日運動を行なった。一九五一年から五二年に軍事訓練学校に通い、一九五三年から五四年にはルアンパバーンでベトミン軍と戦った。一九五九年にはシェンクア

写真4-5　ワン・パオ。（撮影竹内正右）

ーンのジャール平原でラオス王国軍を率いてパテート・ラオ軍を撃退する。第二次連合政府期には、現在のサイソムブーンにあるローンチェーンに拠点を置き、アメリカCIAから訓練を受け、武器を供与された。ローンチェーンには飛行場も建設された。

その後、ワン・パオは一九六四年に王国軍第二軍管区指令官に就任し、CIAの支援を受けて秘密部隊を組織する。この秘密部隊がパテート・ラオとの闘争、またアメリカのベトナム戦争遂行において重要な役割を果たすことになる。秘密部隊は主にモン族によって構成されていたが、クムやその他の民族もおり、一九七〇年代初頭には約三万人の兵士やボランティアがいたと言われている。しかし一九七三年二月に「ラオスにおける平和回復と民族和合に関する協定」が調印されると、秘密部隊は王国軍に編入された。

もともとモン族は自立心の強い民族であり、ワン・パオもモン族の独立国家構築を目指していた。実際に一九六〇年には独立自治を目指すための会議がシェンクアーン県内で開催されている。一方ワン・パオには、内戦の状況によってモン族を「ラオス人」として位置づける側面もあった。CIAと接触した際も国王への忠誠と独立国家を目指さない旨を誓っている。それはローンチェーンでラオス語学習を奨励し、小学校で毎朝ラオス国旗の掲揚と国歌斉唱を行なっていたことからもわかる。また「自分たちはラオス人である」とラジオ放送も行なった。

このようにワン・パオにはモン族の独立自治と「ラオス人」化を目指す二つの側面があったが、内戦が激しくなるにつれ後者の側面がより重視されるようになった。とはいえワン・パオは民族意識を捨て同化を目指したのではない。(自ら統治する範囲の)モン族の土地と生活を守るためにCIAに協力し、「ラオス人」化を推進したと考えられる。

一九七五年、パテート・ラオが全国で権力を奪取し攻勢を強めると、王国政府政治家が次々にラオスから逃亡する。ワン・パオも五月一四日に数千人のモン族とともにアメリカのC－130輸送機でタイに逃れた。ワン・パオや一部の人々は最終的にアメリカに亡命するが、多くのモン族はタイの仮設キャンプに収用された。そして彼らの一部が越境し反体制活動を行なったため、モン族難民問題は数十年にわたりラオスとタイの間の懸案事項であった。

ワン・パオはアメリカに亡命後も、アメリカ政府の庇護の下に反体制活動を継続する。彼はアメリカ国内を回り、自身のカリスマ性を生かして亡命ラオス人やモン族から資金を集め、ラオス国内に残っている仲間を支援した。一九八〇年代、九〇年代にアメリカで行なわれたワン・パオの集会の映像を見ると、人々がいかに彼に期待を寄せていたかがわかる。一方で、アメリカに渡り自分たちの生計を立てることに精一杯であった人々にとって、寄付金は大きな負担であった。寄付には強制的側面もあったと言われている。

しかし冷戦が終結し、アメリカがテロ対策やラオスとの関係改善に舵を切ると、反体制組織に資金や武器支援を行なうワン・パオはアメリカ政府にとって厄介な存在となった。二〇〇七年六月四日、カリフォルニア州連邦当局はワン・パオを含む九人を、ラオス政府転覆を謀った中立法違反の容疑で逮捕した。彼らは約二八〇〇万ドルの資金でAKライフルや携帯式地対空ミサイル等の武器を購入するとともに軍隊を組織し、九〇日間でラオス政府を転覆させる計画を企てたのである。後に起訴取り下げ処分となったが、これは明らかにアメリカ政府の対ワン・パオ政策の転換であり、モン族反体制組織の影響力が大きく低下することとなった。ワン・パオは二〇一一年一月六日に死亡した。

②オン・ケーオ

一九〇一年にボーラヴェーン地域でプー・ミー・ブン(有徳者)の反乱が発生した。反乱はハーラック(アラック)族のバク・ミーという僧が率いていた。彼は超自然的な

写真4-6 サーラワン県にあるオン・ケーオの銅像。(撮影筆者)

力があると公言し、信者にはオン・ケーオとして知られていた。セーコーン県が編纂した歴史書によると、オン・ケーオはチャンパーサック県パークソン郡トンワーイ村で生まれた。サーラワン県にあるオン・ケーオの銅像には、一八五三年六月一七日生まれと記されている(写真4-6)。

オン・ケーオは妖術や伝統薬の知識の他に闘争戦術などにも長けていたと言われる。また、抗仏闘争にはクリアン、タリアン、ユル、スワイなど多くの民族を動員し、サーラワン県ヴィエントーン郡(現在のセーコーン県)で有徳者のグループを設立した。そこにはオン・コムマダム(ニャフーン族)、オン・コムマセーン(民族不明)、オン・コムマルアンやオン・ノーイ(タオーイ族)、オン・ルワンワン(クリアン族)、オン・セーンラート(クリアン族)等がメンバーに入っていた。

オン・ケーオのグループは当初約七〇人だったが、一九〇一年に初めてフランス軍と戦闘を行なったときには約一五〇人に増えていた。フランス軍を撃退するとオン・ケーオは拠点を拡大し、その名は南部全体に広がった。

オン・ケーオは一九〇七年一〇月にフランス軍に捕えられ、三年間軟禁状態に置かれた後、一九一〇年一一月一二日に殺されたとされる(スチュアートーフォックス 2010: 60)。オン・ケーオの死亡後、運動は部下であるオン・マンやオン・コムマダムに引き継がれ、少数民族による抗仏闘争は三五年間続いた。

③オン・コムマダムとシートン・コムマダム

オン・コムマダムはプー・ミー・ブンの反乱に参加し、オン・ケーオの死後運動を引き継いだニャフーン族の長

写真4-7　1975年12月2日のラオス人民民主共和国建国時の様子。左からカイソーン・ポムヴィハーン、スパーヌウォン、スワンナプーマー、シートン・コムマダム、ファイダーン・ロービアヤーオ。（撮影竹内正右）

である。その際、南部のさまざまな民族やベトナムの民族とも関係を構築し、オン・ケーオ時代よりも激しい闘争を行なったと言われている。オン・コムマダムは一九三六年九月にフランスの攻撃によって死亡した。

オン・コムマダムの息子シートン・コムマダムは一九一〇年八月二日にアッタプー県で生まれ、父とともに抗仏闘争を展開する。シートンは一九三七年にフランスによって捕らえられるが、日本軍の進駐によって自由の身となり、その後はラオ・イサラ運動に参加する。第二次世界大戦後、フランスがラオスの再植民地化を図ろうとした際には南部でゲリラ戦を展開した。

一九五〇年八月に行なわれたラオ・イサラ全国大会では中央委員となり、抗戦政府では役職なしの大臣となった。その後一九五六年にラオ・イサラがネオ・ラオ・ハック・サートに改称した際には副議長に就任し、一九七五年のラオス人民民主共和国建国後は最高人民議会副議長に就任している（写真4－7）。

ラオスの10人

プーミー・ウォンヴィチット（一九〇九～九四年）

国家主席代行、副首相、教育大臣などを務めた。一九〇九年四月六日に行政官の子としてシェンクアーン県に生まれ、植民地行政官としてヴィエンチャンやシェンクアーンで勤務する。

一九四〇年代初頭、フランスはタイの拡張主義政策に対抗するため「ラオス刷新運動」という文教政策を主導し、プーミーはナショナリズムを刺激したこの運動に積極的に参加した。

一九四五年一月にファパン県知事に任命される。九月にラオス復帰を目指すフランス軍がサムヌーアを一時的に奪うと、フランスに協力する姿勢を見せるが、その後、ラオ・イサラ運動に参加し、ベトミンと緊密に活動する。ラオ・イサラ政府がバンコクに亡命した際にはバンコクで三年間過ごし、その後、ベトナムに向かいスパーヌウォンと合流する。

一九五〇年には、ネオ・ラオ・イサラ（ラオス自由戦線）書記長、抗戦政府副首相兼内務大臣に就任し、ラオス人民党（現人民革命党）では一九五五年に中央指導委員会（現政治局）に追加選出された。

一九五七年の王国政府との第一次連合政府では宗教・芸術大臣、一九六二年に発足した第二次連合政府では情報・宣伝・観光大臣として参加し、ラオス人民民主共和国建国後は第二副首相兼教育・スポーツ・宗教問題大臣として、主に教育・文化部門を統轄する。ラオス語文法書なども手がけ、教育に大きな影響を与えた。一九九四年一月七日に死亡した。

現在、党は革命に貢献した英雄の銅像を全国に建設する事業を展開し、プーミーの銅像も生まれ故郷のシェンクアーン県に設立されている。

プーミー・ウォンヴィチット。（撮影竹内正右）

5 宗教と文化

人民革命党は仏教を弾圧することはなかったが、国家行事から仏教的要素を排除し、仏教儀礼や祭事の際の飲食における贅沢も禁止した。農作業に従事することは僧侶にとって戒律を破ることであり、また喜捨の禁止は在家者にとっては功徳を積む機会を奪われることを意味する。つまり生活実践を否定されるとともに、来世での幸福が閉ざされたのである。これに対して人々は不満を募らせ、政府も一九七六年末には托鉢の再開を認めた。そして党指導層も徐々に仏教行事に参加するようになり、国民と規範や価値を共有していることをアピールする方針に転換した。現在では主要な仏教行事には党書記長を筆頭に必ず指導層が参加している。

仏教国家ラオス

日本のテレビ番組でラオスが取り上げられる際、必ずと言って良いほど、僧侶の托鉢の映像とともに「仏教国」と紹介される（写真5－1）。ラオスはスリランカ系の上座仏教国である。上座仏教は戒律を遵守し、出家による自己救済を本義として、在家者は三宝（仏・法・僧）に帰依し、喜捨などを通じて功徳（ブン）を積むことで来世でのより良い人生や幸福に救済目標を置いている。

一九四七年のラオス王国憲法で仏教は国教と定められていた。しかし現行憲法第八条では、「国家は仏教徒やその他教徒の法律に沿った活動を尊重するとともに保護し、僧侶（ピクまたはビク）や少年僧（サーマネーン）およびその他宗教の出家者が国家や人民に利する活動に参加することを推進する」となっている。国教とは定められていないが、仏教が重視されていることがわかる。

これまでラオスの仏教は、一三五三年にラーンサーン王国を建国したファーグム王によって持ち込まれたと考えられてきた。しかし現在その説は否定されている。たとえばスチュアート－フォックスは、モーン族の碑文や仏像などから早くて八世紀には現在のラオス地域に仏教の痕跡が見て取れると指摘している（Stuart-Fox. 2008 : 33-34）。

ラオス国家社会科学院社会学研究所も、ヴィエンチャン県ケーオウドム郡やポーンホーン郡で発見された仏像などから、七～八世紀にチャオプラヤー川沿いにあった王国ドヴァーラヴァーティのモーン族がラオスに仏教を伝播し、精霊信仰とともに信仰されていたとの見解を示している。したがって現在は、七～八世紀には既に現在のラオス地域に仏教が伝わっていたとする説が有力である。

しかし仏教が定着し広がりを見せたのはラーンサーン王国時代である。特に一六世紀のウィスン王とセーターティラート王、一七世紀のスリニャウォンサー王、一八世紀のアヌウォン王は熱心な仏教の保護者であった。ウィスン王はパバーン仏を王国の守護仏とするためにシェンドーンシェントーンに持ってくるよう命じた。また王の正統性は仏教の教えに基づくようになり、王は僧侶の集団修行組織であるサンガを支え、サンガは王に正統性

写真5-1　ルアンパバーンの托鉢。（撮影筆者）

を付与するという互恵関係が成立したのもウィスン王の時代である。

またポーティサラート王（在位一五二〇〜四八年）は二四歳でサンガに入った熱心な仏教徒で、一五二七年には精霊信仰を禁止する命令を公布し、全国の守護霊祠を廃する代わりに仏教寺院の建立を進めた。精霊信仰や守護霊信仰は根絶されることなく今に至っているが、ポーティサラート王が熱狂的な仏教徒だったことがわかる。

後を継いだ息子のセーターティラート王は、シェンドーンシェントーンからヴィエンチャンに遷都し、現在のラオスのシンボルであるタートルアン寺院を建立した。

そしてスリニャウォンサー王の時代に仏教は興隆した。実はこの時代のラオスの歴史はいまだに不明な部分も多い。しかし、スリニャウォンサー王がサンガに多額の寄進を行ない「タンミカラート」（仏法王）と尊称された仏教の保護者だったことは明らかになっている。

一八〇四年に王位に就いたアヌウォン王もサンガに多額の寄進を行ない、功徳を積んだ。現在の観光名所であり、もっとも有名な寺院の一つであるシーサケート寺院を建立したのはアヌウォン王である。このように歴代の王たちが仏教を保護し、その過程で精霊信仰や先祖信仰と混ざり合いながら仏教はラオス全国に定着していった。

一七七九年にシャムの支配下に置かれると、ラオスの仏教はタイの影響を強く受けるようになった。もともとタイの影響が強いチャンパーサック県など南部では、一九世紀にタイの王室に擁護されたタマユット派の仏教が受容され、在来のマハーニカーイ派と区別されるようになった。タマユット派の僧侶は内戦時代に反共主義をとったため、一九七五年の現体制成立後に同派は禁止され、両派はラオス統一仏教協会の下に統合された。タマユット派の僧侶の多くはタイに逃れた。

現在のラオスの仏教は一九七六年に設立されたラオス統一仏教協会により管理されている。協会は中央、県、郡、寺院レベルの四層に分かれており、それぞれに高僧からなる委員会が設置されている。各レベルに委員会事務所が置かれ、仏法の実践、党・国家路線に沿った仏教徒の団結などの業務を担っている。「党・国家路線に沿った」という文言からは、仏教が党や国家から独立したものではないことがわかる。

また教育も主要業務の一つとなっており、統一仏教協会に帰属する教育機関も多い。国家建設戦線宗教局の二〇一一年統計によると、小学校五校、前期中等学校三五校、後期中等学校一一校、大学が二校ある。教師は僧侶が三二一人、俗人は三六五人、生徒数は七四七二人となっている。金銭的問題から幼少時代を寺で過ごし、基礎教育は寺で受けたという人々は多い。

国家建設戦線とはラオス人民革命党を中核とし、各階層、階級、民族、宗教、在外ラオス人を代表する政治、社会組織や個人による政治的連盟体であり、主な任務は社会における団結や融和の促進である。ラオスのあらゆる政治・社会組織や団体は戦線の傘下に置かれる。したがって、ラオス統一仏教協会も国家建設戦線のメンバー組織である。また建設戦線は宗教問題を担当し、各県では県建設戦線が県内の宗教組織を管理する。このことからも、ラオスの仏教は党・国家の管理下にあることがわかる。

生活の一部である仏教と精霊信仰

ラオスは国民の半数以上が仏教徒であり、全国いたるところに寺院がある。国家建設戦線宗教局によると、二〇一一年時点での寺の数は四八九四寺であった。そのうち大乗仏教寺院が八寺ある。総数には既に荒廃した寺も含まれるが、平均すると二村に一寺あることになる。出家者は僧侶、少年僧、在俗の修行者であるメーカオ（女性）・ポーカオ（男性）などを含め二万三〇五五人である。

写真5-2　観光客用の喜捨セットの看板。（撮影筆者）

僧侶は毎朝托鉢を行ない、在家者は喜捨をすることで功徳を積む。首都ヴィエンチャンでも早朝になれば、托鉢をする僧侶や喜捨をする人々を見かける。観光地ルアンパバーンでの托鉢では、モチ米やお菓子などが入った観光客用の喜捨セットも販売され（写真5－2）、早朝になるとメイン通りはカメラを掲げた多くの観光客でにぎわう。

仏教徒の多くは低地のラオ・タイ系の人々である。ラオ・トゥンの一部も仏教を信仰しているが、多くは先祖や精霊を信仰している。また一部の都市住民やラオ・スーンの多くはキリスト教徒である。

二〇一五年の国勢調査によると、仏教徒は約四〇二万人、キリスト教徒は約一一万人、バハーイー教徒（一九世紀にペルシャ〈現在のイラン〉で生まれた一神教）二〇〇〇人、イスラム教徒は約一六〇〇人、その他が一万九〇〇〇人、不明が約一一万人、そして信仰なしが約二〇〇万人となっている。ラオ・タイ系語族は人口の六二・三％を占めており、ほぼ仏教徒の数と重なる。

約二〇〇万人が信仰なしと分類されているが、これは先祖信仰や精霊信仰だと考えられる。モーン・クメール系語族は人口の二四・八%、シナ・チベット系語族は人口の二・九%、そしてモン・イウミエン系語族は人口の九・七%を占める。必ずしも語族の人口比と宗教割合が合致するわけではないが、先祖・精霊信仰のほとんどはラオ・トゥンやラオ・スーンだと考えてよいだろう。

とはいえ仏教徒と先祖・精霊信仰者を明確に区別することは難しい。たとえば仏教徒であっても、山や木や川に宿る「ピー」(精霊)を崇める人はいる。ラオスの多くの人々はピーと共に生きている。村を訪問すると小さな家のような祠を見かける。特にきれいに維持されている様子もないが、実はピーの祠である。水田、川、山、森、石、また自宅などにはピーがいる。たとえば田植え前や収穫後に水田のピーの祠で祭祀を行なったりする。またコミュニティーや村などを守るピーもいる。ラオスではいたる所にピーが宿っており、人々はピーを怒らせないようさまざまな祭祀を行なう。

ピーは我々を守ってくれる一方で災いをもたらす。だからこそ供物をし、祭祀を行なうのだが、ピーによって鶏、水牛、魚など好まれる供物が異なる。

またピーは人々の身体にも宿るとされ、体調が悪く病気がなかなか治らないときはピーの仕業ではないかと考えることもある。たとえば自然に宿るピーを知らない間に怒らせたこと、祖先の霊が怒っていることが病気の原因と考えられたりする。その場合は霊媒師を呼んで儀式を行なう。または遠方にいる有名な霊媒師を訪ねたりもする。このような実践は特に山岳少数民族地域で日常的に行なわれるが、低地ラオ族を含めラオスの人々はピーを非常に恐れている。ピーはラオスの人々の生活に密接にかかわっているのである。

仏教も生活の一部となっている。ラオスの仏教は出家を基本とし、出家者はパーリ経典(パーリ語で書かれた上座仏教に伝わる仏典)に定められた二二七の戒律を守って寺で修行生活を送る。この二二七の戒律を守る二〇歳以上の僧侶を成年僧と呼び、一〇の戒律を守る二〇歳未満の僧侶を少年僧と呼ぶ。早朝の托鉢ではオレンジ色の僧衣をまとったまだ小さい少年僧が、一生懸命に成年僧の後をついて歩く姿を目にする。

そして、出家者を支えるのが在家者である。戒律を守る僧侶は生産活動に従事することができない。つまり僧侶は農業生産を行なうことができないため、在家者が寺や僧侶への物的支援を行なっている。在家者は喜捨やお布施により寺や僧侶を支えることで功徳を積むのである。また後述するようにラオスには毎月仏教に根差した行事があり、人々の生活の一部となっている。

出家者の食事は一日二回であり、午前中に済ませる。午後は食べ物を口にしない。しかし十数年前、サワンナケート県のとある田舎の食堂で午後一時半過ぎに麺を食べている僧侶を見かけた。私は非常に驚き、一緒にいた友人のラオス人に小声で午後なのにご飯を食べているのは大丈夫なのか尋ねてみた。するとその友人は私に静かにするようにと指を口に当てる仕草をした。お店の人も何食わぬ顔をしていた。僧侶が去った後に友人は、「太陽が真上に上っていないから大丈夫なのかな。ただこの時間にご飯を食べている僧侶は見たことないけど」と言っていた。

またウドムサイ県のある郡では、本来禁止されているバイクの運転をしている僧侶を見かけた。その時も一緒にいたラオス人は苦笑していた。

本来、戒律を守らない僧侶はサンガだけでなく、一般社会からも非難を受けるはずだが、ラオス人の特徴であろうか、友人の態度は非常に寛容であった。

出家は功徳を積む最高の行為と考えられ、男性は一生に一度は出家することが求められる。また親族が死亡した際も、功徳を積むことで死者が良い転生を送れるよう数日間出家する。出家をしていない男性は一人前とはみなされないため、人生の通過儀礼として結婚前には家族のために功徳を積む目的で必ずと言ってよいほど出家する。その場合の出家期間は数日から数週間程度である。

しかし出家は少し様変わりした。修行の合間にスマートフォンでインターネットを閲覧し、友達と電話で話をする僧侶もいる。僧侶だからといってスマートフォンを禁止されているわけではない。出家者は毎日厳しい生活を送っているというイメージとは少し異なっている。

出家は男性に限られる。したがって女性は出家者を支え、喜捨をすること等を通じて功徳を積む。また出家僧にとって女性は忌避すべき対象であり、女性は僧侶に触れてはいけない。公共バスでも僧侶の隣に女性が座ることはご法度である。

以前、私が長髪だった若かりし頃、バスで僧侶の隣に座っていると後ろの女性から「何であなた、お坊さんの隣に座っているの！　移動しなさい！」と肩を叩かれた。だが、私が後ろを向いて男だとわかるとその女性は驚いた表情を見せ、周囲の人たちは苦笑していた。二〇〇〇年代前半のラオス社会ではまだ男性の長髪は珍しく、女性が僧侶の隣に座っていると勘違いされたのである。この出来事は公共の場での僧侶と女性の関係性を端的に表している。

一方で、外国人観光客と英会話の実践練習をするため、女性観光客に積極的に話しかける僧侶や少年僧の姿をよく目にする。女性との会話は特に問題ないが、なぜか男性よりも女性観光客に話しかけることが多い。中には住所を交換し、帰国後に僧侶と文通をする観光客もいる。

出家は功徳を積むためのものだが、以前は教育を受ける目的で出家する人も多かった。近年は麻薬常習者の若者が社会復帰のために出家し、寺で教育を受けることもある。

党と仏教の関係

人民革命党は建国後の一九七六年にラオス統一仏教協会を設立し、サンガ組織を党の管理下に置いた。サンガ組織とは集団修行組織であり、本来は自律的かつ位階的な組織である。党はサンガを統制下に置くことで仏教をコントロールしようとした。

また党は出家者と在家者の相互依存関係に変更を加えた。内戦時代には愛国戦線指導部に僧侶を入れるなど、仏教に対して寛容な態度を示していたが、現体制成立後は一部の実践を禁止した。僧侶はマルクス・レーニン主義を学習し、説法を通じてイデオロギーの普及を行なった。さらに僧侶も生産活動に従事して農作業を行ない、自分たちで食料を確保すべきとの方針から、托鉢や喜捨が禁止された。これには建国後の経済的困難や農業生産の悪化という事情もあった。

党は仏教を弾圧することはなかったが、国家行事から仏教的要素を排除し、仏教儀礼や祭事の際の飲食における贅沢も禁止した。農作業に従事することは僧侶にとって戒律を破ることであり、また喜捨の禁止は在家者にとっては功徳を積む機会を奪われることを意味する。つまり生活実践を否定されるとともに、来世での幸福が閉ざされたのである。

これに対して人々は不満を募らせ、政府も一九七六年末には托鉢の再開を認めた。そして党指導層も徐々に仏教行事に参加するようになり、国民と規範や価値を共有していることをアピールする方針に転換した。現在では主要な仏教行事には党書記長を筆頭に必ず指導層が参加している。たとえば、出安居祭やタートルアン祭では必ず指導者たちが先頭で喜捨を行ない、その様子が新聞の一面を飾る。

ラオスでは些細なことであれ、国家が人々と価値や規範を共有できなくなったとき、また人々が生活や楽しみを国家に奪われたと感じるとき、党や政府に対して反対の声が上がる場合が多い。仏教的実践や祭事の際の飲食は生活そのものであり、それらを禁止することは生活を否定されることでもある。また祭事は一種の娯楽という側面も備えているため、それらを禁止することは人々の楽しみを奪うことでもあった。長年続けてきた生活実践や習慣を禁止することは一党独裁体制国家でも難しい。そして生活実践と習慣の転換が難しいということは、実はラオスのあらゆる面に通じることである。ラオスの人々は変化を好まない。

今後、僧侶が政治化し反体制でも掲げない限り、党が以前のように人々の生活実践や信仰、そして楽しみを否定するようなことはないだろう。むしろ指導者たちは仏教行事に積極的に参加し、人々と価値や規範を共有しているとアピールすることで、また仏教の庇護者として党の存在を位置付けることで、党の正統性を高めようとしているのである。

もはや仏教は党にとって排除の対象ではなく、正統性を高めるための重要な政治的手段の一つとなった。今後も党はサンガを管理下に置きながら、仏教を党支配に利用していくと考えられる。

キリスト教

二〇一五年の国勢調査数値によると、キリスト教徒は約一一万人であり仏教徒に次いで多い。しかし一一万人という数値は実際よりも少ないと考えられる。現在でも自身がキリスト教徒であることを公にしない人たちは多い。

ラオスにキリスト教が入ってきたのはスリニャウォンサー王の時代である。一六四二年、イタリア人ジュスイット(イエズス)会宣教師、ジョバンニ・マリア・レリアがカンボジアからメコン川を上りヴィエンチャンにやってきた。レリア神父は布教許可を得られなかったもののラオスに五年間滞在し、ラオス語や仏教を学んだ。

その後一八七八年にファパン県に宣教師が来るが、ラオスにキリスト教が普及したのはフランス植民地時代であり、当初は都市のベトナム人などに広がっていった。一八八六年にはローマ・カトリック教会がカムアン県に設立され、一八八八年にはターケーク郡ドーンドーン村に初のキリスト教徒コミュニティーが誕生した。そしてボーリカムサイ県パークサン郡ケーンサドーク村、北パークサン村などにも教会が設立された。現在でも首都ヴィエンチャンから国道一三号線を南に下ると、パークサンやターケーク周辺の村の入り口に十字架を掲げている場所を目にする。その後一九〇〇年代に入り、首都ヴィエンチャン、サワンナケート、パークセー、ルアンパバーンに教会が設立され、キリスト教は全国に広がっていった。

一九七五年の人民革命党体制成立後、キリスト教徒は迫害対象となった。この背景には、CIAの秘密部隊として反体制活動を行なったモン族の多くがプロテスタントに改宗していたことがある。したがって多くのキリスト教徒がタイに逃れた。

一九八〇年代中盤に党が本格的に市場経済化を進めるとキリスト教は再び認められ、一九八九年頃から信徒数も増えていった。そして一九九一年に制定されたラオス初の憲法では、仏教徒とともにその他信徒の合法的な活動を尊重し保護すると定められた。しかし、いまだに政府当局によってキリスト教徒が逮捕されたというニュースがNGOやキリスト教団体から発表されている。

現在ラオスにはローマ・カトリックとプロテスタントの二つの教派がある。先述のように一八八六年にはローマ・カトリック教会がカムアン県に設立された。したがってその頃にラオス社会にカトリックが広がり始めていたと考えられる。

二〇一一年の統計ではカトリック教徒は四万四三一一人（女性二万二八六六人）であり、神父は二八五人、修道女は二六人、教会は九二となっている。

一方、プロテスタントは一九〇二年にラオスに入ってきたと言われている。二〇一一年の信徒数は六万二五二九人（女性三万三二〇〇人）であり、教会は六八、礼拝所は一〇三ある。プロテスタントの多くは少数民族であり、特にモン族の一五％は内戦時代にプロテスタントに改宗したと言われている。

各県の国家建設戦線で話を聞くと、特に大きな宗教問題はない。しかしボーリカムサイ県やカムアン県では今でも政府の許可を得ずに布教を行なう外国人のプロテスタント宣教師の問題や、特に若者の信仰が過激化し殺人事件なども起きているという。

ヒート・シップソーン（一二の慣習）

ラオスには、ヒート・シップソーンと呼ばれる旧暦の一月から一二月までの各月に行なう伝統儀礼・祭礼（ブン）がある。「ヒート」は慣習、シップソーンは数字の一二を意味する。ここで言う「旧暦」は太陰太陽暦を意味し、一ヵ月は月の満ちる前半（白月）と欠ける後半（黒月）に分けられる。白月は一日〜一五日、黒月は一日〜一四日（または一五日）であり、奇数月は二九日、偶数月は三〇日となっている。つまり一年間は一二ヵ月で三五四日となり、新暦との差は約一一日となる。この差は一九年に七回、八月を閏月《うるう》として二回繰り返すことで調整する。

【旧暦一月】

①ブン・カオカム（ブン・ドゥアンアーイ）

僧侶が女性に接触することや、誘惑などを禁じたサンカーティセートという戒律を犯した場合、寺外に独居して身体や精神が浄化するための苦行を九日間行なう僧侶のための儀礼である。その際、在家者も寄進などを行なうことで僧侶の苦行を支え、また独居から出る日にブンを行なうこともある。しかし現在ではこの儀礼そのものが実施されなくなりつつある。

【旧暦二月】

②ブン・クーンラーン（ブン・コーンカオ）（稲魂祭）

新暦の一二月から一月、すなわち初穂刈りから脱穀の時期まで行なわれ、脱穀を終えた籾を米倉に移すときに稲に宿る魂（クワン）を逃さないための農耕儀礼である。したがって一般的には脱穀場と定められた場所（田）で行なわれる。その際に僧侶に食事を供し読経してもらうこともある。

また籾を米倉に保管するときに儀礼が施されたわら人形を一緒に入れる。「ラーン」とは脱穀が行なわれる場所、「クーン」は足すまたは増やすことであり、つまり食べ物が十分であることを願う意味もある。

【旧暦三月】

③ブン・カオチー（焼きおにぎり奉納祭）とブン・マーカブーサー（万仏節）

稲刈り後のコメを倉に収め、その新米に卵黄を塗って焼いたおにぎりを作り、朝から寺で僧侶に進呈する。これはそうすることで功徳を得られると考えられている。これは仏伝で女性が仏陀に食物を与えて預流果《よるか》（悟りの最初の段階）に到達したことに起因している。ブン・カオチーを実施する日の定めはないが、ブン・マーカブーサーが行なわれる白月一五日の朝に行なわれることが多い。

ブン・マーカブーサーは重要な仏教儀礼の一つである。ブン・ドゥアンサームペン（三月の満月の儀礼）とも呼ばれる。これは仏陀が悟りを開いてから九ヵ月後、竹林精舎で説法を行なっていたところ、次の四つの事柄が起きたことに由来する。

(1)阿羅漢（煩悩をすべて断ち切り修行を完成させた最高位の人）の僧侶一二五〇人が集まった。
(2)それらの僧侶が出家したとき仏陀自らが得度式を行なった。
(3)それらの僧侶は事前の約束もせず招待もされていなかった。
(4)その日は旧暦三月の満月の日だった。

以上から、その日は重要な日だと考えられ、白月一五日の朝に人々は寺に行って供物を捧げる。夜は寺で僧侶の説法を聴聞し、手にろうそく、花、線香を持って本堂や仏塔のまわりを三周する。これはヴィエンティアンと呼ばれる。一周目は仏、二周目は法、三周目は僧と、三宝に思いを馳せるのである。

【旧暦四月】

④ブン・パヴェート（ブン・マハーサート）

仏陀の前世を描いた本生経《ほんじょうきょう》の最終話であるヴェートサンドーン（布施太子）について僧侶が読誦するのを聞く祭礼である。いつ行なわれるかは寺によって異なり、白月または黒月どちらに実施しても構わない。

仏陀は前世が一〇回あり、最後の生であるヴェートサンドーンは自分の身体、財産、子供、妻まで布施するという生き方をした。この物語は「マハーサート」と呼ばれ、人々は朝から寺に行き、僧侶数十人が交代でこの物語を読誦するのを聴聞する。そうすることで功徳を積むことができると考えられている。

【旧暦五月】

⑤ブン・ピーマイラーオ（ラオス正月）

別名「ソンカーン」、日本では「水かけ祭り」とも呼ばれる。新暦の四月一三日～一五日の三日間にわたってさまざまな行事が行なわれる。年によっては一四日～一六日の場合もある。

この時期は一番暑い時期であり、びしょ濡れになり水をかけ合っても気持ちよく感じるが、朝から夕方まで三日間水をかけ合っているためピーマイ後に体調を崩す人もいる（写真5－3）。また外に出れば誰彼かまわず水をかけられるため、在住外国人はこの時期に国外に出ることが多い。

旧暦の五月（新暦の四月）に新年を迎えるのは、太陽が黄道（太陽の見かけ上の通り道）に並ぶ一二宮（一二星座）を一年かけて移動し、旧暦五月に双魚宮から起点となる白洋宮に移るためである。ピーマイ三日間のうち、初日は「ワン・サンカーンルアン」（旧年最後の日）、二日目が「ワン・ナオ」（旧年から新年に移行する日）、三日目が「ワン・サンカーンクン」（元日）と言う。ただし旧暦と新暦の差を調整するために閏《うるう》月が設けられている年は「ワン・ナオ」が二日間となる。

写真5-3 ピーマイ中のルアンパバーンの町中。(撮影筆者)

ピーマイ中、人々は寺に行って安置されている仏像を洗い清め、僧侶に水をかける。これは旧年中の悪い出来事を洗い流すとともに、仏教の繁栄を願う意味もあるという。また村の長老や両親にも水をかけ、旧年中にあった失礼を詫び感謝の意を表す。その他、旧年中に起きた悪いことを追い払い、新年の平穏無事を祈願して家族でバーシー儀礼を行ない、河原に砂で仏塔を作ったり(写真5-4)、鳥や魚など小動物を放したりして功徳を積む。

ピーマイにはこのような伝統行事が行なわれる一方、近年は単に大騒ぎをする期間という様相を呈している。ピーマイに入る前から水かけが始まり、ピーマイになれば大音量で音楽をかけ、お酒を飲みながら友達同士で、また見ず知らずの道行く人々に水をかける。バイクを運転している人に大きな水桶で水をかけるため、転んでケガをする人たちも多い。また特に若者はピックアップトラックの荷台に水のタンクや水瓶を積んで、すれ違う車や道行く人々に水をかけながら町中を走りまわる。以前は朝から始まった水かけは夕方になれば終わっていたが、今では夜まで続くようになった。色水や水風船、またベビーパウダーをかけることもあり、特にヴィエンチャン

写真5-4 メコン川沿いに砂で作られた仏塔。(撮影筆者)

の中心部であるサームセーンタイ通りやメコン川沿いは音楽、水、人、車、水風船、パウダーでカオスとなる。

【旧暦六月】

⑥ブン・ウィサーカブーサー(仏誕節)とブン・バンファイ(ロケット祭り)

ブン・ウィサーカブーサーは、旧暦六月の満月の日(白月一五日)に行なわれる重要な仏教儀礼の一つである。仏陀はこの日に生誕、成道《じょうどう》(悟りを開いた日)、入滅(亡くなった日)したとされる。したがって人々はこの日、朝から寺に行って喜捨を行ない、僧侶の説法を聴聞し、夜にはヴィエンティアンを行なった後、本堂に入り僧侶の説法を再度聴聞する。

ブン・バンファイは、竹筒やプラスチック製の水道管に火薬を詰めた手作りのロケットを打ち上げ、コメ作りを前に神々に季節通りに雨が降り、豊作となるよう懇願する村祭りである。ロケットを打ち上げることから「ロケット祭り」とも呼ばれる(写真5-5)。

実施時期や規模は村によって異なっている。この祭りの起源には諸説ある。あるとき村人が旱魃《かんばつ》に悩み村の老

写真5-5 ロケット祭り。(撮影筆者)

人に相談したところ、天上の神を供養しないからだと言われて、ロケットを打ち上げるようにしたという。また、古代インドで女性がヒンドゥー教の女神カーリーにシバ神の象徴としてのリンガ（男性器）を送るためにロケットを打ち上げたことに起因するとの説もある。実際、祭りでは男女の人形や歌などでエロティシズムが強調される場合が多い。

　ロケットは田んぼの一角に組み立てられたやぐらから発射される。その際、三人くらいで発射の準備をして点火する（写真5－6）。時にその場で暴発し発射準備を行なっていた人々が大ケガをすることもある。まさに命がけの祭りと言える。

写真5-6 ロケットを打ち上げるやぐら。(撮影筆者)

【旧暦七月】

⑦ブン・サムハ（サムラ）（厄払い祭）

　サムハ（サムラ）とはきれいにする、清算するなどの意味である。すなわち、村や家に困難をもたらした悪運や不吉なものを駆除する厄払いの儀礼である。また煩悩で

写真5-7　寺の周囲に置かれたバナナの葉の包み。（撮影筆者）

苦悩している心をきれいにする意味合いもあると言われている。まず村の中央に八本の竹で柱を立てて聖域を作り、砂や小石を敷く。僧侶を招いて読経をしてもらい、喜捨やお布施を行なった後に、竹に護符を張り、村の八つの方角の端に立てて聖水をかけ、砂や小石を村に撒く。そうすることで村が悪霊から守られるという。

【旧暦八月】

⑧ブン・カオパンサー（入安居祭）

旧暦八月の満月の日から旧暦一一月の満月の日まで三ヵ月間、所属する寺で僧侶が修行に専念することである。旧暦八月の白月一五日の朝、人々は朝から寺に行き、僧衣など僧侶が寺で生活するのに必要なものを寄進する。夜にはヴィエンティアンが行なわれる。また在家者はこの三ヵ月間結婚式などの祝い事を控え、人によっては禁酒をすることもある。

【旧暦九月】

⑨ブン・ホーカオパダップディン（飾地飯《しょくちはん》供養《くよう》祭）

旧暦九月の黒月一四日に行なわれる祖先を供養する儀

礼である。黒月一三日に各家庭では大量の食べ物が用意され、バナナの葉でご飯、果物、飲み物、タバコ、キンマなどをそれぞれ包み、さらにそれらを一つの包みにまとめる。用意された食べ物は家族、親戚、祖先、僧侶用の四つに分けられる。一四日の朝方まだ暗いうちにその包みを家の四隅、寺の境内の隅、仏塔の下に置いたり、また木の枝に下げたりする（写真5－7）。これらは祖先が食べに来ると信じられている。夜が明けると寺で喜捨をし（写真5－8）、僧侶の説法を聴聞する。

写真5-8 寺での喜捨。（撮影筆者）

【旧暦一〇月】

⑩ブン・ホーカオサーク（ブン・サラーク）（くじ飯供養祭）

旧暦一〇月の白月一五日に行なわれる祖先供養の儀礼である。人々は前日に供物となる料理を用意する。それらの料理をお盆（パーカオ）に載せ、そこに祖先の名前や贈与者、また番号を書いた紙を入れて寺に運ぶ。寺では僧侶にくじを引いてもらい、僧侶は当たった番号の供物を食す。人々は僧侶を通じて食べ物を祖先に届けることができ、功徳を積むことができる。

【旧暦一一月】

⑪ブン・オークパンサー（出安居祭）

僧侶が三ヵ月間の安居を終える出安居の儀礼であり、旧暦一一月白月一五日に行なわれる（写真5－9）。僧侶は安居を出る前に、安居中に犯した戒律違反を互いに批判し過失を認め合うパヴォーラーナー（自恣《じし》）の儀式を行なう。人々は朝から寺で喜捨を行ない、夜には家のまわりや寺にろうそくが並べられ火が灯される。

同じく夜にはバナナの幹や葉で作った盆にろうそくや花、線香を立てて川に流す「ライ・ファファイ」（火船流し）が行なわれる（写真5－10）。またルアンパバーンでは寺にランタンが灯され、各村や機関が作製した大きな船のパレードがメイン通りで行なわれ、多くの観光客でにぎわう（写真5－11）。

写真5-9　オークパンサーの準備をする僧侶。（撮影筆者）

【旧暦一二月】

⑫ブン・カティン（カティン布献上祭）

三ヵ月の安居を終えた僧侶に、旧暦一一月黒月一日から一二月白月一五日の一ヵ月間、黄色の僧衣（カティン布）

写真5-10　バナナの葉や花で作った火船。（撮影筆者）

写真5-11　ルアンパバーンでのオークパンサーのパレード。（撮影山田結友）

を献上する儀礼であり、大きな功徳を積むことができると考えられている。この由来はその昔、三〇人の僧侶が安居明けに仏陀に謁見した際、僧衣が汚れ濡れていたため、僧衣を受け取ることを仏陀が許可したことにあると言われている。

この期間中のカティン衣の寄進は一度だけであり、事前に寄進の日を寺側と相談して決める。寄進は家族などの少人数から団体でも行なうことができる。

このようにラオスでは、仏教や伝統に根ざした行事や祭礼が毎月行なわれる。それぞれの行事や祭礼は当日のみ行なえばよいというものではなく、前もって準備が必要である。近年では、出来合いのものを店や露店で調達する家庭も増えているが、通常は各家庭で家族が一緒になって寺に寄進するもの、当日必要なものを準備する。

したがってラオスの家庭や社会はこのような行事・祭礼によって形作られてきたと言っても過言ではない。仏教や伝統的行事・祭礼は生活の一部であり、多少形を変えながらも、ラオスの人々の生活に根差し、継承されているのである。

バーシー

バーシーはもっとも有名なラオスの文化的儀礼である。ラオスを訪れたことのある人、また住んだことのある人の多くは、バーシーに参加し手首に白い糸を巻いてもらった経験があるだろう。子供の誕生、結婚、新年などの祝いごとから、祖父や祖母への感謝、旅の安全祈願、外国にいる親戚や家族の帰郷、特別な客人の来訪など、あらゆる機会にバーシーが行なわれる(写真5－12)。病気の治癒のために行なわれることもある。また糸を巻く儀式は、象や水牛などの動物、新しい車やバイクなどに対しても行なわれる。町中を走っている車やバイクをよく見ると、ミラーなどに糸が巻かれているのを目にする。バーシーはラオスの人々にとってもっとも重要な儀礼の一つと言える。

バーシーは主にラオ族の儀式だが、精霊を信仰する赤タイ族、黒タイ族、またその他少数民族も行なっている。バーシーの起源は、仏教伝来以前の精霊信仰またはバラモン教にあると考えられている。正式には「バーシー・

スークワン」と言う。

クワンとは魂という意味である。ラオ族は身体に三二の魂《クワン》が宿っており、魂が良い状態にあれば健康で幸福であり、魂が体から遊離したり離れている場合は病気やケガをしたり不幸が起こり、すべての魂が体から離れた場合は死に至ると考えている。

以前、ラオスで私の息子が骨折など続けてケガをした際、ラオス人の友人からバーシーをした方が良いと勧められたことがあった。魂が体の適切な場所に収まっていないと考えられたのである。

写真5-12　結婚式でのバーシー。（撮影筆者）

魂は頭にも宿っているため、ラオスでは人の頭を触ったり叩いたりしてはいけない。日本のように小さい子供の頭をなでたりすることも嫌がられるので注意されたい。

さてバーシーはただ行なえばよいというものではない。正しく実施しないと反対に災いが起きると考えられている。したがってバーシーを行なう日にちも重要になる。さまざまな儀礼を行なうのにもっとも良い日は白月三日目であるが、実施日はモーポーン（バーシーで呪文を唱える祈禱師）や僧侶などと相談して決める。現在は多くの人が参加できる休日に行なうことが多い。ただしバーシーは日が沈むまでに行なう。

バーシーに必要なのがパークワンと呼ばれるバナナの葉でできた円錐形のお飾りであり、花、ろうそく、また手首に巻く白い木綿糸が竹ひごに結われてそれに添えられる。そして儀式に必要なコメ、ゆで卵、菓子、バナナ、ラオス酒（ラオ・カーオ）などがパークワンのまわりに準備される（写真5－13）。

準備が整うとパークワンを中心に、モーポーン、儀式を行なってもらう主役、参加者が円状に取り囲んで座る。そしてパークワンから伸びる白い糸を参加者が手にかけ

写真5-13 パークワン。(撮影筆者)

るか、または軽く持つ。糸に届かない者は糸を持っている者の腕や腰に手を軽く添える。そうすることでパークワンを中心に参加者全員がつながるのである。

そしてモーポーンがバーシーの目的に合わせた決まり文句に自分のアレンジを加えながら呪文を唱える。一通り呪文が終わると、参加者はパークワンに添えられていた糸を取り出し、糸の真ん中に結び目を作って主役や他の参加者の手首に巻く。その結び目はコートクワン（魂の結び目）と呼ばれている。

糸を巻く際は、悪いものが去り良いものが入ってきますようになどの決まり文句とともに、その日の目的に応じて、病気が早くなりますように、健康でありますように、長生きしますようになどの言葉がかけられる。巻かれた糸は三日間外してはいけないとされ、外すときもハサミで切るのではなく、手で丁寧にほどいていくのがよいとされる。

ラオスの人々はあらゆる場面でバーシーを行なうため、ラオスにいると年に何度もバーシーに参加する機会がある。中には親戚の法事や兄弟が留学する際のバーシーなど、個人的にまったく関係のない儀式に呼ばれることがあり、正直面倒だと思うこともある。しかし白い糸を巻かれると面倒な気持ちは消え、不思議と悪いものが身体からいなくなったように感じる。たかが木綿の糸だが、魂をつなぎとめる何か不思議な力が宿っているのかもしれない。

私は地方に調査に行くとき、飛行機に乗るときなど、必ず寺院を訪れて僧侶に安全祈願のための糸を巻いてもらうようにしている。そして巻いてもらった糸は、三日以上経っても新しい糸が巻かれるまで外さない。ラオス人の友人に「まだ外さないの？　もう汚いよ」と言われても糸をつけている。

スパーヌウォン（一九〇九～九五年）

ルアンパバーン副王の子として一九〇九年七月一三日に生まれた革命の指導者である。王族でありながら革命勢力パテート・ラオに参加したため「赤の殿下」と呼ばれた。

ベトナムのハノイでリセに入学し、その後はフランスで土木工学を学んだ。一九三七年に卒業後は、ベトナムで公共事業部門行政官となり、ベトナム人と結婚する。一九四五年までエンジニアとして働き、ベトナム中部やラオスで橋梁や道路建設に従事する。現在でもサーラワン県には一九四二年にスパーヌウォンが設計、建設した橋の一部が残っており、観光名所となっている。

日本の敗戦後ハノイでホー・チ・ミンと会い、フランスからの独立を目指すことで合意する。一九四六年にはターケークでフランス軍と闘って重傷を負うが、辛くもタイに逃れた。

一九五〇年にはネオ・ラオ・イサラ（ラオス自由戦線）議長、抗戦政府首相に就任し、一九五五年にはラオス人民党（現人民革命党）中央指導委員会（現政治局）に追加選出された。つまり当初は党の最高権力機関に入っていなかったのである。

ラオス人民民主共和国設立後は初代国家主席兼最高人民議会議長に就任し、ラオス国家建設戦線議長も務めた。このように主要な役職を担い、党内の序列三位でありながらも、王族出身であるため実質的な権力を保持していなかったとの指摘もある。

しかし、スパーヌウォンがラオスの革命と国家建設に多大な貢献を果たしたことに疑いの余地はなく、カイソーン初代党書記長とともに革命の英雄と位置づけられている。一九九五年一月九日に死亡した。

スパーヌウォン。(撮影竹内正右)

ラオスの10人

スワンナプーマー（一九一〇～八四年）

一九一〇年一〇月七日、ルアンパバーン王国ブンコン副王の九男として生まれる。ペッサラートの弟であり、スパーヌウォンは異母兄弟でもある。ハノイで教育を受け、フランスで土木工学と電気工学の学位を取得後、一九三一年にラオスに帰国し公共事業局に勤務した。一九四五年一〇月、ペッサラートのラオ・イサラ運動を支持し、ラオ・イサラ政府で公共事業大臣に就任する。

一九四六年にフランスがラオスに復帰すると、他のラオ・イサラメンバーとともにバンコクに亡命するが、一九四九年七月にフランス・ラオス独立協定が締結され、フランス連合内でのラオスの独立が承認されると、それを支持しヴィエンチャンに帰国する。ラオスの国家建設にはフランスの協力が不可欠であり、またこの機会に帰国しなければ王族としての地位や権力が危うくなるという二つの考えが作用したと言われている。

一九五一年一一月から一九五四年一〇月までラオス王国政府首相に就任するが、一九五四年のジュネーブ協定締結後、右派やアメリカが彼の中立主義に反対し、一度は首相を辞任する。しかし一九五六年三月に首相に復帰しパテート・ラオと交渉を開始した。

第一次連合政府（一九五七年）、第二次連合政府（一九六二年）で首相を務め、ラオスの中立を保とうとするが、右派に阻まれた。自身も右派と左派の間で揺れ動いたものの、一九七四年四月に第三次連合政府が成立すると再び首相に就任した。しかし既に戦況がパテート・ラオ有利であり、左派の権力奪取を止めることはできなかった。

一九七五年のラオス人民民主共和国建国後は政府顧問に就任し、一九八四年一月一〇日に八二歳で死亡した。一貫してラオスの中立を訴えた人物である。

スワンナプーマー。（撮影竹内正右）

6 政治

一党独裁体制と言うと、すべてがトップダウンで決定され、中央の意向が全国隅々まで貫徹していると考える人も多いだろう。ラオスでも、人民革命党が政策をトップダウンで実施するメカニズムが整備されている。しかし、地方が中央の意向に沿って行動する保証はない。地方には地方の利害があり、それは時に中央の利害と反する。そのような場合、地方は政策実施に対して消極的になり、また地方独自の解釈や政策を加味する。つまり一党独裁体制であっても中央が絶対的な権力を有しているわけではないのである。

社会主義国家ラオス

ラオスは世界でも残り少ない社会主義国であり、一九七五年の建国以降、ラオス人民革命党による一党独裁体制が続いている。

一党独裁体制と言うと、自由がなく、プロパガンダや思想統制が行なわれ、国民の権利も抑圧され、また秘密警察が目を光らせており、国民生活が監視されているとイメージする人も多いだろう。確かにラオスには一党独裁体制ならではの制約がある。人民革命党にとっての最重要課題は独裁体制の維持であり、反体制運動や民主化運動に対して党はもっとも厳しい対応をとる。過去に何度か民主化運動が党内外で起きたが、首謀者は逮捕・拘留されるか、国外に亡命している。たとえ相手が外国人であっても厳しい対応は変わらない。

しかし日常生活で監視されていると思うラオス人はほとんどいないだろう。外国人も同様である。また国家への批判がまったく許されないわけではない。人民革命党体制批判はできないが、政府政策を批判することはできる。党の路線は（いつでも）正しいが、政府がそれを具体的な政策に転換し効果的に実行できていないというロジックであれば、批判は許される。

また村の会議では政府や村長への批判なども耳にする。私がかつて参加した村会議では、村民が村の問題について活発に議論し、村長など村の指導部に不満をぶつけていた。また昔から村人は上級の郡や県だけでなく、中央の党や政府機関に直訴することもできる。一党独裁体制下であっても、国民が党や政府に対して不満を伝達するチャンネルは複数ある。

たとえば私が二〇〇七年にラオスの行政・公務員管理庁（現内務省）地方行政局に外国人専門家として勤務していたとき、フアパン県のとある村の村長と副村長が突然部屋に入ってきて、村全体の移住を直訴したことがあった。村長は村全体の総意として請願書を作成して郡や県に訴えたが認められなかったため、バスを乗り継ぎ二日間かけて首都ヴィエンチャンまでやってきたのである。

このような事例は昔からあり、人々は党中央、首相府、国家主席府、国会など、あらゆる機関に直接問題を訴えている。人民革命党体制への批判さえ行なわなければ、

写真6-1　人民革命党旗と国旗。（撮影筆者）

人々は比較的「自由に」発言できる。

ラオスでの日常生活で社会主義や独裁体制を実感することは少ない。とはいえラオスの国家機関で働いていると、日々ラオスが一党独裁体制であり、社会主義国家であることを実感する。

たとえば、国家機関には「マルクス・レーニン主義万歳！」などと書かれた政治的バナーや、鎌とハンマーのシンボルが記された人民革命党旗が掲げられている（写真6－1）。それは地方の村でも変わらない。また国家機関では頻繁に政治会議が開催され、オフィスから職員が全員いなくなることがある。大衆組織の会議、党路線普及会議、政治思想・理論研修等が常に実施され、業務よりもそれらが優先される。

さらに、決まった曜日に職員が同じ色のシャツを着ることも社会主義の特徴の一つと言える。青年同盟（一八七ページ参照）に加盟している者は、木曜日など決まった曜日に青いシャツを着る。初めて見た人はなぜ皆が青シャツを着ているのか不思議に思うだろう。

そして政治的なイベントには必ず公務員や学生が動員される。これも独裁体制の特徴である。二〇一五年一二

写真6-2 建国40周年記念式典でパレードに参加する公務員。(撮影筆者)

月二日に行なわれた建国四〇周年記念式典には、公務員や学生など一万五〇〇〇人以上が動員された(写真6−2)。

この式典のために公務員はほぼ毎週行進の練習をしていた。練習は出欠がとられるため、正当な理由がない限り必ず参加しなければならない。また「労働」と言って、職員が事務所周辺を掃除するなどの奉仕活動も定期的に行なう。これは金曜日に実施されることが多い。

イベント時には国家機関や村で寄付金が集められたりもする。私は外国人であるにもかかわらず、何度か政府が公務員から募る寄付を徴収されたことがある。二〇〇四年にラオスで開催されたASEAN首脳会議の際には、村長が会議への貢献として村人から寄付金を徴収し、私は外国人だからラオス人よりも多く支払うよう要求された。

以上のようにラオスの国家機関にいると、節々にラオスが社会主義であり独裁体制であることを実感する。党員や公務員以外の国民であっても、党を頂点とする社会システムと無関係には生活できない。

では、ラオス人民革命党とはどのような政党なのだろうか。

ラオス人民革命党

ラオス人民革命党は一九五五年三月二二日にラオス人民党として創立されたマルクス・レーニン主義政党である。一九七二年の第二回党大会で現在の名称であるラオス人民革命党に改称された。二〇一五年に創立六〇周年を迎えた党は、非常に安定的にラオスを統治している。

人民革命党は一九三〇年二月に設立されたインドシナ共産党にその起源を持つ。党員研修用の本には、インドシナ共産党は「人民革命党にとって父であり、母でもある」と記されている。

一九三四年九月、当時のヴィエンチャン郡でインドシナ共産党のラオス地域党委員会が設立された。当時ラオスには三二人または三四人のインドシナ共産党員がいたと言われている。ラオス地域党委員会の役割は農村や少数民族地域の人々を革命に動員することであった。つまり闘争の初期段階から党は農村や少数民族地域の人々に依存していたのである。その後、ラオス地域党委員会はカムアンやサワンナケートにも暫定的な委員会を設立し拡大を続けた。

インドシナ共産党は一九五一年に第二回党大会を開催し、ベトナム、ラオス、カンボジアの各国における革命政党の設立を決定する。この決定に基づきラオス人党員はラオス人民委員会を設立し、ラオスにおける革命の指導を継続するとともに党設立準備を行なった。そして一九五五年三月二二日〜四月六日、現在のフアパン県ヴィエンサイ郡（当時のソーイ郡）にてラオス人民党の結党大会が開催され、初代書記長にカイソーン・ポムヴィハーンが選出された（写真6－3）。

写真6-3　カイソーン・ポムヴィハーン。（撮影筆者）

写真6-4　党規約。（撮影筆者）

以降二〇年間、党は秘密裏に革命を指導してきた。そして一九七五年一二月一日～二日に全国人民代表者大会を開催し、王制の廃止とラオス人民民主共和国の設立を宣言したのである。大会では党指導部が国家の要職を兼任する閣僚議会（現在の政府）が任命され、党の国家への指導が明確となった。つまり、党が国家よりも上に立ち、党が排他的に方針を決定し、それが自動的に国家の政策になる党＝国家体制がスタートしたのである。

　結党当初四〇〇人だった党員は、二〇一六年の第一〇回党大会開催時には二六万八四三一人に達した。とはいえ、党員数は人口比で約四・一％に過ぎない。共産党はエリートの党であり、誰でも入党できるわけではないのである。二〇一六年に改正された第一〇期党規約に基づき入党条件を見てみよう（写真6－4）。

　入党資格は一八歳以上であり、大衆革命運動で鍛錬し、大衆から信頼を受け、党の理想に沿った政治的自覚を持っている者、そしてラオス人民革命青年同盟が設立されている場所では同同盟に加盟していることなど、いくつかの条件が定められている。以前は五五歳までと上限が定められていたが、二〇一六年からは撤廃されている。しかし、このような条件を満たしている人が誰でも入党申請書を提出できるわけではない。入党は、勤務先や所属先にある党単位という末端組織から勧誘される必要がある。

　声をかけられた者は詳細な履歴書を作成し、入党申請書とともに党単位に提出する。その後、党歴二年以上で申請者と一年以上一緒に勤務した経験を持つ先輩党員二人が申請者の育成係となり、六ヵ月間の育成を通じて問題がなければ党単位に推薦する。党単位は所属正党員の三分の二以上が参加する会議を開催し、申請者の履歴やこれまでの活動を精査するとともに、二人の育成者の推薦を検討し、会議参加者の半数以上の賛成により申請者の入党を承認する。

その後、上級党組織の承認手続きを経て、申請者は準党員として一二ヵ月間研修等を受けることになる。準党員期間終了後、当該者は自己査定を行なって正党員への昇格申請を行なう。そして再び党単位と上級党組織の承認手続きを経て、晴れて正党員になることができる。党員になるにはこのように長い年月を要する。

たとえば省庁における入党過程を見ると、勧誘を受ける者の特徴を観察できる。

一つは勤続年数である。新卒者がすぐに勧誘を受けることはない。もちろん機関によるが、公務員となってから少なくとも数年間は勤務経験が必要である。とはいえ勤続年数については人によって相当の違いがある。その違いはどこから来るのだろうか。

もっとも大きな要因は党員である上司に気に入られるかどうかである。就業時間を守っているか。言われたことをやっているか。服装はきちんとしているか。髪型はだらしなくないか。周囲との和を乱していないか。政府や大衆組織の活動や動員事業に参加しているか。これらの要素が考慮される。能力があり、やるべき仕事をきちんとこなしていても、服装や髪型が目立ち、動員事業に積極的に参加しない者は上司に気に入られない。

したがって、自分はもう一〇年勤務しているのにいまだに党員になれないが、自分より勤続年数が短い若手が入党していると不満をもらす者も多い。党員になることが昇進の条件であるため、党員になれるかどうかは公的機関で働く人たちにとっては重要な問題である。

党組織は大きく中央、地方、基層の三層に分かれている。党規約によると党の最高権力機関は五年に一度開催される全国代表者大会(党大会)である。党大会では政治報告が行なわれ、過去五年間の総括と今後五年間の方針が示されるとともに、新指導部が選出される。したがって党大会はラオスでもっとも重要な政治イベントと言える。

二〇一六年一月に開催された第一〇回党大会では六九名の党中央執行委員と八名の予備委員が選出された(表6-1)。党中央執行委員会とはまさに党の中枢であり、国家の基本方針はこの六九名によって決定される。党内

表6-1　第10期党中央執行委員会

序列	前期序列	氏名	役職（選出時）	現職（2018年5月現在）
1	3	ブンニャン・ウォーラチット	国家副主席、書記局常任	党書記長、国家主席
2	6	トーンルン・シースリット	副首相兼外務大臣	首相
3	4	パニー・ヤートートゥー＊	国会議長	国会議長
4	9	ブントーン・チットマニー	政府検査機構長／反汚職機構長／党・国家検査委員長	副首相、政府検査機構長／反汚職機構長／党・国家検査委員長
5	11	パンカム・ウィパーワン	副首相兼教育・スポーツ大臣	党書記局常任、国家副主席
6	13	チャンシー・ポーシーカム	党中央組織委員会委員長	党中央組織委員会委員長
7	17	サイソムポーン・ポムヴィハーン	国会副議長	国家建設戦線議長
8	27	中将　チャンサモーン・チャンニャラート	国防副大臣	国防大臣
9	32	カムパン・ポムマタット	党中央事務局長	党中央事務局長
10	31	シンラウォン・クットパイトゥーン	首都ヴィエンチャン党書記・都知事	首都ヴィエンチャン党書記・都知事
11	34	ソーンサイ・シーパンドーン	政府官房長官	副首相
12	15	中将　セーンヌアン・サイニャラート	国防大臣	国会副議長
13	39	キケーオ・カイカムピトゥーン	党中央宣伝・訓練委員会委員長	党中央宣伝・訓練委員会委員長
14	53	ソムケーオ・シーラウォン	公安大臣	公安大臣
15	新	少将　ウィライ・ラーカムフォーン	国防副大臣	国防副大臣
16	10	ブンポーン・ブッタナウォン	副首相	国会副議長
17	18	ソムパン・ペーンカムミー	国会副議長	国会副議長
18	21	カムマン・スーンヴィルート	内務大臣	内務大臣
19	22	チャルーン・イアパオフー	国家社会科学院院長	首相府大臣、政府報道官
20	30	カムサーン・スウォン	最高人民検察院長	最高人民検察院長
21	33	ソムコット・マンノーメーク	シェンクアーン県党書記・県知事	シェンクアーン県党書記・県知事から党中央事務局に異動
22	35	ナム・ウィニャケート	アッタプー県党書記・県知事	アッタプー県党書記・県知事から国家社会科学評議会に異動
23	37	シーサイ・ルーデートムーンソーン＊	党中央組織委員会副委員長（前ラオス女性同盟議長）	国会副議長
24	40	カムバイ・ダムラット	前カムアン県党書記・県知事	国家建設戦線副議長
25	41	ソムマート・ポンセーナー	天然資源・環境大臣	天然資源・環境大臣

26	42	ソムディー・ドゥアンディー	計画・投資大臣	副首相、財務大臣
27	44	ボーセンカム・ウォンダーラー	情報・文化・観光大臣	情報・文化・観光大臣
28	45	リアン・ティケーオ	財務大臣	農林大臣
29	46	エークサワーン・ウォンヴィチット	保健大臣	国会外交委員会委員長
30	48	サイシー・サンティウォン	党組織委員会副委員長	司法大臣
31	49	カムペーン・サイソムペーン	労働・社会福祉大臣	労働・社会福祉大臣
32	51	少将　スウォーン・ルアンブンミー	国防副大臣、軍参謀総局長	国防副大臣、軍参謀総局長
33	52	カムムーン・ポンタディー	国家主席府大臣	国家主席府大臣
34	54	カムチェーン・ウォンポーシー	ポンサーリー県党書記・県知事	ポンサーリー県党書記・県知事
35	55	パーン・ノーイマニー	ラオス労働連盟議長	ラオス労働連盟議長
36	56	スックコンセン・サイニャルート	ラオス国立大学学長	国家社会科学院院長から2018年1月引退
37	57	カムパン・シッティダムパー	最高人民裁判所長官	最高人民裁判所長官
38	59	カムプーイ・ブッダーヴィアン	セーコーン県党書記・県知事	セーコーン県党書記・県知事
39	60	スーントーン・サイニャチャック	党中央対外関係委員会委員長	党中央対外関係委員会委員長
40	61	少将　トーンローイ・シーリウォン	国防副大臣	サイソムブーン県党書記・県知事
41	新	カムマニー・インティラート	エネルギー・鉱業大臣	エネルギー・鉱業大臣
42	新	オーダイ・スダーポーン	カムアン県党書記・県知事	カムアン県党書記・県知事
43	新	コーンケーオ・サイソンカーム	ボーリカムサイ県党書記・県知事	ボーリカムサイ県党書記・県知事
44	新	インラーワン・ケーオブンパン＊	ラオス女性同盟議長	ラオス女性同盟議長
45	新	カムカン・チャンタウィスック	ルアンパバーン県党書記・県知事	ルアンパバーン県党書記・県知事
46	新	ケムマニー・ポンセーナー＊	工業・商業大臣	工業・商業大臣
47	新	ボーヴィアンカム・ウォンダーラー	科学・技術大臣	科学・技術大臣
48	新	ヴィエントーン・シーパンドーン＊	国家会計監査機構長	国家会計監査機構長
49	新	ソーンタヌー・タムマウォン	ラオス人民革命青年同盟書記	ラオス人民革命青年同盟書記から国家社会科学院長に異動
50	新	サルームサイ・コマシット	外務副大臣・外務省党委員会書記	外務大臣
51	新	セーンドゥアン・ラーチャンタブーン＊	教育・スポーツ副大臣	教育・スポーツ大臣
52	新	ウィライウォン・ブッダーカム	国会事務局副局長（前ラオス人民革命青年同盟書記）	国会常務委員、国会計画・財務・会計監査委員会委員長

53	新	ソムパーオ・パイシット	ラオス銀行総裁	ラオス銀行総裁
54	新	タンサマイ・コマシット	郵便・テレコミュニケーション副大臣	郵便・テレコミュニケーション大臣
55	新	トーンサリット・マンノーメーク	国家政治・行政学院長	国家政治・行政学院長
56	新	ブンチャン・シンタウォン	公共事業・運輸大臣	公共事業・運輸大臣
57	新	シースワン・ウォンチョームシー	サーラワン県党書記・県知事	サーラワン県党書記・県知事
58	新	ペット・ポムピパック	農林大臣	首相府大臣、官房長官
59	新	ポンサワン・シッタウォン	サイニャブーリー県党書記・県知事	サイニャブーリー県党書記・県知事
60	新	カムパン・プーイニャウォン	ボーケーオ県党書記・県知事	ボーケーオ県党書記・県知事
61	新	ペットサコーン・ルアンアーパイ	ウドムサイ県党書記・県知事	ウドムサイ県党書記・県知事
62	新	ウィドン・サイニャソーン	ヴィエンチャン県党書記・県知事	ヴィエンチャ県党書記・県知事
63	新	アヌパープ・トゥナーロム	首都ヴィエンチャン副知事	首都ヴィエンチャン人民議会議長
64	新	少将　シンタウォン・サイニャコーン	公安副大臣	公安副大臣
65	新	ブントーン・ディーウィサイ	チャンパーサック県党書記・県知事	チャンパーサック県党書記・県知事
66	新	スパン・ケーオミーサイ	サワンナケート県党書記・県知事	計画・投資大臣
67	新	ワンサイ・ペーンスムマー	フアパン県党書記・県知事	フアパン県党書記・県知事
68	新	ペッターウォーン・ピラワン	ルアンナムター県党書記・県知事	ルアンナムター県党書記・県知事
69	新	サンティパープ・ポムヴィハーン	サワンナケート県党副書記・副知事	サワンナケート県党書記・県知事

予備委員

1	新	ブンカム・ウォラチット＊	天然資源・環境副大臣	天然資源・環境副大臣
2	新	ブワコン・ナームマウォン	ルアンパバーン県副知事	ルアンパバーン県副知事
3	新	ソーンサイ・シッパサイ	ラオス銀行副総裁	ラオス銀行副総裁
4	新	バイカム・カッティニャ＊	労働・社会福祉副大臣	労働・社会福祉副大臣
5	新	アルンサイ・スンナラート	ラオス人民革命青年同盟副書記	ラオス人民革命青年同盟書記
6	新	スワンサワン・ウィニャケート＊	第14選挙区国会議員	国会書記局長
7	新	ポーサイ・サイニャソーン	サワンナケート県カイソーン・ポムヴィハーン郡党書記・郡長	サワンナケート県副知事
8	新	ラーオパオソン・ナウォンサイ	サイソムブーン県副知事	サイソムブーン県副知事

（注）＊は女性。
（出所）*Pasaason*, January 25, 2016を基に筆者作成。

表6-2　政治局名簿

序列	氏名	役職（選出時）	現職
1	ブンニャン・ウォーラチット	党書記局常任／国家副主席	党書記長／国家主席
2	トーンルン・シースリット	副首相／外務大臣	首相
3	パニー・ヤートートゥー	国会議長	同左
4	ブントーン・チットマニー	政府検査機構長／反汚職機構長／党・国家検査委員長	同左／副首相
5	パンカム・ウィパーワン	副首相／教育・スポーツ大臣	国家副主席
6	チャンシー・ポーシーカム	党組織委員会委員長	同左
7	サイソムポーン・ポムヴィハーン	国会副議長	国家建設戦線議長
8	チャンサモーン・チャンニャラート	国防副大臣	国防大臣
9	カムパン・ポムマタット	党中央事務局長	同左
10	シンラウォン・クットパイトゥーン	首都ヴィエンチャン知事	同左
11	ソーンサイ・シーパンドーン	政府官房長官	副首相

（出所）*Pasaason*, Januray 25, 2016を基に筆者作成。

で昇進を目指す者はまず、党中央執行委員会に入ることが重要となる。党中央執行委員会に入らないことには、党書記長、国家主席、首相、国会議長などの重要ポストに就くことはできない。

党中央執行委員会が国家の基本方針を決定するとはいえ、総会は通常一年に二回しか開催されない。一回の会期は一週間から二週間程度である。このような短い期間で政策の詳細や重要事項を決定することは難しい。したがって日々の重要な決定は政治局で行なわれる。党規約では党大会が最高権力機関となっているが、実質的にはこの政治局が党の最高意思決定機関となる。

二〇一六年一月に発足した第一〇期政治局員は一一名であり（表6－2）、まさに少数精鋭の意思決定機関と言える。もちろん党書記長の発言権は大きいが、ラオスは個人独裁ではなく物事は話し合いによって決定される集団指導体制を敷いている。したがって政策決定過程ではコンセンサスが重視される。そして一人の人物が長期に権力を独占しないよう、党規約では書記長の任期は二期までと定められている。

政治局に関しては、いつどのようなテーマでどのくらいの期間または頻度で会議を開催しているか等の詳細はわからない。人民革命党機関紙でも政治局会議に関する報道はほぼ皆無である。しかし私が見ることができた政治局会議のアジェンダによると、会議は少なくとも毎月行なわれ、各省庁からさまざまな問題が分刻みで報告されている。そして民主集中制という党の統治原理に基づき、党中央が一度決定したことは上意下達で実行される。

民主集中制とは、集団で指導するが責任は個人で分担し、そして政策決定過程ではすべての党員が意見を言う権利を持つが、一度決定されたら個人は組織に、少数意見は多数意見に、下級は上級に、そして全党組織と党員は党中央の決定に従って執行することである。つまり政策決定は集団協議によって「民主的」に行なうが、一度決定がなされればそれは上意下達で中央集権的に執行されるということである。

しかし実態は、党中央の決定が寸分違わず全国で画一的に必ず実施されるわけではない。形式的には地方や各国家機関は党中央の方針に沿って行動するが、彼らにもそれぞれの利害があり、党中央の命令が一〇〇%実施されないことは多々ある。

人民革命党による国家・社会管理メカニズム

図6−1は国家機構図である。ラオスには五年ごとに国民の直接選挙で選出される国民議会（国会）と、国会によって選出される政府、そして最高人民裁判所と最高人民検察院の司法機関がある。また二〇一六年からは一九九一年に廃止された県級人民議会（以下、県人民議会）が復活した。

ただし三権分立によって立法機関、執行機関、司法機関の権力の抑制と均衡が図られているわけではない。実質的には人民革命党が国家の上に立ち、三機関は党の路線や方針を実施するための分業機関と位置づけられている。

人民革命党は大きく四つの方法により国家と社会を管理している（図6−2、6−3）。

第一は内部統制であり、党が各国家機関や社会・大衆組織の内部に党組織を設立し、それを通じて指導・管理することである。党規約によれば正党員が三人以上いれば党組織を設立できる。たとえば各省庁には、大臣や副

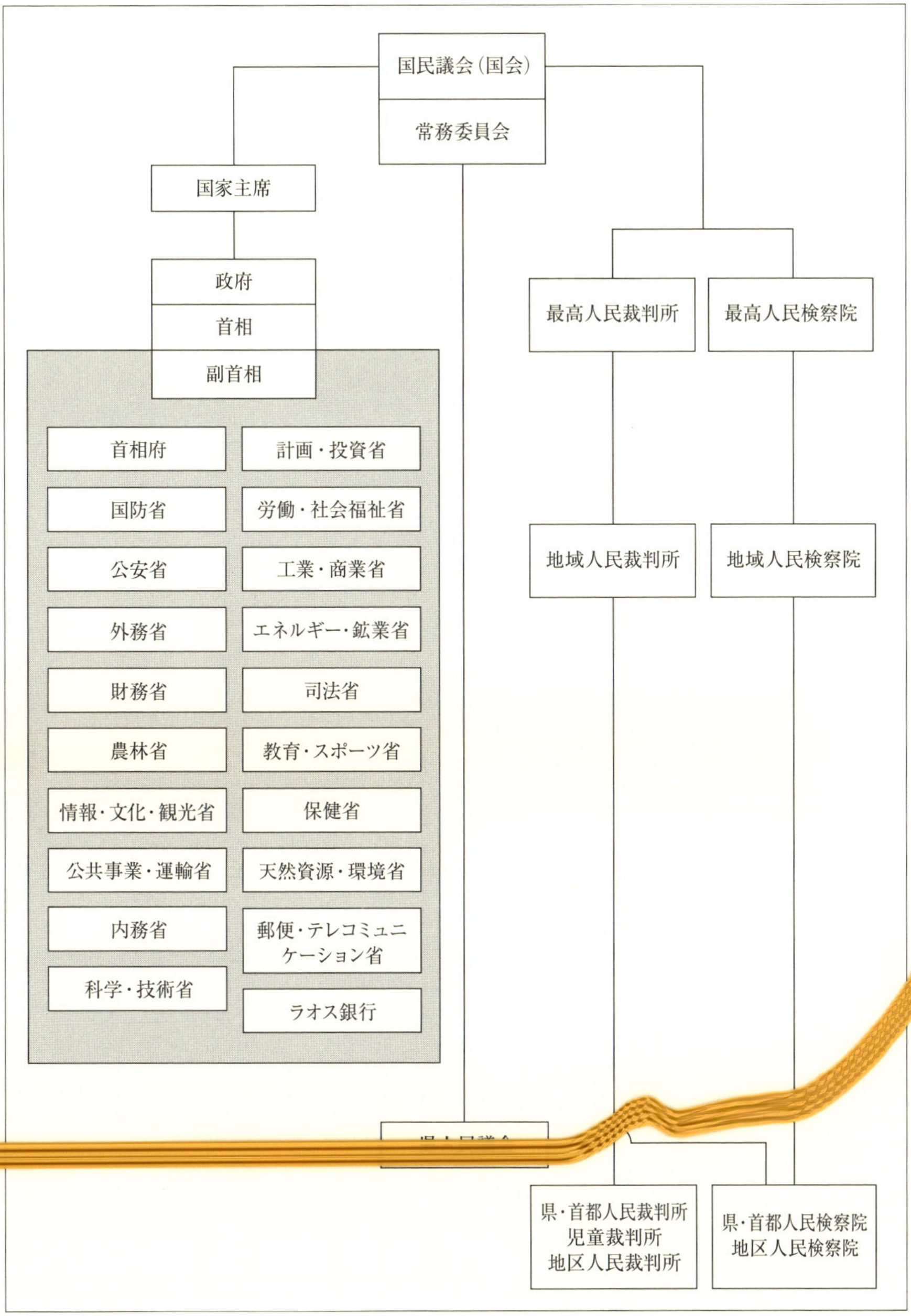

図6-1　国家機構図
（出所）筆者作成。

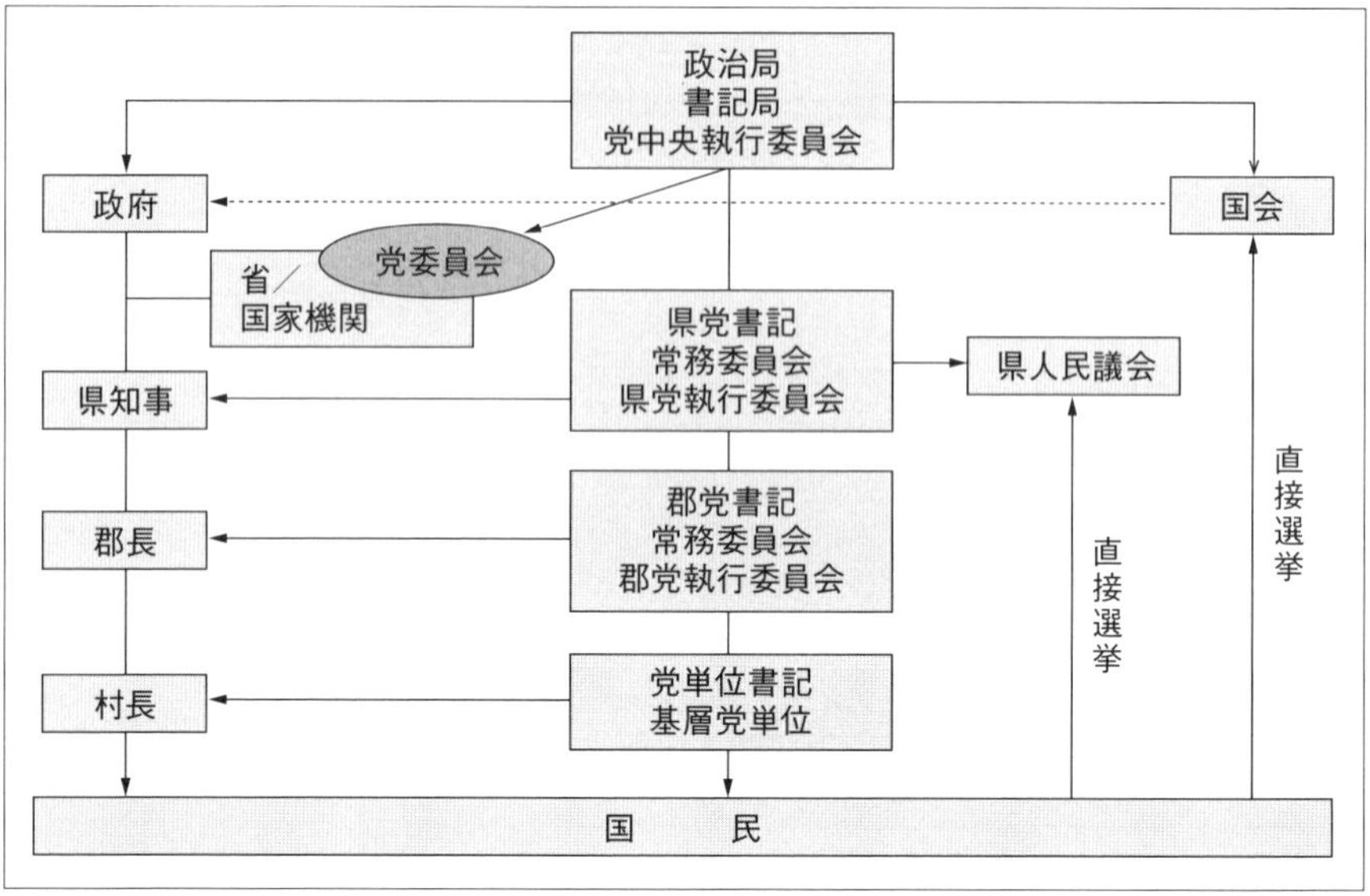

図6-2　党による国家統治メカニズム
（出所）筆者作成。

大臣、官房長、局長などの指導層によって構成される党委員会を頂点に、各局や各課にも党単位などの下級党組織が置かれている。党員が少ない場所では複数の局が合同で党単位を設置しているところもある。

つまり国家機関の内部はピラミッド状に党組織が設置され、各レベルで内部から国家機関を指導・管理できるようになっている。

第二は外部統制であり、行政ラインと並列で党組織を設立し、国家機関を外部から指導・管理することである。中央では政治局や党中央執行委員会が政府を指導・管理する。地方でも行政級ごとに党組織が置かれている。たとえば県では県党執行委員会が置かれ、県の基本方針を決定し行政を指導する。そして執行委員会によって県党書記や副書記、中央の政治局にあたる県党常務委員会が選出される。つまり党常務委員会が県レベルの最高権力機関となる。郡レベルも同様の組織構造となっている。また村でも党単位が村長など村の行政を指導・管理している。

このように国家行政ラインと並行して党組織を設置し、外部から国家機関を指導・管理しているのである。

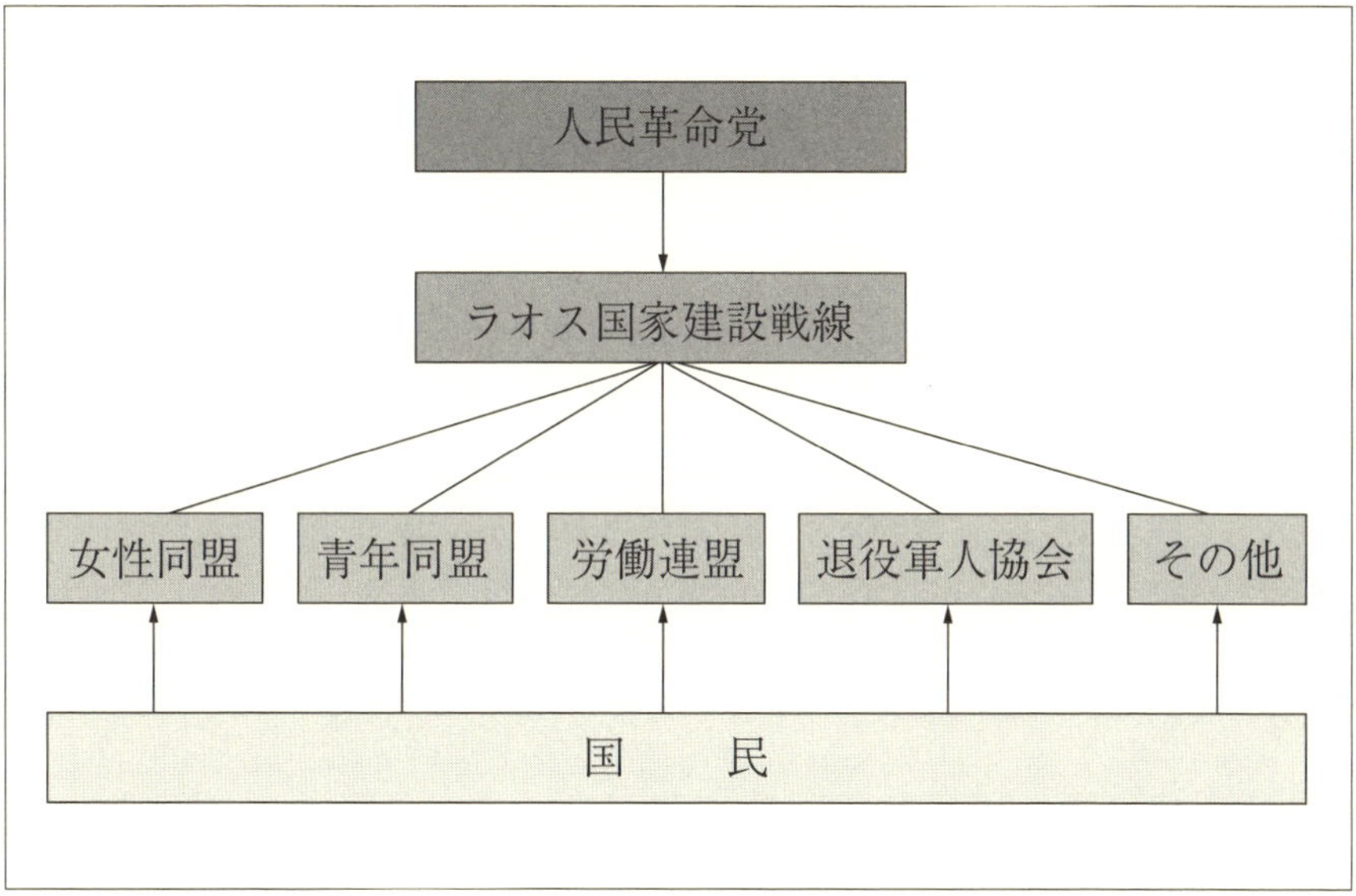

図6-3 社会管理概略図
（出所）筆者作成。

第三は人事権の独占であり、党幹部が国家の要職に就くことで党支配を確実にすることである。たとえば二〇一八年現在、代行を含むすべての県党書記は県知事を兼任している。郡長も郡党書記が兼任している場合がほとんどである。また各省庁の大臣や副大臣だけでなく、局長等の管理職、国会議員、最高人民裁判所長官や最高人民検察院長などの司法機関の長もほとんどが党員である。村ではかつて、党単位書記と村長が同一人物でない場合が多かったが、二〇一三年に公布された政治局方針により、近年は一人による兼任が増えている。鍵となる行政ポジションを党幹部が兼任していれば、国家機関が党の路線や方針から外れることはない。

第四は社会管理である。ラオスには女性同盟、人民革命青年同盟、労働連盟、退役軍人協会などの主要な大衆組織を筆頭に、作家協会、弁護士協会、ジャーナリズム協会など、さまざまな社会団体が存在する。そして国民の多くは、女性であれば女性同盟に、労働者であれば労働連盟に、一五歳から三五歳までの青年は青年同盟というように、いずれかの社会・大衆組織に加盟している。それらのすべてを統括するのがラオス国家建設戦線と

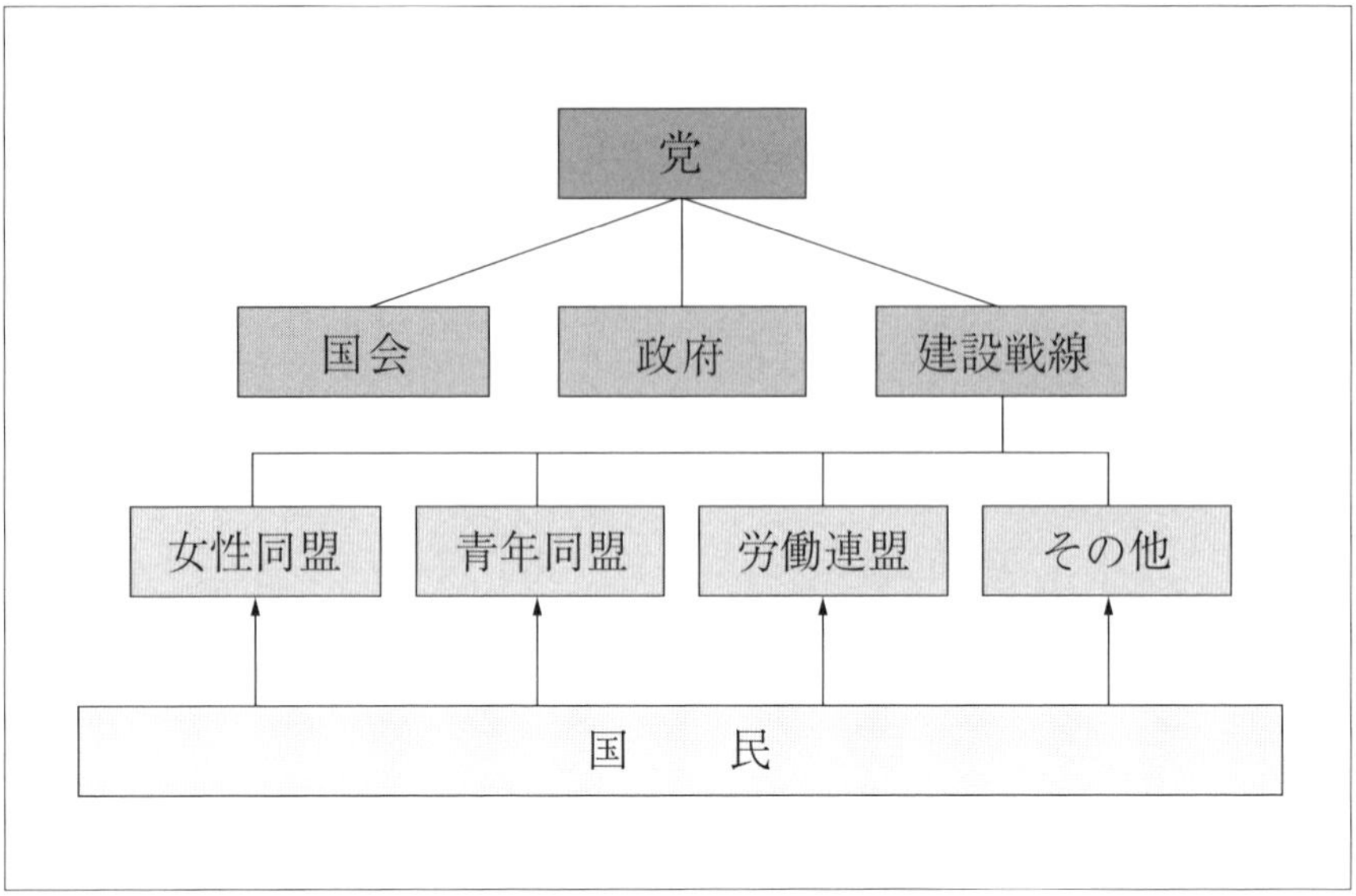

図6-4　党による国家と社会管理
（出所）筆者作成。

いう組織であり、すべての政治、社会組織は建設戦線の傘下に置かれる。当然、建設戦線は党の管理下にある。つまり党員でなくても、大衆・社会団体に加盟している国民は間接的に党の指導・管理を受けるのである（図6－3）。

以上をまとめれば、党による国家と社会管理は図6－4のようになる。党を頂点とするピラミッド型の統治構造が構築され、党による指導・管理の網の目が全国に張り巡らされている。しかし先述のように反体制的な活動を行なわなければ、特に日常生活が監視されることはない。また以上のメカニズムは、トップダウンによる指導・管理だけではなく、ボトムアップで国民の意見を吸収する役割も果たしている。

とはいえ何か問題が起きたとき、または国民を動員するときにはこのメカニズムがトップダウンで活用される。内部統制、外部統制、人事権の独占、社会管理というこの四つの要素が人民革命党独裁体制を支えているのである。

二〇一五年の憲法改正

二〇一五年一二月、第七期第一〇回国会で憲法が改正された。二〇〇三年に続く二回目の改正である。今回の改正は前回と異なり、現在の経済・社会状況を反映していくつかの重要な改正が行なわれた。以下、主要な変更点を取り上げる。

第一は、国会が「国家権力の最高機関」(第五二条)と位置づけられたことである。後述するように、近年の国会はホットライン(国民が電話等を通じて自由に意見を言える制度)や不服申し立て制度を整備し、国民の不満緩和にとって重要な役割を果たしている。かつては党の政策を追認するだけの「ゴム印機関」だった国会は、重要な政治アクターになりつつある。もちろん実質的な最高権力機関は党であり、重要な意思決定は政治局で行なわれる。しかし憲法で国家権力の最高機関と定められたため、党も国会を無視できなくなった。

第二は、経済開発や管理に関する認識の変化である。これまであった「自然経済から商品経済への転換」(第一三条)という文言は削除され、「知的経済」や「地域・国際経済との統合促進」が加わった。商品経済への転換が現在でも目標であることに変わりないが、経済開発に対する党の認識の変化が読み取れる。

また、「国家は国家調整を伴う市場経済メカニズムに沿って経済を管理する」(第一八条)との文言は、「国家は法による調整を伴う市場経済メカニズムによって経済を管理する」と変更された。法治意識が高まっていることの表れである。しかし同一八条には「社会主義の方針に沿った市場経済」との規定もあり、国家関与の余地を残している。とはいえ「国家調整」を削除し法治を強調したことは、国内外投資家への重要なメッセージと受け取れる。

第三は土地管理における変化である。二〇〇三年憲法第一七条は、「土地は全国民の所有であり、国家が使用、譲渡、相続の権利を保障する」と規定していた。改正憲法では、「土地、鉱物資源、水、大気、森林、林産品、水生物、野生動物、その他の天然資源は国民全体の所有であり、国家が代表して全国内を集中的かつ統一的に法律に従って管理する」(第一七条)となった。国民全体の所有は変わらないが、土地に対する国家管理の強化と解釈でき、天然資源開発に対する強い意志が読み取れる。

第四は、一九九一年に廃止された県人民議会の復活である。この背景には、地域ごとに経済・社会問題が多様化したため、住民の政治参加を通じて地方の主体性を向上させ、自ら問題解決にあたらせようとの党の狙いがある。

そして県人民議会の復活に伴い、人事権に大きな変更があった。まず県・都知事に関する人事権が国家主席から首相に移された。これまでは首相の提案に従い国家主席が知事を任命・罷免していたが、今後は県人民議会常務委員会の提案を県人民議会が承認し（第七七条）、その後に首相が任命・罷免を行なうとなった（第七二条）。

また首相に付与されていた省庁や地方行政機関の組織構成に関する決定権、大臣が有していた県部門局長の任命権等が県に委譲された。県人民議会は県行政機関の設立や廃止、また県部門局長の任命や罷免に関する県・都知事の提案を審議、承認することになったのである。

しかし、以上の分権化により県が人事や組織に関して自由裁量権を得たわけではない。現在は中央省庁が県と郡に直接の出先機関を置く部門別管理制度を採用し、中央集権管理を行なっている。その制度自体に変更はないため、今回の憲法改正によって管理権と人事権の所在に食い違いが生じたことになる。つまり、県は人事や組織に関して中央省庁と折衝する必要がある。

これは現行の部門別管理制度でも同様であり、中央省庁は出先機関の人事や組織を決定する際は県と折衝しなければならない。また実質的には党中央が決定している県知事の人選を県に委譲するとも考えられない。したがって今回の改正により実態が大きく変化するわけではない。しかし、中央との折衝において県の優位性が強まり、中央が地方の声を無視できなくなったことは間違いない。

第五は任期規定の導入である。第六六条は国家主席の任期は二期連続を超えないとし、第七一条は閣僚が二期連続以上同一ポストに就くことを禁止した。党規約は党書記長の任期を二期と規定しているが、これまで国家主席の任期規定はなかった。通常は同一人物が党書記長と国家主席を兼任するため、党書記長に合わせて国家主席の任期を定めたと言える。また閣僚任期を規定することで汚職を防止する狙いもある。

国会／県人民議会選挙

①選挙規定と過程

ラオスでは五年ごとに国会議員選挙が行なわれる。二〇一六年には一九九一年に廃止された県人民議会が復活し、二〇一六年三月二〇日に国会と県人民議会のダブル選挙が行なわれた。ただしラオスで実施される選挙は日本やアメリカのような自由かつ競争的選挙ではない。ラオスには野党がないため人民革命党の競争相手は存在せず、また党からお墨付きを得た者しか候補者となれない。そのような制度であれば、人民革命党は候補者選出段階で自らの意向を反映させることができる。以下、具体的に選挙制度を見てみよう。

選挙権は一八歳以上、被選挙権は二一歳以上に付与される。選挙法では「すべてのラオス市民は、性別、民族、信条、社会的地位、居住地、職業に関係なく選挙権と被選挙権を有する」と定められている。候補者資格はラオス国籍のラオス人であり、党の刷新路線を堅持し、愛国心があり、党の路線や国家の法律を把握していることなど、いくつかの条件がある。党員に関する条項はなく、法律上は非党員でも候補者となれる。

また二〇一五年の選挙法改正では、初めて前期中等学校修了以上（日本の中学校に当たる）という学歴条項が入った。これまで学歴条項がなかったため小学校を修了していない議員もいたが、経済・社会開発に伴って、議員の質の向上が課題となったのである。さらに、忍耐力があり、節制し、誠実な人物という条件も加わった。明確な基準は示されていないが、汚職や不正が蔓延する現状が反映されたと言える。

選挙区は国会議員選挙が各県と首都、県人民議会選挙が各郡となっている。定数は両議会ともに人口五万人に対して一議席となっているが、人口二〇万人以下の県は国会議員を五人とし、人口二〇万人以上の県は人口五万人ごとに一議席増やし、最大で一九人を超えないと定められている。各県の定数は五人から一九人となっており、いわゆる大選挙区制である。

一方、県人民議会選挙については、人口一五万人以下の郡は三人の議員を有し、一五万人以上の人口を有する郡は人口五万人ごとに一議席増加し、各県の議員数は一

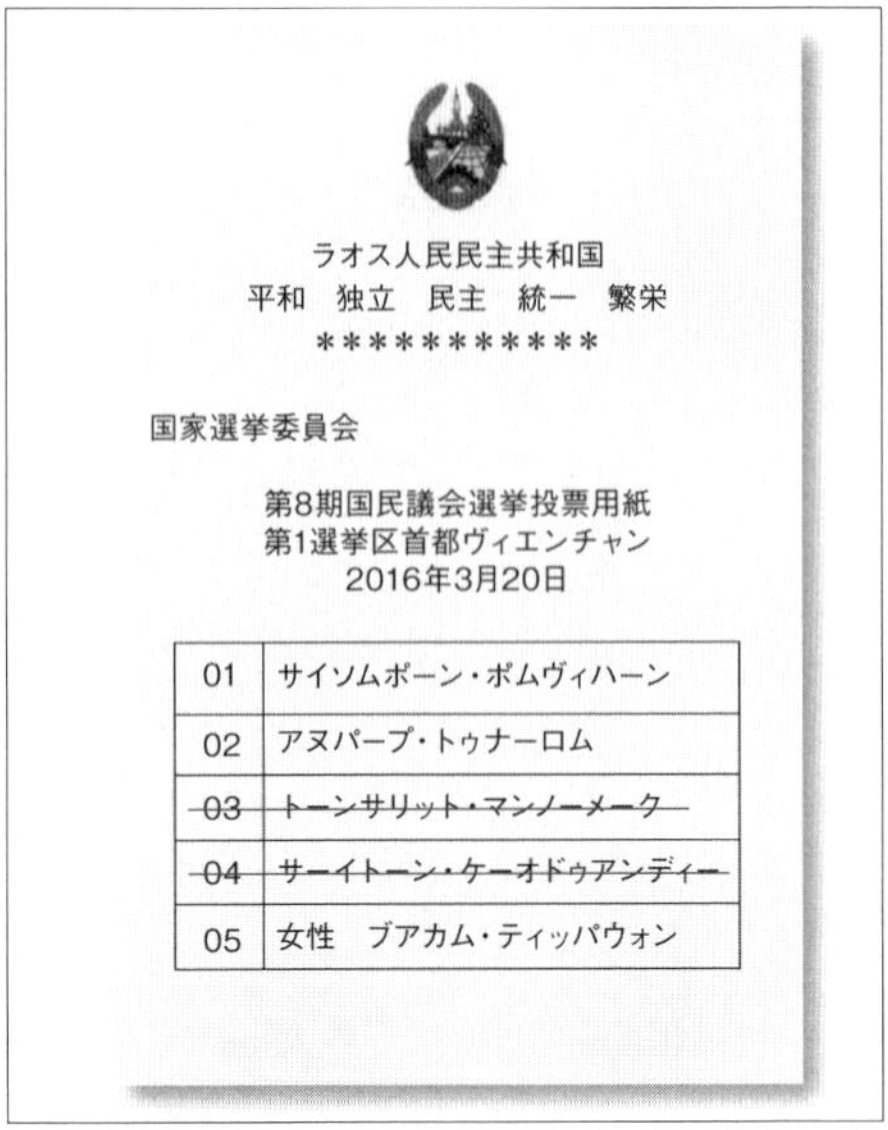
ラオス人民民主共和国
平和　独立　民主　統一　繁栄
＊＊＊＊＊＊＊＊＊＊＊＊

国家選挙委員会

第8期国民議会選挙投票用紙
第1選挙区首都ヴィエンチャン
2016年3月20日

01	サイソムポーン・ポムヴィハーン
02	アヌパープ・トゥナーロム
~~03~~	~~トーンサリット・マンノーメーク~~
~~04~~	~~サーイトーン・ケーオドゥアンディー~~
05	女性　ブアカム・ティッパウォン

図6-5　国会議員選挙投票用紙サンプル
（出所）実際の投票用紙を基に筆者作成。

五人を下回らないとなっている。そして選挙法第三九条は、「国家議員に選出され、地方選挙区に居住する者は県級人民議会議員を兼任する」とし、国会議員と県人民議会議員の兼任を認めた。実際に二〇一六年の選挙終了後、地方に居住する国会議員の一部が県人民議会議員を兼任している。

投票は完全連記制で行なわれ、有権者は定数分投票する。たとえば二〇一六年三月に行なわれた第八期国会選挙では、第一選挙区首都ヴィエンチャンの定数は一七議席、候補者は二四人いた。つまり有権者は二四人の中から定数の一七人に票を投じることになる。具体的には図6－5のように、有権者が投票用紙に記載されている候補者から、選出しない候補者の番号と氏名に線を引く消去法により投票が行なわれる。首都ヴィエンチャンの例で言えば、有権者は七人の番号・氏名に線を引き一七名を選出する。

投票は朝七時から夕方五時までであり、寺院や学校などに設けられた投票所で行なわれる（写真6－4）。場所によっては朝五時から投票を開始し、夜七時に締め切るところもある。ただし有権者が全員投票を済ませれば時間前に締め切り、開票を始める。

有権者は選挙前または当日に村長から配布される有権者証明書を持って指定された投票所に向かう（写真6－5）。投票所入口には立候補者の写真、氏名、入党日、革命参加日、学歴、職歴などが記載されたポスターが掲示され（写真6－6）、有権者はそのポスターを見ながら投票用紙に記入する（写真6－7）。また投票所によっては有権者名簿も掲示される（写真6－7の候補者ポスターの下段）。

写真6-4　選挙会場となったお寺。（撮影筆者）

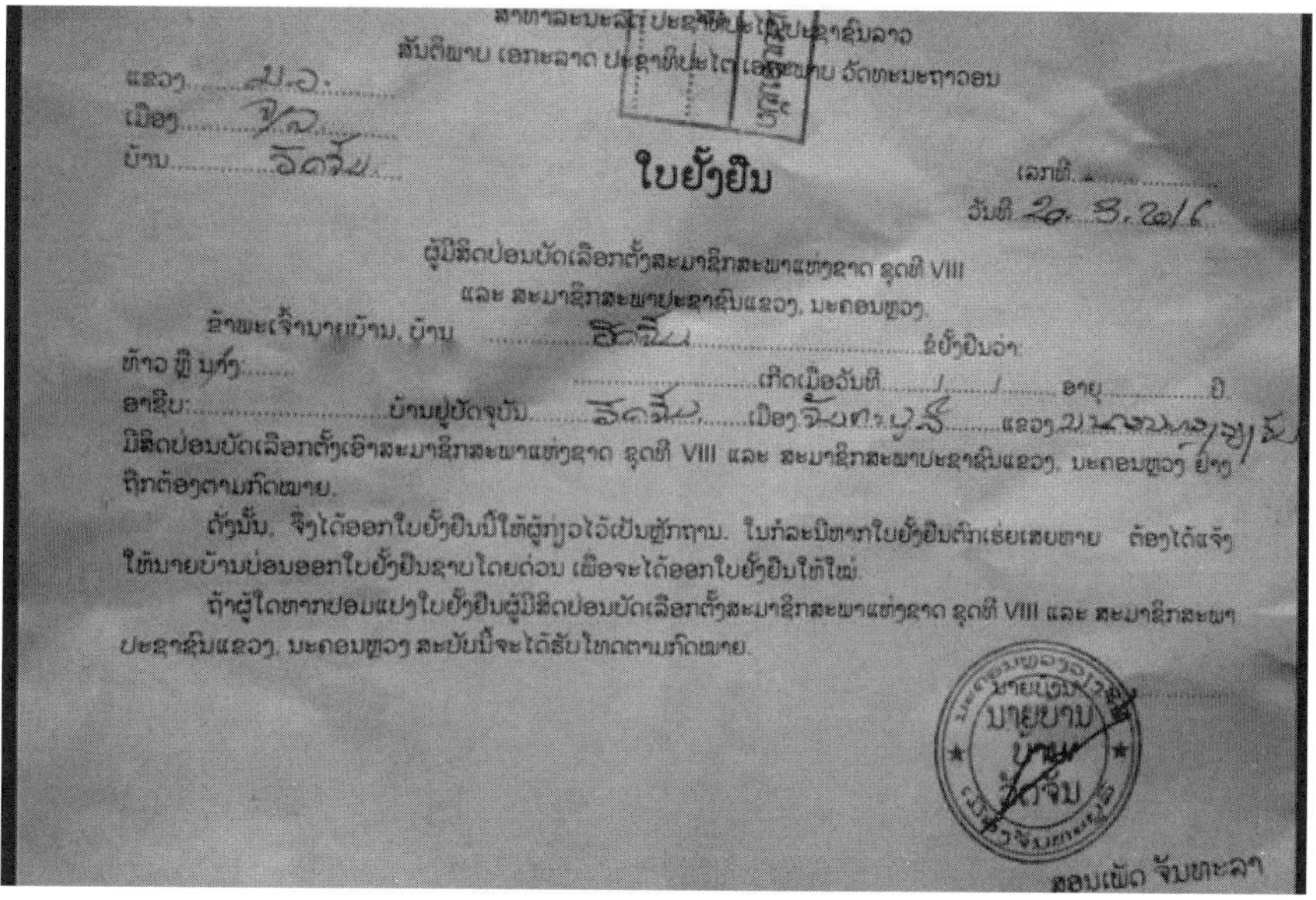

ສາທາລະນະລັດ ປະຊາທິປະໄຕ ປະຊາຊົນລາວ
ສັນຕິພາບ ເອກະລາດ ປະຊາທິປະໄຕ ເອກະພາບ ວັດທະນະຖາວອນ

ແຂວງ..........
ເມືອງ..........
ບ້ານ..........

ໃບຢັ້ງຢືນ

ເລກທີ..........
ວັນທີ 20. 3. 2016

ຜູ້ມີສິດປ່ອນບັດເລືອກຕັ້ງສະມາຊິກສະພາແຫ່ງຊາດ ຊຸດທີ VIII
ແລະ ສະມາຊິກສະພາປະຊາຊົນແຂວງ, ນະຄອນຫຼວງ

ຂ້າພະເຈົ້ານາຍບ້ານ, ບ້ານ .... ຂໍຢັ້ງຢືນວ່າ:
ທ້າວ ຫຼື ນາງ:.......... ເກີດເມື່ອວັນທີ ..../..../.... ອາຍຸ.......... ປີ
ອາຊີບ:.......... ບ້ານຢູ່ປັດຈຸບັນ.......... ເມືອງ.......... ແຂວງ..........
ມີສິດປ່ອນບັດເລືອກຕັ້ງເອົາສະມາຊິກສະພາແຫ່ງຊາດ ຊຸດທີ VIII ແລະ ສະມາຊິກສະພາປະຊາຊົນແຂວງ, ນະຄອນຫຼວງ ຢ່າງຖືກຕ້ອງຕາມກົດໝາຍ.

ດັ່ງນັ້ນ, ຈຶ່ງໄດ້ອອກໃບຢັ້ງຢືນນີ້ໃຫ້ຜູ້ກ່ຽວໄວ້ເປັນຫຼັກຖານ. ໃນກໍລະນີຫາກໃບຢັ້ງຢືນຕົກເຮ່ຍເສຍຫາຍ ຕ້ອງໄດ້ແຈ້ງໃຫ້ນາຍບ້ານບ່ອນອອກໃບຢັ້ງຢືນຊາບໂດຍດ່ວນ ເພື່ອຈະໄດ້ອອກໃບຢັ້ງຢືນໃຫ້ໃໝ່.

ຖ້າຜູ້ໃດຫາກປອມແປງໃບຢັ້ງຢືນຜູ້ມີສິດປ່ອນບັດເລືອກຕັ້ງສະມາຊິກສະພາແຫ່ງຊາດ ຊຸດທີ VIII ແລະ ສະມາຊິກສະພາປະຊາຊົນແຂວງ, ນະຄອນຫຼວງ ສະບັບນີ້ຈະໄດ້ຮັບໂທດຕາມກົດໝາຍ.

ນາຍບ້ານ

ສອນເພັດ ຈັນທະລາ

写真6-5　有権者証明書。（撮影筆者）

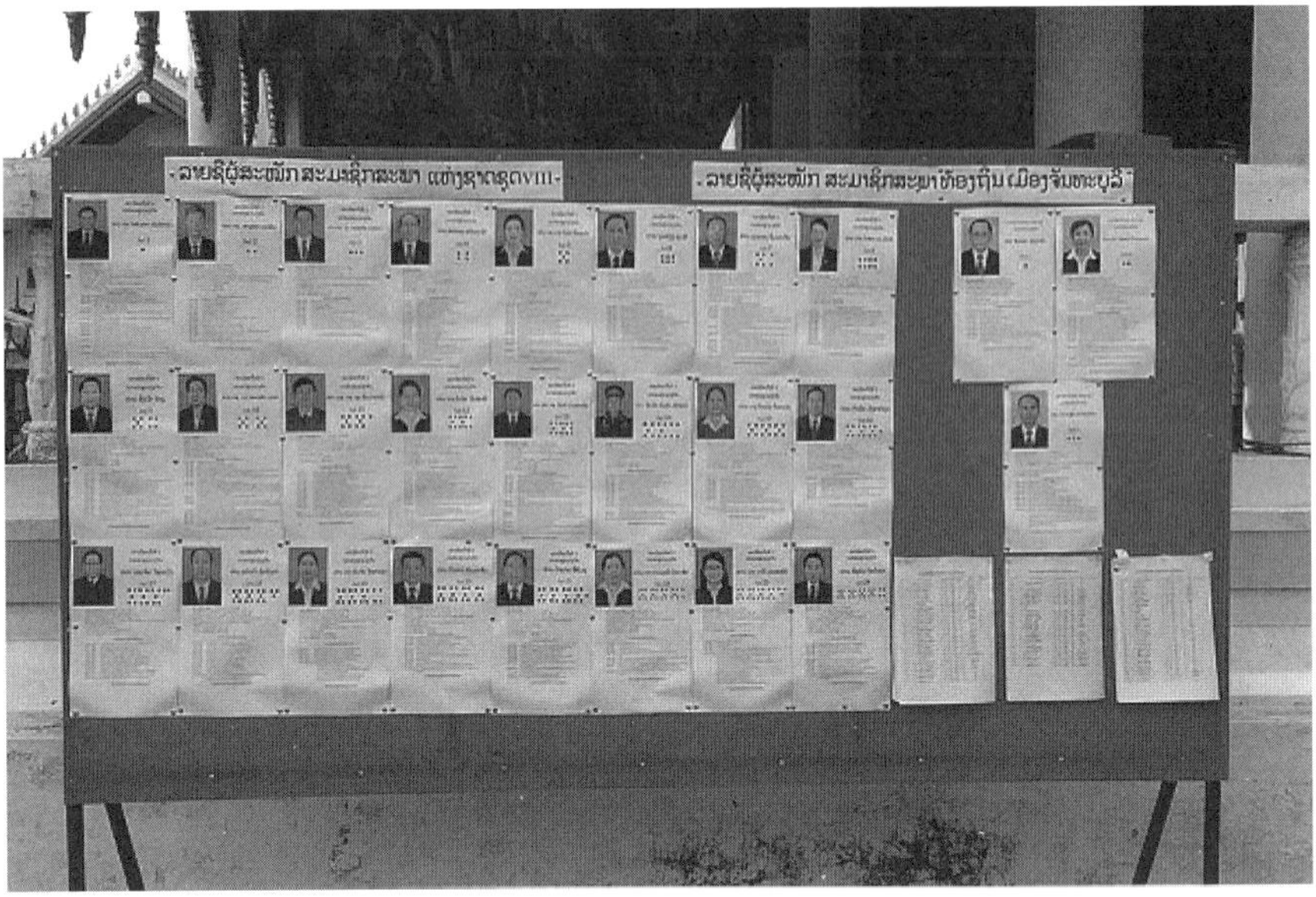

写真6-6　首都ヴィエンチャンの投票所に貼られた国会選挙と県人民議会選挙候補者ポスター。（撮影筆者）

写真6-7　投票用紙を手に候補者ポスターを見る有権者。（撮影筆者）

投票を終えると選挙委員が名簿にある有権者の氏名に線を引くため、誰が投票していないかが一目瞭然となる。そして午後になるとそのリストを基に、選挙委員が未投票の有権者を呼びに行く。投票は強制ではないが、投票に行かない場合は後に村長が必要書類に署名をしないなど「嫌がらせ」を受けることもある。とにかく投票することが重要であり、父親や母親が家族内の有権者の票をまとめて投票することもある（写真6－8）。

また病気などの理由で投票所に行くのが難しい場合は、

選挙委員が投票箱を持って有権者宅や病院を訪問する。さらに、道路アクセスが難しい村や山岳地域にはヘリコプターで投票箱を運ぶこともある。そこまでして投票を「強制」するのは投票率を一〇〇％に近づけ、国民が体制に信頼を置いていることを示すためである。

投票が締め切られると、その場で開票が行なわれ、用意されたボードに各候補者の得票数が書き込まれる（写真6－9）。各県で集計が行なわれた後、国家選挙委員会の最終承認を経て投票結果が約一週間後に公表される。

写真6-8　投票。（撮影筆者）

写真6-9　開票結果が書かれたボード。（撮影筆者）

②選挙候補者選出過程

選挙は国家主席によって任命される「国家選挙委員会」が統括する。表6－3は二〇一六年の第八期国会議員選挙の際の国家選挙委員会名簿である。表からは委員が党中央指導幹部で占められていることがわかる。各県に設置される「地方選挙委員会」も地方党幹部によって占められている。つまり選挙は党の管理下で行なわれる。

国家選挙委員会は選挙数ヵ月前に議員定数や候補者数、また中央と地方所属候補者の内訳を定める。国会議員候補者は通常、中央機関に所属し国家選挙委員会から選挙区を割り当てられる「中央候補者」と、地方機関に所属し地方選挙委員会から選出される「地方候補者」に分かれている。中央と地方所属候補の内訳とはその配分を意味する。表6－4は第八期国会選挙の各県の定数と候補者数、表6－5は県人民議会選挙の定数と候補者数である。

また国家選挙委員会は民族、性別、各部門の代表が適切な割合になるよう方針を定める。そして各地方選挙委員会はその方針に沿って候補者の選定を行なう。一方、県人民議会選挙候補者は県内の人材から選出され中央候補者はいない。

表6-3　第８期国会選挙国家選挙委員会名簿

	氏名	党・国家機関における役職(選出時)
1	ブンニャン・ウォーラチット委員長	党政治局員、書記局常任、国家副主席
2	パニー・ヤートートゥー副委員長・常任＊	党政治局員、国会議長
3	ソムパン・ペンカムミー委員	党中央執行委員、国会副議長
4	チャンシー・ポーシーカム	党書記局員、党中央組織委員会委員長
5	セーンヌアン・サイニャラート	党書記局員、国防大臣
6	ボーセンカム・ウォンダーラー	党中央執行委員、情報・文化・観光大臣
7	キケーオ・カイカムピトゥーン	党中央執行委員、党中央宣伝・訓練委員会委員長
8	ソーンサイ・シーパンドーン	党中央執行委員、政府官房長官
9	ソムケーオ・シーラウォン	党中央執行委員、公安大臣
10	パーン・ノーイマニー	党中央執行委員、ラオス労働連盟議長
11	リアン・ティケーオ	党中央執行委員、財務大臣
12	カムバイ・ダムラット	党中央執行委員、ラオス国家建設戦線議長代行
13	ダーウォーン・ワーンウィチット	国会常務委員、国会法務委員会委員長
14	ソムポーン・ケーオミーサイ	国家退役軍人協会会長
15	インラーワン・ケーオブンパン＊	ラオス女性同盟議長
16	ソーンタヌー・タムマウォン	ラオス人民革命青年同盟書記長
17	カムウアン・チャンタノン	中央検査委員会副委員長

(注) ＊は女性。
(出所) Pathaan patheet (2015) を基に筆者作成。

選挙法では、地方の党組織、国家組織、国家建設戦線、大衆組織や社会組織が自らの組織を代表する候補者を地方選挙委員会に提案し、中央部門組織や国家機関は候補者を国家選挙委員会に提案すると定められている。つまり候補者は組織の推薦を受けなければならず、個人が自由に立候補できるわけではない。事実、候補者ポスターを見ると必ず推薦組織名が記されている。

以下、具体的に地方での国会議員候補者選出過程を見よう。

第一は「集中型」と呼ばれ、県選挙委員会が県指導層と協力しながら選定する方法である。県選挙委員会は国家選挙委員会の方針に沿って所属部門、男女比、少数民

表6-4　第８期国会議員選挙候補者数と定数

選挙区	県・首都名	候補者内訳			定数
		中央	地方	合計	
1	首都ヴィエンチャン	6	18	24	17
2	ポンサーリー	2	5	7	5
3	ルアンナムター	3	4	7	5
4	ウドムサイ	3	7	10	7
5	ボーケーオ	2	5	7	5
6	ルアンパバーン	4	11	15	10
7	サイニャブーリー	3	9	12	8
8	フアパン	3	7	10	7
9	シェンクアーン	2	7	9	6
10	ヴィエンチャン	4	9	13	9
11	ボーリカムサイ	2	7	9	6
12	カムアン	3	8	11	8
13	サワンナケート	9	17	26	19
14	サーラワン	3	8	11	8
15	チャンパーサック	6	13	19	14
16	セーコーン	2	5	7	5
17	アッタプー	2	5	7	5
18	サイソムブーン	2	5	7	5
	合計	61	150	211	149

（注）中央と地方の内訳は候補者の所属、推薦組織を基に筆者が集計した数値である。
（出所）*Pasaason*, February 8, 2016.

表6-5　県・首都人民議会選挙候補者数と定数

選挙区	県・首都名	候補者数	定数
1	首都ヴィエンチャン	27	18
2	ポンサーリー	25	18
3	ルアンナムター	17	12
4	ウドムサイ	24	17
5	ボーケーオ	17	12
6	ルアンパバーン	42	30
7	サイニャブーリー	39	28
8	フアパン	36	26
9	シェンクアーン	24	17
10	ヴィエンチャン	39	28
11	ボーリカムサイ	24	17
12	カムアン	35	25
13	サワンナケート	50	35
14	サーラワン	27	19
15	チャンパーサック	32	22
16	セーコーン	16	12
17	アッタプー	17	12
18	サイソムブーン	17	12
	合計	508	360

（出所）*Pasaason*, February 8, 2016.

族の割り当て等を決め、それに基づき候補者を選定する。その後、その人物の評判や素行を確認するため同僚から意見聴取を行なうこともある。つまりトップダウンで候補者を選定する方法である。

第二は「民主主義型」である。これは地方選挙委員会が各組織に人数割り当てを与え、その組織が候補者を選ぶ方式で主に二つの方法がある。一つは、当該組織の指導層が職員の意見に基づきながら候補者を選定する方法であり、もう一つは、職員に適切と思われる人物の氏名を書かせる記入方式である。第一次候補者決定後、指導部が協議し最終候補者を決定するか、もしくは組織内で投票を実施し最終候補者を決定する。つまりボトムアップで候補者を選ぶ方式と言える。

第三は自分で立候補申請する「独立型」である。独立候補は立候補要望書を作成し選挙委員会に届けるが、先述のように候補者はいずれかの組織の推薦が必要である。つまり推薦組織を見つけなければならない。推薦組織さえ見つかれば、自ら手を挙げて立候補することは可能である。

以上のような方法で選ばれた候補者は県選挙委員会で数回のスクリーニングを経た後、県レベルで党執行委員、各部門局長、郡党書記等、県の主要幹部が参加する諮問会議で審査を受ける。最終候補者リストは県党常務委員会の承認後に国家選挙委員会に送られる。

一方、中央でも地方とほぼ同様の過程で候補者が選出される。そして国家選挙委員会は中央選出候補者に選挙区を割り当て、全候補者の告示を投票日四五日前までに行なう。

③国会選挙における党の意向

表6−6は一九九二年の第三期国会選挙から二〇一六年の第八期国会選挙までの定数、候補者数、倍率、民族構成等の概要である。表からは国会選挙のいくつかの特徴を読み取れる。

第一は、二〇年間で定数と候補者数が増える一方で、倍率が一・八八倍から一・四二倍に低下していることである。このように低い倍率で大選挙区完全連記制を実施すれば、党が選挙結果をある程度コントロールすることができる。

たとえば直近の第八期国会選挙の首都ヴィエンチャン

表6-6　第３期〜第８期国会選挙の候補者概

	第3期（1992年）	第4期（1997年）	第5期（2002年）	第6期（2006年）	第7期（2011年）	第8期（2016年）
定数	85人	99人	109人	115人	132人	149人
立候補者総数	154人	160人[1)]	166人	175人	190人	211人[4)]
倍率	1.81倍	1.62倍	1.53倍	1.52倍	1.44倍	1.42倍
中央候補者	34人（22.1%）	32人（20.0%）	35人（21.1%）	43人（24.6%）	47人（24.7%）	61人（28.9%）
地方候補者	120人（77.9%）	128人（80.0%）	131人（78.9%）	132人（75.4%）	143人（75.3%）	150人（71.1%）
現職国会議員	20人（13.0%）	41人（25.6%）	51人（30.7%）	46人（26.3%）	45人（23.7%）	48人（22.7%）
女性候補者	16人（10.4%）	28人（17.5%）	32人（19.3%）	39人（22.3%）	47人（24.7%）	50人（23.7%）
ラオ・ルム[2)]	108人（70.1%）	113人（70.6%）	114人（68.7%）	133人（76.0%）	140人（73.7%）	162人（77.5%）
ラオ・トゥン	29人（18.8%）	29人（18.1%）	36人（21.7%）	26人（14.9%）	28人（14.7%）	25人（12.0%）
ラオ・スーン	17人（11.0%）	18人（11.3%）	16人（9.6%）	16人（9.1%）	22人（11.6%）	22人（10.5%）
45歳以下[3)]	62人（40.3%）	48人（30.0%）	35人（21.1%）	24人（13.7%）	26人（13.7%）	26人（12.3%）
46歳〜50歳	39人（25.3%）	30人（18.8%）	45人（27.1%）	50人（28.6%）	42人（22.1%）	46人（21.8%）
51歳〜55歳	24人（15.6 %）	47人（29.4%）	43人（25.9%）	52人（29.7%）	58人（30.5%）	57人（27.0%）
56歳〜60歳	18人（11.7%）	24人（15.0%）	27人（16.3%）	33人（18.9%）	43人（22.6%）	56人（26.5%）
61歳以上	11人（7.1%）	11人（6.9%）	16人（9.6%）	16人（9.1%）	21人（12.1%）	26人（12.3%）
平均年齢	48歳	50歳	51歳	52歳	52歳	53歳
学士修了	24人（15.6%）	34人（21.4%）	25人（15.1%）	32人（18.3%）	55人（29.0%）	67人（31.8%）
修士修了	3人（2.0%）	6人（3.8%）	14人（8.4%）	22人（12.6%）	36人（18.9%）	67人（31.8%）
博士修了	1人（0.6%）	3人（1.9%）	11人（6.6%）	19人（10.9%）	22人（11.6%）	28人（13.3%）

（注）1）第4期の候補者は当初160人と発表されたが、その後第4選挙区ウドムサイ県で候補者番号7番カムピアン候補がリストから外れたため投票時には159人であった。
2）これは一般的な民族名称であり、公式名称としてはすでに使用されていない。現在のラオスの公定民族数は49であるが、一般的にはいまだに大分類として低地ラオ（ラオ・ルム）、山腹のラオ（ラオ・トゥン）、山頂のラオ（ラオ・スーン）と居住地の高低によって3つに分けられる。第7期選挙からはこの分類による発表はなくなり、民族名称や語族による分類が発表されるようになったが、比較のために筆者自身が3分類に直した。第8期は2人の候補者の民族分類が不明であるため母数を209人として割合を算出している。
3）年齢は候補者発表時点。
4）当初は211人と発表された。しかし選挙前に第17選挙区アッタプー県候補者番号2番ウィサイ候補が死亡し、候補者の補充がなされなかったため投票時は210人となった。

（出所）*Pasaason*, November 14-December 8, 1992; October 23-November 28, 1997; March 2, April 3-10, 2006; March 3, April 1-18, 2011, Khana kammakaan leuak tang ladap saat (2011), Pathaan patheet (2016), *Phouthen Paxason*, March 7-9, No.301, 2016を基に筆者作成。

の倍率は一・四一倍である。したがって女性を三人当選させようと思えば、女性候補者を五人以上立てればよい計算となる。つまりある特定分野の議員を増やそうと思えば、各選挙区で当該分野の候補者を複数立てればよいのである。

第二は、女性候補者や高学歴者が増えたことを除けば、候補者の基本的構成がほとんど変わっていないことである。中央候補者の比率は二〇～三〇%、地方候補者の比率は七〇～八〇%とほぼ一定している。民族構成は若干の幅があるが、ラオ・ルムが約七〇%前後、ラオ・トゥンとラオ・スーンは合わせて三〇%前後であり、年齢構成も平均四八歳から五三歳とほぼ一定している。

そして第三期から第八期の選挙結果を見ると、中央候補者の比率は三一～三七%、地方候補者の比率は六三～六九%とほぼ一定の割合を維持している。

女性議員の割合も第四期以降は約二一～二七%で推移している。民族構成は若干の幅があるが、候補者の割合と同様にラオ・ルムが七〇～八〇%前後、ラオ・トゥンとラオ・スーンは合わせて二〇～三〇%前後となっている。つまり候補者の構成をコントロールするとともに、倍率を低くし大選挙区完全連記制とすることで、選挙結果に党の意図を反映させていると考えられる。

結果に党の意図が反映されているのは年齢や民族構成だけではない。候補者の属性もある程度コントロールしている。図6―6は第三期から第八期選挙までの候補者を役職別に分類したものである。図からは第三期から第八期までほぼ同じ山を描いていることがわかる。つまり党は候補者の属性さえもある程度一定に維持していると言える。この背景には、国会にあらゆる分野を代表させようという思想がある。

とはいえ図6―6ではその時々で大きなずれも観察できる。時期によっては中央の指導幹部を増やし、また異なる時期には県副知事や県党常務委員等の地方指導幹部が増えている。具体的に過去三回の選挙を例に見てみよう。

図6―7は第六期～第八期国会選挙の候補者の役職別比較である。第七期選挙（二〇一一年）では、県指導幹部（県党副書記、県副知事、県党常務委員など）の割合が低下し、反対に地方や村など末端レベルの実情に詳しい郡指導幹部、地方国会事務所関係者、建設戦線・大衆組織の候補者が増加した。これには、国会議員が人民と密接な関係

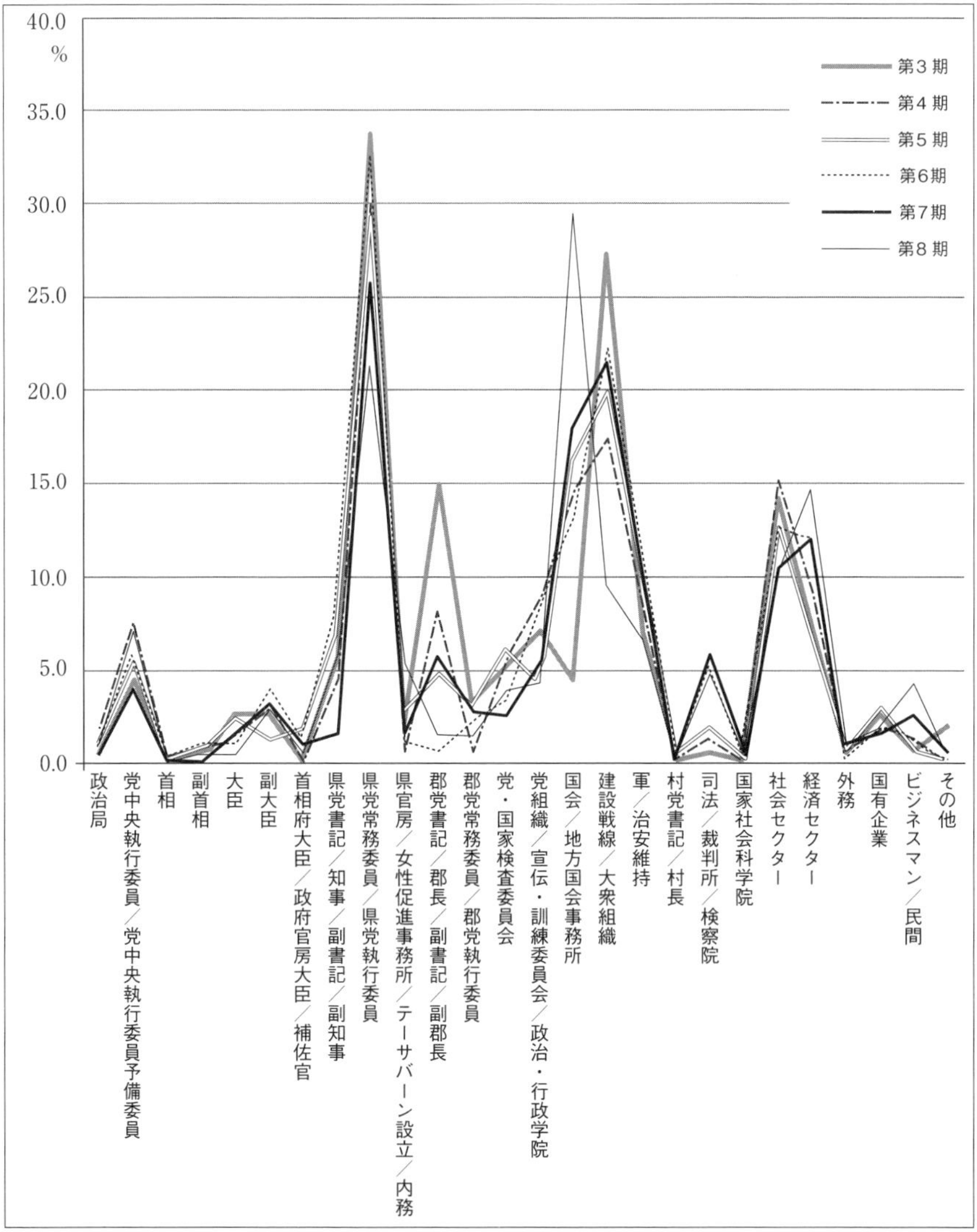

図6-6　第３期〜第８期国会選挙における役職別候補者割合

（注）1）1人で複数の役職を兼務しているため人数は延べ人数としている。また，役職は選挙候補者リスト掲載時点に基づいている。

2）社会セクターには情報・文化，労働・社会福祉，保健，教育，スポーツ・体育セクターの組織が含まれる。

3）経済セクターには計画・投資，工業・商業，財務，手工業，農業，通信・運輸・郵便・建設，科学・技術，天然資源・環境，エネルギー・鉱業，郵便・テレコミュニケーション，観光，土地管理，金融セクター，また商工会議所とコーヒ輸出協会が含まれる。

4）テーサバーン設立とはテーサバーン設立委員会のことである。

（出所）*Pasaason*, November 14-December 8, 1992; November 17-28, 1997; January 29-February 1, 2002; April 3-10, 2006; April 1-18, 2011, *Phouthen Paxason*, March 7-9, No.301, 2016を基に筆者作成。

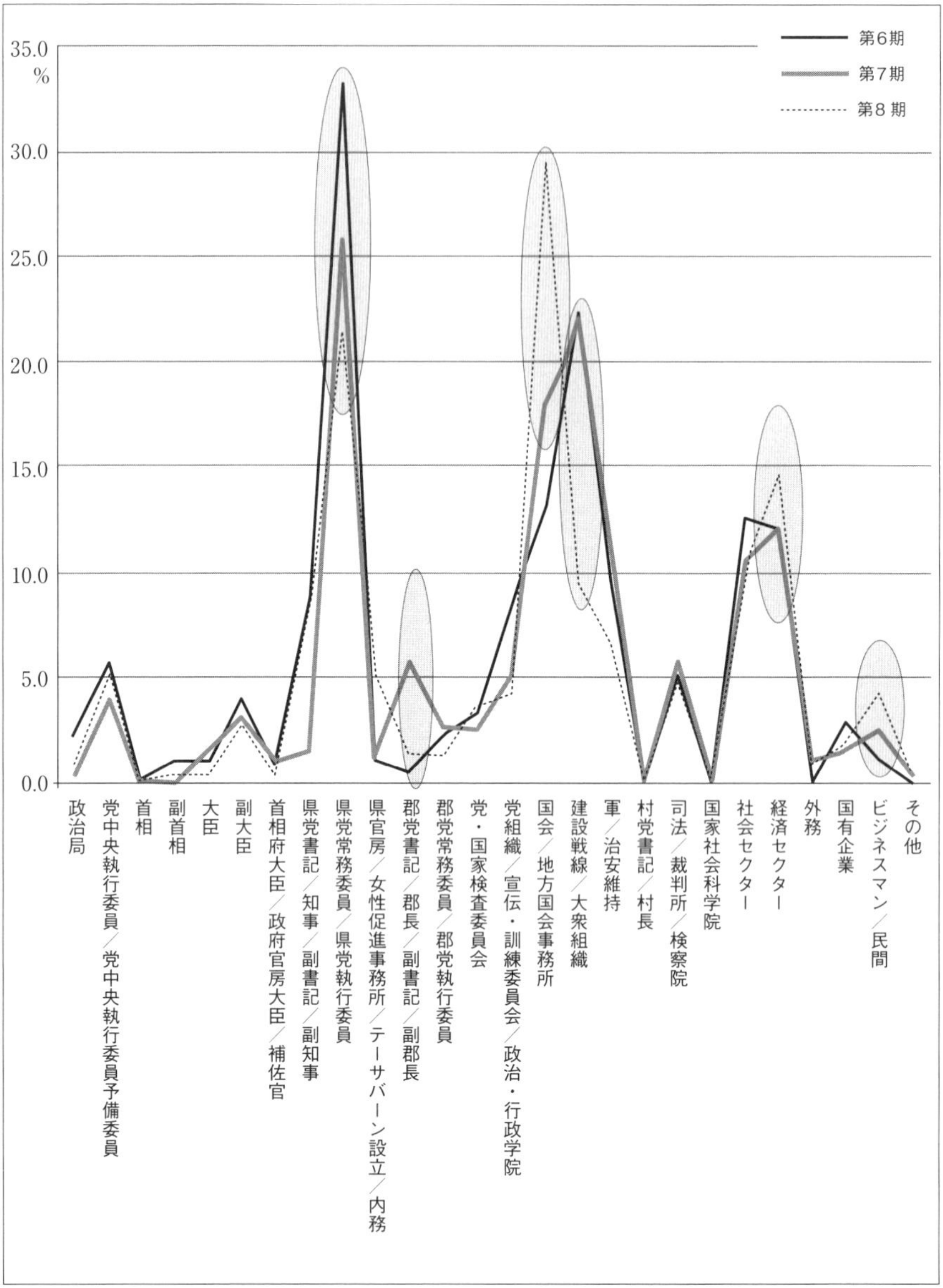

図6-7 第6期～第8期国会選挙の役職別候補者割合
(注) 1人で複数の役職を兼務しているため人数は延べ人数としている。また，役職は選挙候補者リスト掲載時点に基づいている。
(出所) *Pasaason*, April 3-10, 2006; April 1-18, 2011, *Phouthen Paxason*, March 7-9, No.301, 2016を基に筆者作成。

を築くことで末端レベルの意見を国会に反映させる狙いがあった。第八期国会選挙前にメディアのインタビューに答えたソムプー国会社会・文化委員会副委員長も、前回選挙で大衆組織から候補者が増えたのは、議員が選挙区での活動に時間を割けるようにするためだと述べている。

一方、第八期選挙では県人民議会が設立されたため、末端の意見を国会に伝達する役割を担っていた建設戦線・大衆組織からの候補者が減少し、県指導幹部、国会分科委員会の役職者、国会内の部局長、地方選挙区常任議員、地方国会事務所などの国会関係機関、そして省庁から多数の候補者が出された。県人民議会が設立されたことで地方住民の意見は同議会に吸収され、国会は憲法規定にあるように「国家の基本的重要問題」を扱うことを期待されている。そこで、国会審議や立法過程など国会運営を円滑に進めるため、国会業務に詳しい関係者を増やしたと考えられる。

とはいえ県の意見を国会に上げる必要性がなくなったわけではない。そこで県指導幹部を増やし、かつ一八県(＝選挙区)すべてにおいて県党副書記を候補者とした。副書記は県内の問題を熟知している。彼らは結果的に全員当選し、そして各県の人民議会議長も兼任することになった。つまり国会と県人民議会の橋渡し役を期待されているのである。

さらに経済関係の省庁や民間企業家も若干増えた。特に経済部門の中でも前回は一人もいなかった商工会議所からの候補者が四人となっている。わずかな人数だが、これまでもっとも多くなった民間企業家九人と合わせれば、党がビジネス部門を重視していることがうかがえる。

以上からは、第八期国会選挙では国会に末端レベルの意見を反映させようという前回選挙から方針を転換し、国政問題を扱うために専門的で質が高く、また円滑な国会運営を行なうための人材を候補者に選定したと言える。先のソムプー国会社会・文化委員会副委員長は政府部門からの候補者が増加したことで、国会は幅広い知識と専門性を備えるようになり、問題を包括的かつより深く議論できると述べている。そして国会と県をつなぐチャンネルも確保した。このように党は時々の経済・社会状況や必要性に応じて、巧みに候補者の属性を変化させているのである。では党の意図は結果に反映されたのだろうか。

表6-7は第八期国会選挙の候補者割合と結果である。党の意図は完全ではないものの、ほぼ結果に反映されていることがわかる。ラオスの選挙とは国民が自由かつ競争的選挙によって自らの代表を選出するのではなく、党の意思を国家の意思に反映させるための手段と言える。

しかしそうであっても、民族構成や女性の割合、また各分

表6-7　第８期国会議員選挙候補者割合と結果

	候補者		結果	
	人数	割合	人数	割合
中央指導部				
政治局	2	1.0%	2	1.3%
党中央執行委員／党中央執行委員会予備委員	12	5.7%	12	8.0%
首相	0	0.0%	0	0.0%
副首相	1	0.5%	1	0.7%
大臣	1	0.5%	1	0.7%
副大臣	6	2.8%	5	3.4%
首相府大臣／政府官房大臣／補佐官	1	0.5%	1	0.7%
県・郡指導部				
県党書記／知事／副書記／副知事	19	9.0%	19	12.8%
県党常務委員／県党執行委員	45	21.3%	38	25.5%
県官房／女性促進事務所／テーサバーン設立／内務	11	5.2%	8	5.4%
郡党書記／郡長／副書記／副郡長	3	1.4%	2	1.3%
郡党常務委員／郡党執行委員	3	1.4%	2	1.3%
党機関				
党・国家検査委員会	8	3.8%	2	1.3%
党組織／宣伝・訓練委員会／政治・行政学院	9	4.3%	7	4.7%
国会／地方国会事務所	62	29.4%	54	36.2%
建設戦線・大衆組織	20	9.5%	12	8.1%
軍／治安維持	14	6.6%	10	6.7%
その他部門				
村党書記／村長	0	0.0%	0	0.0%
司法／裁判所／検察院	10	4.7%	4	2.7%
国家社会科学院	1	0.5%	0	0.0%
社会セクター	22	10.4%	14	9.4%
経済セクター	31	14.7%	20	13.4%
外務	2	1.0%	2	1.3%
国有企業	4	1.9%	2	1.3%
ビジネスマン／民間	9	4.3%	5	3.4%
その他	1	0.5%	1	0.7%

(注) 人数は複数の役職に基づく延べ人数であり，それを基にした割合である。
(出所) *Pasaason*, April 1-18, 2011, *Phouthen Paxason*, March 7-9, No.301, 2016を基に筆者作成。

野から代表を募っていることで社会の多様性は反映されている。また国民の側も候補者に汚職などの噂があれば、たとえ有名な党幹部であっても投票せず落選させる。国民は限られた選択肢の中でもしっかりと意思表示しているのである。

④県人民議会選挙における党の意向

県人民議会選挙も完全連記制であり、有権者は定数分票を投じることになる。しかし国会議員選挙と異なり各選挙区の候補者数が少ないため（三人～五人）、特定の候補者数を増やして結果をある程度コントロールすることは難しい。とはいえ党は一定の狙いを持って候補者を選定している。以下では首都ヴィエンチャンの例を中心に見てみよう。

首都ヴィエンチャンには九の選挙区（＝郡）がある。各郡の定数は二、候補者は三人となっている。候補者二七人のうち女性は九人であり、県部門から八人、郡レベルからは一一人、残りは国有・民間企業人であり、平均年齢は四八歳であった。候補者の属性を見ると、各郡の候補者には必ず郡党副書記または郡党常務委員・執行委員が入っている。したがって、各郡から党指導幹部を県人民議会に選出しようという党の意図がうかがえる。

これは、全国ほぼすべての郡（＝選挙区）でも同様である。郡党指導幹部は郡内のあらゆる問題を議論する立場にある。県人民議会に各郡の意見を反映させる役割としてはまさに適任と言える。そして首都ヴィエンチャンでは党の狙いどおり各郡で郡指導幹部が当選した。

第二の特徴は、国有企業二人、民間企業六人とビジネス部門から八人が候補者となっていることである。これに加えて計画・投資局副局長が候補者となっており、経済部門の候補者が目立つ。特に首都ヴィエンチャンは国家経済の牽引役であり、国内外企業の投資環境整備が重要課題となっている。しかし結果は九人のうち七人が落選した。民間企業家二人が当選したとはいえ、経済部門の議員を増やすことはできなかった。

第三の特徴は、人民裁判所長官と首都第一区検察院長が候補者となっていることである。前者は首都全体を管轄し都内の事件や犯罪について精通している。一方後者は都内の中心地区シーコータボーン郡、郊外のナーサーイトーンとサントーン郡を担当する検察の長である。経済発展に伴い首都では治安が悪化し、さまざまな事件が発生している。そのため裁判所と検察院から議員を輩出し、議会での議論をサポートする狙いだと考えられる。

今回の選挙では九郡から二人ずつ当選し、全部で一八人の議員が誕生した。しかし選挙法では少なくとも各郡は三人の議員を有すると定められている。つまり選挙結果は選挙法の規定を満たさないことになる。

一方、先述のように、選挙法は国会議員と県人民議会議員の兼任を認めている。二〇一六年五月一八日に開催された首都ヴィエンチャン人民議会第一回会議では、一〇人の国会議員が県人民議会議員を兼任することが明らかになった。そしてその一〇人が各郡に配分され（サイターニー郡は人口が多いため国会議員二人を配分）、各郡は三人の定数を満たしたのである。

このような方法は各県共通であり、選挙で満たない各郡の定数は、選挙後に一部の国会議員を兼任させることで埋められた。言い換えれば、一部国会議員を県人民議会議員兼任とするために、あえて選挙で定数を満たさなかったのである。

兼任させる理由はいくつかある。

第一は、両議会を兼任することで、国会の意見を県に、また県の意見を国会に伝える橋渡し役とするためである。

第二は議員構成の調整である。首都ヴィエンチャンの兼任一〇人の属性を見ると、党中央執行委員兼県党副書記、第一選挙区国会事務所、教育・スポーツ部門、党組織委員会、農林部門、軍司令部、水道公社、商工会議所、民間企業家、司法部門などとなっている。その上で改めて県人民議会議員全員の属性を見ると、首都党副書記、党常務委員、党執行委員、党組織委員会、党宣伝・訓練委員会、軍、治安維持、教育、保健、農林、情報・文化・観光、女性同盟、青年同盟、商工会議所、国有企業、裁判所、検察院、司法と、都内の経済・社会問題を審議するために必要な部門から満遍なく代表が選出されたことがわかる。

選挙では企業家の多くが落選したが、国会議員を務める民間企業家や国有企業家など三人が県人民議会議員を兼任することになり、埋め合わせが行なわれた。つまり、選挙後に一部の国会議員に県人民議会議員を兼任させることで、県人民議会の構成を調整しているのである。

また先述のように、すべての県において国会議員を務める県党副書記が県人民議会議員を兼任し、かつ県人民議会議長に就任した。県内のあらゆる問題を審議する立場にある県党副書記が国会議員と県人民議会議長を兼務することで、国会の議論を県に、県の議論を国会に伝えることができ、国会と県人民議会が効率的に連携できるようになる。そして、県党副書記を通じて党が議会をコントロールすることも可能となる。

　二〇一六年に設立された県人民議会は、二〇一八年五月までに四回の会議を開催した。一部の県では県独自の規定などを制定し、また県民が意見や提案を議会に伝達できるホットラインも設置している。今では県内のほぼすべての問題は県人民議会で審議される。中には県人民議会を通過しない人事案件等もあるが、開発プロジェクトについては県人民議会が承認しない案件はほぼ実施できなくなった。

　国会が中央で政治アクターとして重要になっているのと同様に、地方でも議会の役割が高まりつつある。

国会の役割

「ゴム印機関」から国民の代表機関へ

かつて国会は党の意思を追認し、単に法律や計画に判子を押すだけの「ゴム印機関」と言われていた。特に一九八〇年代は国会会期が数日間と非常に短く、立法機関として機能していたとは言い難い。国会が立法機関として機能するようになるのは、市場経済化が本格化する一九九〇年代に入ってからである。

　そして二〇〇〇年代に入り、党は国会を「真の」国民の代表機関として機能させるため改革に着手した。この背景には経済格差、党・国家幹部の汚職や不正、開発プロジェクトに絡む土地紛争などが拡大し、国民の不満が高まったことがある。

　党は二〇〇一年に開催された第七回党大会において、国民と密接な国会を構築するとの方針を定めた。そして二〇〇三年に改正された憲法では国会の位置付けを変更した。一九九一年憲法は国会を人民の代表機関であり（第四条）、国家の基本的問題を決定する立法機関（第三九条）と定めていた。それが二〇〇三年改正憲法では、国会は立法機関に加えて「諸民族人民の権利と利益の代表機関」（第五二条）となった。些細な変化だが、これにより国会が誰を代表し、また何を代表するのか、その位置づけと役割が明確になったのである。

これを受けて国会は、二〇〇五年に国民の権利と利益を守るため、ホットラインと不服申し立て制度を整備する。以下二つの制度について詳しく見みよう。

①ホットライン

ホットラインとは、国会会期中に限り設置される専用電話回線、Eメール、ファックス、私書箱であり、国民がそれらのチャンネルを通じて国会に対して自由に意見を伝達できる制度である。二〇一六年に設立された県人民議会でも一部の県でホットラインが設置されている。

ホットラインは当初、国会で審議中の法案や問題に対して国民から意見を聴取する目的で導入された。しかし現在では、政府の政策批判、土地紛争、汚職問題、環境問題などから、近所の騒音や個人の就職問題まで、ありとあらゆる意見や要望が国民から寄せられている。

導入当初は警戒心からか、また制度を知らない人も多かったため、ホットラインを活用する国民は一回の会期（約二週〜三週間）で一〇〇人にも満たなかった。自由に意見を伝えることが可能な制度だとしても、仮に政府に批判的なことを言えば不利益を被るのではないかと考える人もいた。

しかし実際に国会で国民の意見を背景に議員が政府に対して厳しい質問を投げかけ、閣僚が答弁を行なう姿がメディアなどを通じて国民に知れ渡ると、徐々に制度への信頼が高まり、二〇一五年七月の国会では一二〇〇件以上の電話があった。手紙やEメールでも意見は寄せられている。また議員が村々を訪問した際にも村人が意見や問題を伝えている。

国民は意見表明の際に氏名や住所を明らかにする必要はない。しかし国会がまとめたホットラインの資料を見ると、実名と住所を名乗って政府批判を行なっている者もいる。ただしそのような人々がその後何らかの不利益を被ったという話は聞かない。正直に意見を言った者が不利益を被る制度では、誰もホットラインを活用せず、党や政府も国民の正直な意見や不満を把握することはできない。つまりホットラインは国家と国民の間の信頼関係で成り立つ制度なのである。

当初、ホットラインへの対応方法は大きく二つあった。一つは、会期中に配布されるリストを基に議員が重要と思われる問題を国会の場で取り上げ、政府関係機関に問題解決を促すことである。質疑や大臣答弁の様子はすべてではないがテレビやラジオ、また新聞を通じて報道されるため、国民は問題への政府対応を知ることができる。

たとえば、警察が検問を行なって国民から不適切な料金を徴収している問題に対して、国民がホットラインを通じて不満を訴えた。これは長年国民の間で指摘されていた問題である。現在ではこのような検問は少なくなったが、以前は給料日やピーマイ（新年）前になるとよく行なわれていた。公安大臣は、警察であっても不正行為は取り締まり対象となり、適切な対応をとるよう指示したとの答弁を行なった。また開発プロジェクトに伴う土地収用問題や補償金の問題についても、国民からの訴えに基づき議員が国会の場で取り上げ、政府が答弁を通じて回答を行なっている。

もう一つの対応方法は、国会事務局が集約した意見を関係各機関に送り、問題解決を要請することである。そして国会議員は配布された意見リストを基に、選挙区の問題が対応されているかどうかをフォローアップする。

しかし寄せられたすべての意見に対してこのような対応がとられるわけではない。重要な問題や国民の関心が高い問題だけが取り上げられてきた。したがって国民の間には、自身が提起した問題や意見が対応されないという不満が徐々に募っていった。ホットラインという新たな意見伝達手段ができたことは大きな変化である。しかし伝えた意見に対する応答がなければ、国民が不満を抱くのも当然であろう。そこで国会は国民からのインプットに対するアウトプットメカニズムを構築した。

まず二〇一二年一一月から『人民代表』という国会発行の新聞において、国民の質問に対する詳細な回答を掲載し始めた。たとえば国民から年金や革命への貢献者に対する特別報奨金政策に関する質問が寄せられ、労働・社会福祉省が詳細に回答している。またラオス＝中国高速鉄道に関する質問にも同省が回答した。これらは国民の関心が高い問題である。新聞で詳細に回答することで、質問者だけでなく同様の関心を持つ国民に政府の政策を普及することができる。

しかしこれらの回答が新聞に掲載されたのは国会終了四ヵ月後と遅かった。したがって国民は対応の遅さについても不満を持つようになった。

そこで二〇一四年七月の第七期第七回国会からは、国会事務局が会期中に記者会見を設定し、ホットラインで質問を受けた政府機関が召喚され回答を行なうようになった（第八期国会になってからは行なわれていない）。国会事務局が記者会見を設定し、わざわざ国会で実施していることは、国会が国民の代表機関として行政と国民の間に立ち、問題解決の媒介機能を果たしていることを明確に物語っている。

第七回国会では会期中に五二四件の電話があった。記者会見は確認できるだけで少なくとも六回行なわれ、財務省、農林省、天然資源・環境省、エネルギー・鉱業省、工業・商業省、公共事業・運輸省、郵便・テレコミュニケーション省、ラオス銀行（中央銀行）、ラオス電力公社等が国民の質問に回答した。会見の内容はテレビ、ラジオ、新聞でも報道されるため、国民はすぐに質問への回答を知ることができる。

たとえば国民からは、ラオスには水力発電所が多く輸出するほど電力を生産しているのに国内料金が高いという不満が寄せられた。エネルギー・鉱業省は、電気料金で電力インフラへの投資と近隣諸国からの電力輸入費用を賄わなければならないので、料金が割高になっていると回答した。

また飲食店の騒音問題に対して苦情が寄せられた際には、首都ヴィエンチャン情報・文化・観光局が当該店舗に対して警告を行ない対応したと回答している。

さらに個人的な問題についても不満が寄せられた。とある退役軍人が、革命に貢献した軍人への特別政策として、国家機関で無給ボランティア職員として勤務する息子を正職員に採用してほしいとホットラインを通じて要請したのである。

各国家機関は政府から付与される人数割当てに従い新規公務員を採用することになっている。しかし、多くの機関は割当て人数を超えて新規職員を採用していた（現在このような採用は行なわれていない）。人手不足から国家機関は一人でも多く採用し、一方、新卒者は給与が支給されなくてもとりあえず国家機関に職を確保したいと願う。割当て外なので当然給与が予算に計上されておらず、そのような職員は割当てが付与されるまでボランティアとして働かなければならない。たいていは交通費や何らかの手当てが支給されるが、微々たるものである。

なお政府は「息子さんが勤務している機関には先にボランティア職員として採用された職員がおり、割当ては順番に付与される」と回答している。

このように国会は、国家全体の問題、地域の問題、そして個人の問題までさまざまな意見や不満に応答するようになった。必ずしも意見や不満を伝達した人のすべてが自身の選好に沿った回答を得るわけではない。しかしこのように国民の不満に対応する限り、不満がデモなどの直接行動として制度外に表出する可能性は低くなる。

②不服申し立て制度

これまでも、国民が不満や要望を党や国家に訴えるチャンネルはいくつも存在していた。たとえば村では村長や長老に、また紛争調停委員会に問題を訴えることができる。郡や県行政に直接訴えることも可能である。先述のように、中央の党や国家機関への直訴も珍しくない。しかし二〇〇〇年代後半以降、経済開発の負の側面が顕著になり国民の不満が高まると、国民の訴えを体系的に処理する必要性が高まった。また行政や裁判所の判断に不満を持つ国民も多く、両機関への監督を強化する必要もあった。

そこで国会は二〇〇五年に請願解決法を制定し、国民の不服申し立てを制度化した。二〇一六年に改正された同法によると、市民や組織は、法律や規則に違反し、国家や集団または自身の権利と利益に抵触すると考えられる公平性に欠けた個人の行動や組織の決定について、問題解決を要請する請願書を関係各機関に提出することができる。

請願書には、①国家行政機関に提出する要望書、②捜査機関、検察または裁判所に提出する提訴状、③国会に提出する不服申し立て書の三種類がある。①は行政機関に対して行政に関わる事案の解決を要請すること、②は民事／刑事訴訟法に沿って法的審理により問題を解決すること、そして③は国家行政機関や司法の決定が公正でないと判断した場合に、県人民議会や国会に対して不服を申し立てることである。つまり議会は国民の問題を解決するための最終機関と位置付けられた。

不服申し立て人は、国家行政機関または司法機関の最終決定通達後三ヵ月以内に不服申し立て書を県人民議会常務委員会または国会常務委員会に提出する。不服申し立ては、議員が村々を訪問した際にも行なわれる。遠隔地域の住民は県人民議会や国会に行くことが難しいため、議員が村を訪れた際に不満や要望を受け付けるのである。

不服申し立ては、問題解決に複数の機関と協力しなければならない場合を除き、通常は受理後四五日以内に審議され、解決が図られる。県レベルでの問題への対応方法は以下のように大きく四つある。

第一は、問題解決が容易な場合は議員や県人民議会書記局がその場で対応すること、第二は、司法・国防・治安維持委員会やその他の議会分科委員会が解決を図ること、第三は、協議内容に応じて県の関係各機関に問題解決を要請すること、そして第四は、県に設置されている法律遵守委員会に問題を送り解決することである。

法律遵守委員会とは県行政機関や司法機関、同県選出国会議員などから構成され、県内の各機関が憲法や法律を遵守しているかを監督するとともに、住民の不服申し立てや訴えを審議する組織である。問題解決の際には、地方裁判所長官や検察院長など関係各機関から代表を召喚し協議することもできる。

ただし県人民議会常務委員会や法律遵守委員会は不服申し立てに対し、行政機関や裁判所の決定が正しいかどうかのみを判断する。決定が正しくないと判断した場合は、行政機関、検察院、裁判所に審議やり直しを命じることになる。つまり県人民議会常務委員会は、不服申し立てに対して具体的な解決方法を示すわけではない。そして結果は理由とともに、不服申立人と関係各機関に書面で伝達される。県人民議会の決定に不服の場合、不服申立人は国会常務委員会に再度不服を申し立てることができる。

中央の国会では国会請願・国籍局と司法委員会、またその他分科委員会が中心となり、関係各機関と連携し不服申し立てを審議する。国会常務委員会も地方と同様に行政や司法の決定が正しいかどうかのみを判断する。結果は県と同様に書面で不服申立人や関係各機関に伝達される。では実際にどの程度、不服申し立てが行なわれているのだろうか。たとえば二〇一二／一三年度、チャンパーサック県では八五件の不服申し立て（司法へは四二件、行政には四三件）があり、三七件を解決した。当時は県人民議会が設立されていなかったため、不服申し立ては県にある国会事務所（現在の県人民議会書記局）で受け付けていた。問題への対応方法や過程は現在とほぼ同じである。三七件のうち国会への送付が八件、裁判所の決定支持が一〇件、行政機関の決定支持が九件、裁判所に審議やり直しを命じたのが一〇件あった。

　以上のように国民は、中央と地方の二つのレベルで議会に対して不服申し立てを行なうことができる。議会は、国民の不服申し立てに対して具体的な問題解決策を示すわけではないが、国民の不満に直接応答するとともに、行政と司法の権力逸脱や不正を監督する役割を果たしている。このように国民が複数回の不服申し立てを行なえ、議会がそれを拒むことなく対応すれば、仮に最終決定に不満であっても党や国家への信頼が低下する可能性は低くなろう。

　ホットラインと不服申し立て制度からは、県人民議会と国会が国民の不満や要望解決にとって重要な役割を果たしていることがわかる。議会は具体的に問題解決を行なうわけではないが、国民に対して多様なアカウンタビリティを果たしている。

　すなわち、直接国民に応答する「垂直的アカウンタビリティ」、行政や司法の権力逸脱や不正などを監督する「水平的アカウンタビリティ」、そして国民と行政や司法機関の間に入り、国民に代わって二機関に対して支持／不支持を表明し、問題解決の媒介機能を果たす「代理アカウンタビリティ」である。

　議会は党の政策を追認する「ゴム印機関」から、国民の真の代表機関として生まれ変わろうとしている。そして国民も、議会を自分たちの代表機関と認識し、問題があれば県人民議会や国会に訴えるようになっている。議会はラオス政治における重要なアクターとなったのである。

中央と地方の関係

地方が強い一党独裁体制

一党独裁体制と言うと、すべてがトップダウンで決定され、中央の意向が全国隅々まで貫徹していると考える人も多いだろう。先述のように、ラオスでも人民革命党が政策をトップダウンで実施するメカニズムが整備されている。

しかし地方が中央の意向に沿って行動する保証はない。地方には地方の利害があり、それは時に中央の利害と反する。そのような場合、地方は政策実施に対して消極的になり、また地方独自の解釈や政策を加味する。つまり一党独裁体制であっても中央が絶対的な権力を有しているわけではないのである。

スチュアート－フォックスは、地方が歴史的にも高度な自律性を有してきたことを次のように指摘している。「一九七五年のパテート・ラオによる権力争奪後も、驚くべき度合いで県の自律性が高かった。これは部分的には、一八世紀に統一ラオス国家が三つの王国に分裂し、地域的忠誠が確立したこと、また、地理的要因、地形的分割、輸送や通信の適切な手段の欠如、さらには、三〇年間の革命闘争の間に発達した地域的権力基盤を地域の指導者達が維持したことにも起因する」(Stuart-Fox. 1996: 172)。

たとえば建国直後の一九七〇年代後半から八〇年代にかけて、中央の地方への統制はあまり効いていなかった。南部チャンパーサック県から首都ヴィエンチャンまで約六六〇キロの道のりに、車で数日間を要した。また通信インフラも整っていなかったため、中央省庁が地方の役所に連絡を取ることも容易でなかった。そのような状況では、中央から地方への指示が瞬時に伝わって政策が実行されることはない。

そもそも一九九一年までラオスは現在のような中央集権管理メカニズムを採用していなかった。一九七五年の建国後、各県には人民議会(地方議会)が置かれ、地方議会から選出される人民行政委員会(地方政府)が行政を司った。したがって農業、保健、財務などのセクター(部門)組織は人民行政委員会の直接管理下にあり、省庁は専門技術面でのみセクター組織を指導した。つまり地方セクター組織は中央省庁と地方人民行政委員会の二つに従属するが(二重の従属)、行政委員会からの管理をより強く受けたのである。これは地域別管理と言われる。

このような制度の下では、中央は基本政策を決定するが実施は地方に丸投げするしかなかった。そうなれば地方の自由裁量権は大きくなる。したがって一九七〇年代、八〇年代の県は、食料の価格、税率、公務員給与などを独自に定め、また近隣諸国と貿易協定を結ぶなど、「独立国家」のごとく振る舞っていた。それでは国家として成り立たない。ラオスという国家の中に県という自由裁量権を持った「独立単位」がいくつも存在していたと考えれば、いかに中央が地方を管理できる状況になかったかが想像できよう。

以上の地域別管理制度は一九九一年の憲法制定により部門別管理制度となった。そして現在は、人民革命党による中央集権管理メカニズムが確立している。とはいえ、歴史的に培われてきた地方の自律性の高さは今でもさほど変わらない。たとえば、県党書記兼県知事は党中央執行委員であり、当該県の出身であっても中央の政策を地方で実施する役割を担っている。一方、県内のその他の党幹部の多くは県出身者か、県に権力基盤と利害関係を構築している人たちである。そうなると、中央の路線や政策を地方で実施する役割を担う県党書記（＝県知事）と、党中央の路線に沿いつつも地方と自身の利害によって行動する地方党幹部の考え方が一致しないことがある。

中央と地方の利害調整は、県の最高意思決定機関である県党常務委員会で行なわれる。県党常務委員会はこれまで五～九人で構成されていたが、二〇一五年以降は県によっては最大一三人と増えている。この背景には、党員数の増加や地方党幹部へのポスト配分という意味合いがある。構成員の役職は県によって異なるが、一般的には県党書記、副書記の他、党機関や大衆組織、またセクター組織の長などが委員を務める。二〇一五年六月に党中央書記局は、県国家建設戦線議長は必ず党常務委員会に入るよう指示を出している。そして県党書記以外は、ほとんどが地元出身者か当該地域に長く居住する地方幹部たちである。つまり、県党常務委員会は地方幹部の数が圧倒的に多い。

しかし県党書記は拒否権を有しており、必ずしも地方の利害が優先されるとは限らない。とはいえ県党書記も拒否権ばかり行使していては地方幹部の協力は得られず、中央の政策を実施することは難しい。したがって県党書記には中央の政策が確実に実施されるよう地方を管理しつつ、地方の利害にも配慮する巧みな調整が求められる。

このような中央と地方の調整については憲法規定がある。二〇一五年憲法第一八条は、「国家は法の調整を伴う市場経済メカニズムに従って経済を管理し、中央部門のマクロ管理を向上させるとともに、法律に従い中央部門の統一的集中管理と地方への責任の分散との結合という原理を執行する」と定めている。言い換えれば、中央が集中的に管理しつつも、地方の自由裁量権をある程度認めるということである。

以上のように、一九九一年以降に中央集権体制が確立したとはいえ、すべてが中央のトップダウンで実施されているわけではない。たとえば地方は隠し口座を持っており、本来国庫に入れるべき収入を移転せず留保している。中央が把握していない使途不明金なども多い。また地方は国会未承認の公共投資事業を「勝手に」行なうこともある。いかに地方をコントロールするかはこれまでも、そしてこれからも人民革命党が抱える大きな課題と言える。

村の政治
ラオス政治の原型

地方行政法によると、都市部では少なくとも人口一〇〇〇人、平野部では少なくとも人口五〇〇人、山岳・遠隔地域では少なくとも人口二〇〇人が村の設立要件となっている。とはいえ、首都ヴィエンチャンのように外国人も含めて人の入れ替わりが激しくアパートが建ち並ぶ村と、居住者が全員知り合いのような田舎の村とでは状況が大きく違う。

政府は近年、農村地域における小規模な村々を統合し規模の拡大化を図っている。これには、これまで散在していた村々を統合することで住民管理を容易にするとともに、小さな村一つ一つを開発するのではなく、開発の単位をより大きくすることで貧困削減を達成しようという狙いがある。

村の統合とともに政府は村の組織改革も進めている。図6‐8は改革前の一般的な村の組織構造である。基本的には村人の直接選挙で選出される村長一人、村長の提案により郡長から任命される副村長二人が村委員会とし

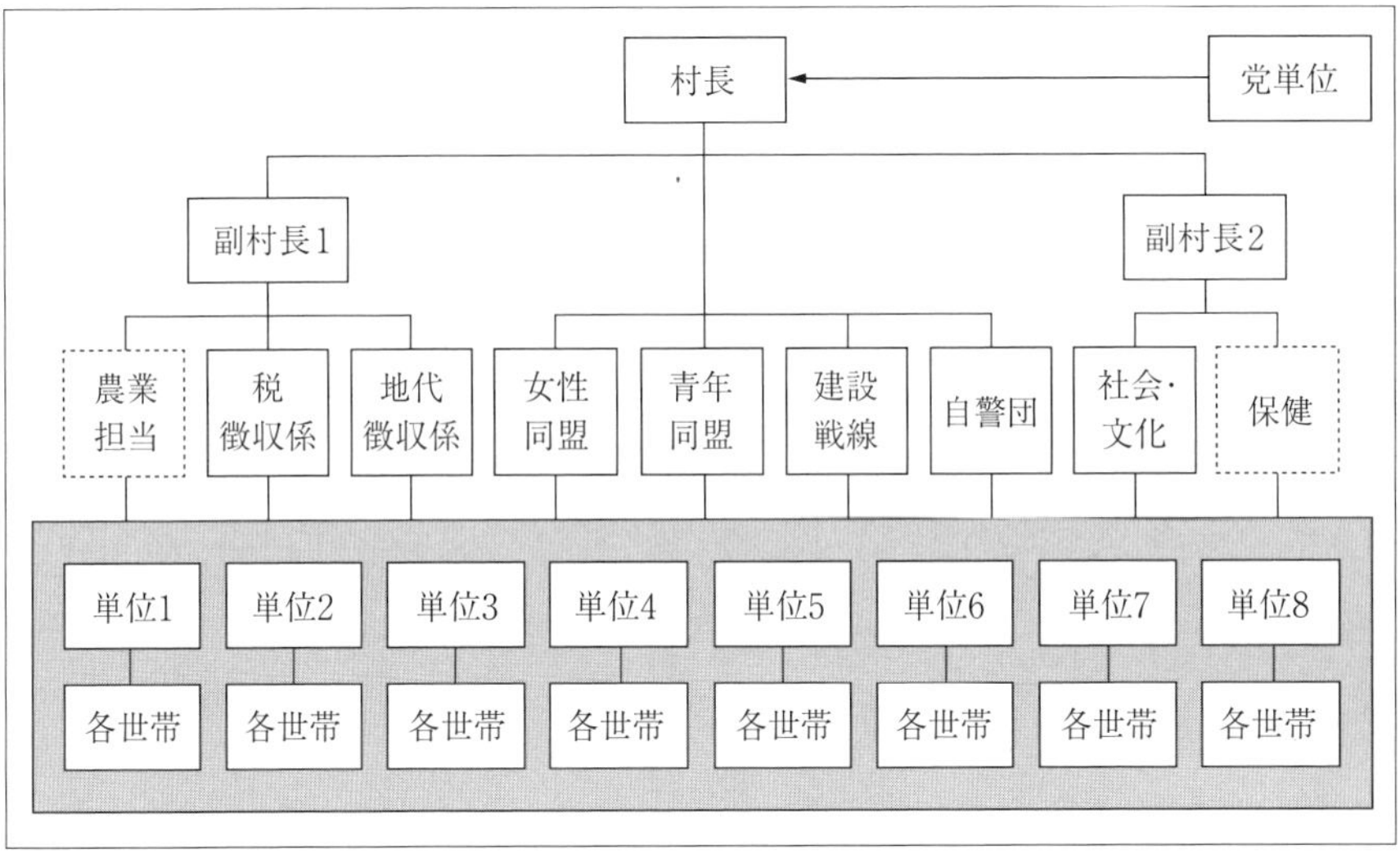

図6-8 改革前の村の組織図の一例
(注) 矢印は指導を意味し、破線の四角は村によって設置されている担当を示している。ただし村によってはここに記した以外のさまざまな担当が置かれている。
(出所) 2003年から2006年に行なった複数の村での聞き取り調査を基に筆者作成。

て村内行政を担当する。村長の任期は法律で三年と規定されていたが、二年ごとに選挙を行なう村もあり、統一されていなかった。また村民の信頼が厚く特に問題がない場合は、無投票で二〇年以上村長を務める人もいた。

村長は一般的に商店やガソリンスタンド経営者、また農民など、村長職とは別の本業を持っている。つまり村長はボランティアであり、国からわずかな手当てを支給されるのみで給与はない。ただ業務が多忙である都市部では専従者もいる。つまり村長の業務内容も場所によって大きく異なっているのである。

たとえば首都ヴィエンチャンの中心部の村では、居住証明書、結婚届け、バイク等の売買契約書など、毎日さまざまな書類を発行しなければならないため、村長や副村長が村役場に常駐している。そして彼らは書類発行手数料の一部を自分たちの給与に充てる。多いところでは月に数百万キープの収入を得ることができる。

しかし同じ首都ヴィエンチャンでも、たとえばサントーン郡などの農村では書類発行業務が月に数回だけであり、手数料から得られる村長収入が月に数万キープしかないところもある。そのような村では村長が村役場に常駐する必要はない。

村の指導部を補助するのは各大衆組織（女性同盟や青年同盟など）、長老などで形成される建設戦線、そして財務担当、税務担当、農業担当、保健担当などの各分野担当者である。これらの担当は村によって異なっている。公共事業・運輸担当や宣伝担当などを置いている村、また農業については生産、栽培、畜産など複数の業務担当者を置いているところもある。

また村には「紛争調停委員会」が設置され、村内の問題解決を行なっている。紛争調停委員会とは、当事者間で問題を解決できない場合に調停を行なう村の裁定機関である。村によって委員は異なるが、村の指導部の他、建設戦線や長老、民族リーダー、青年同盟や女性同盟等の代表によって構成されている。村によっては建設戦線が紛争調停委員会を兼ねているところもある。近年は離婚や相続問題を扱うことが多い。

以上の行政組織や大衆組織とは別に、村には党の末端組織として党単位が置かれている。党規約では正党員が三人以上いるところは党単位を形成できるが、村内に三人以上党員がいても近隣村と合同で党単位を形成する村もある。一方、党員が一人もいない村もあり、党組織が単独でも合同でも設置されていないところもある。そしてこれまでは、党単位書記と村長が別々の人物であるところが多かった。

しかし二〇一〇年代以降の基層レベルの改革、そして二〇一五年の地方行政法改正によって、村の改革が進められている。村の組織は図6－9のように党・大衆組織、管理・行政、経済・財務、文化・社会、国防・治安維持の五つの業務班にまとめられ、農業や保健などの分野担当は五つの組織のいずれかに属する形となった。ただし村によってはまだ組織改革が済んでおらず、以前の組織構造を維持しているところもある。

現在の村長の任期は五年となり、党書記が村長を兼任する村が増えつつある。これは、二〇一三年に党中央政治局が村の党単位書記に村長を兼任させるとの方針を掲げたことによる。とはいえ党書記が村長に選出される保証はない。では、党単位書記兼村長という党中央の方針はどのように実現されるのだろうか。

一般的にはまず、村民が村内で誰を信頼しているのか事前調査が行なわれる。一八歳以上の有権者または世帯

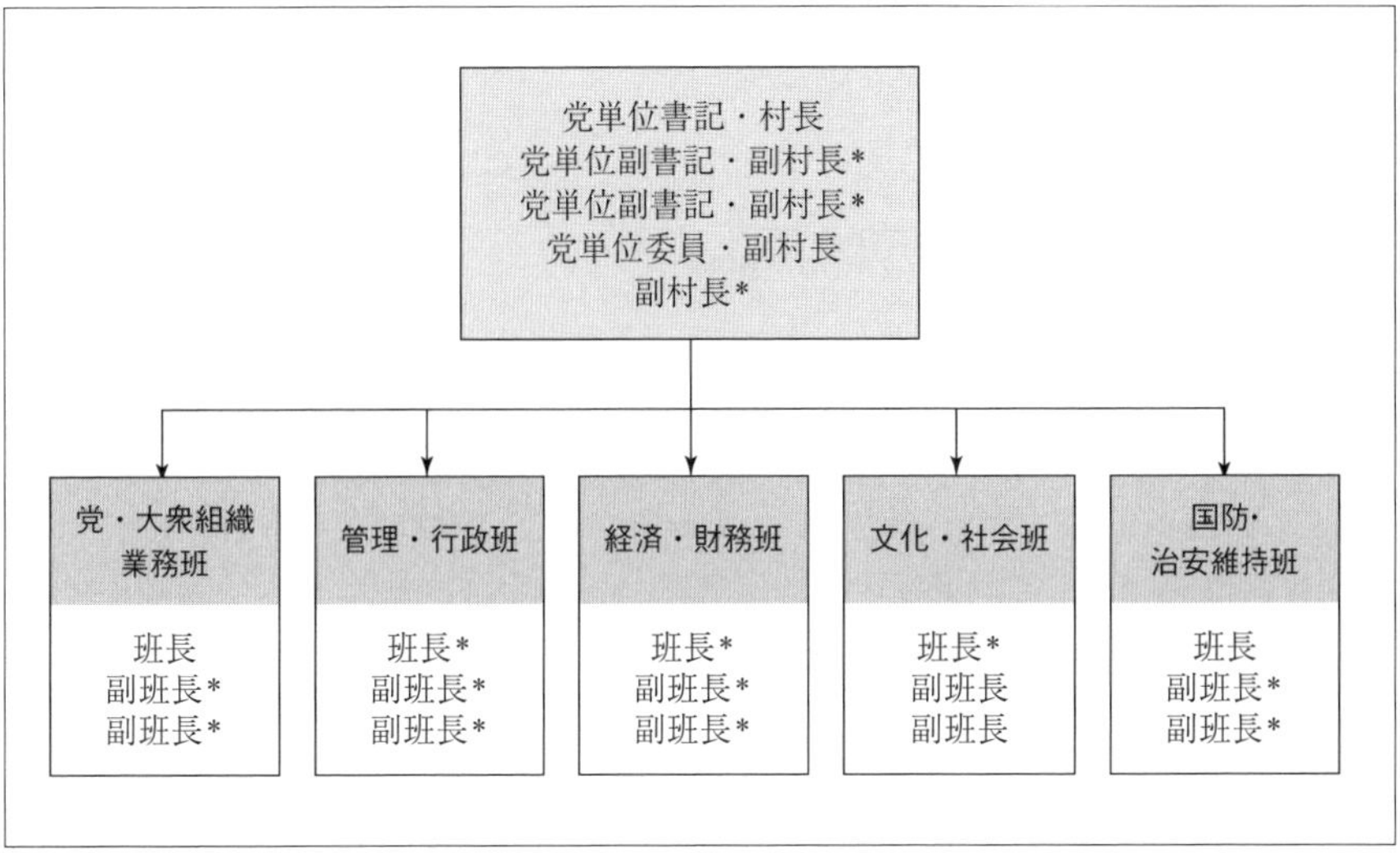

図6-9　改革後の村の組織図：フアパン県NK村の例
（注）*は女性。シェンクアーン、アッタプー、サーラワン、セーコーン、サワンナケート、チャンパーサック、カムアン県などで行なった調査でも同様の組織形態であった。
（出所）フアパン県NK村での調査を基に筆者作成。

ごとに紙が配布され、村長に相応しいと思う人物の名前を一～複数名記入させる。その際、選択肢を党員に限定している村、そうでない村、記名できる人数を一人や三人に限定している村と無制限の村、また事前調査対象者を党員に限定している村もある。さらに一部の村では旧村執行部（村長、副村長、五つの業務班の補佐）一五人の名前を左側に、新規に相応しいと思う人物の名前を書く欄が右側に設けられた紙を配布し、有権者は旧執行部から不適任だと思う人物の名前に線を引き、適任だと思われる人物の名を記入するという方式をとっている。記入式ではなく、村会議で口頭で村人の意見を聴取するところもある。このように事前調査の実施方法は村によって非常に多様である。

　事前調査後、村の選挙委員会は郡に結果を送り、郡党常務委員会や内務事務所が党員を優先に大体五名から九名の最終候補者を選ぶ。仮に事前調査で非党員が最大得票者だった場合、有権者に「教育」を施す村もある。そして一八歳以上の有権者（または各世帯の代表）が最終投票を行ない、村長を選出する。仮に非党員や党書記以外が最大得票者であった場合、多くの村では村人の同意を取り

写真6-10　選挙実施の際の村役場。どのようなバナーをどの位置に掲げるかも規定がある。（撮影筆者）

付けて党書記を村長にし、最大得票者を副村長にしている。カムアン県ターケーク郡などでは、非党員や党書記以外の村長就任をいまだに認めているが、多くの村では党書記が必ず村長となる仕組みとなっている（写真6－10）。

村では定期／不定期に村会議が開催され、村内の問題について話し合っている。毎月会議を開催している村もあれば、三ヵ月に一回や問題が生じた場合にのみ会議を開催するところもある。会議は村の寄り合いをイメージするとわかりやすいだろう。会議の始まりや終わりは形式を大切にするラオス独特のかつ社会主義的表現が聞かれるものの、村の会議では参加者が自由に意見を言える。

そしてこの村の寄り合いが、党中央、県、郡でも行なわれている。村では長老や村長の意見が権威を持つように、それぞれの行政級では党の書記が会議をリードする。また村の指導者たちが村内の人間関係や社会関係に縛られるのと同様に、党書記長であっても出身母体や自分を引き上げてくれた長老、また支持してくれる下級幹部たちとの人間関係に縛られる。関係性の規模や扱う案件の量、また重要性が異なるとはいえ、村はラオス政治を理解する上で重要な手がかりを与えてくれる。

ラオスの10人

カムタイ・シーパンドーン（一九二四年～）

　カイソーンの後を継いだラオス人民革命党第二代書記長、元国家主席である。一九二四年二月八日に農民の子としてチャンパーサック県に生まれる。七歳のときに教育を受けるためヴィエンチャンに行くが、リセを中退し、フランス植民地下で郵便局に勤務した。日本軍のインドシナ占領後、中国、インド、ベトナムのサイゴンと渡り、各国の独立運動を体験する。帰国後、一九四七年にラオ・イサラ運動に参加し、一九四九年には南部地域責任者として南部抗戦委員会を設立する。

　一九五〇年にネオ・ラオ・イサラ（ラオス自由戦線）中央委員、ラオス人民党（現人民革命党）では一九五六年に中央指導委員（現政治局）に選出される。一九六七年にラオス人民解放軍（後の人民軍）最高司令官に就任し、ラオス人民民主共和国建国後も副首相、国防大臣、人民軍最高司令官として国防を担当し、軍事畑を歩いてきた。

　一九九二年のカイソーンの死後、ラオス人民革命党書記長に就任し、一九九八年には国家主席を兼務した。以降、名実ともに最高指導者となり絶大な権力を行使した。

　カムタイはこれまでの党書記長の中で、もっとも個人独裁の傾向が強かったと言える。

　したがって二〇〇六年の第八回党大会で引退するものの、その後も各党大会の人事などで大きな影響力を行使している。特に二〇一六年の第一〇回党大会ではカムタイの意向が大きく反映され、トーンシン前首相やソムサワート前副首相が引退し、息子であるソーンサイは政治局員に、娘ヴィエントーンは中央執行委員会に入った。二〇一八年五月現在九四歳となったが、今でも地方に行き幹部に講話などを行なっている。

カムタイ・シーパンドーン。

ラオスの10人

チュームマリー・サイニャソーン（一九三六年〜）

カムタイ・シーパンドーンの後を継いでラオス人民革命党第三代書記長兼国家主席に就任し、二〇一一年まで二期務めた。一九三六年三月六日にアッタプー県で生まれ、一九五四年にサムヌーアで革命運動に参加する。シェンクアーン地区で小隊長から軍管区長まで昇進し、一九七五年の解放時にはシェンクアーン県、ヴィエンチャン県で戦闘を指揮した。

ラオス人民民主共和国建国後は、国防省参謀総局軍事局長などを務め、一九八二年の第三回党大会で党中央執行委員となった。その後の国会ではカムタイ元国家主席の右腕として国防副大臣に就任した。一九八六年の第四回党大会では政治局員候補となり中将に昇格、一九九一年の第五回党大会で政治局員に選出され、その後の国会で国防大臣に選出された。一九九八年には副首相を兼任し、二〇〇一年の第七回党大会で政治局に再任後、国家副主席となった。二〇〇三年には書記長を補佐する政治局常任となり、カムタイの後継の地位を確実にした。そして二〇〇六年の第八回党大会で党書記長、第六期第一回国会で国家主席に選出される。国防畑でカムタイの後を追うように昇進し、最終的にはカムタイの後継者となったのである。

チュームマリーはそれまでの歴代の党書記長や国家主席と比べカリスマ性はなく、集団指導体制の調整役を果たした。一〇年間の任期中に中国と緊密な関係を構築するが、彼のイニシアティブというよりも、ラオスを取り巻く環境に対応した結果と言える。一方で地元のアッタプー県ではベトナム企業の莫大な投資受け入れを後押しした。二〇一六年の第一〇回党大会で引退したが、現在でも地方視察や講話などを行なっている。

チュームマリー・サイニャソーン。

7 経済

ラオスは二〇一六年の第一〇回党大会で「ビジョン二〇三〇」を掲げ、二〇三〇年には上位中所得国入りを目指すとの目標を提示した。そのような野心的な目標に照らし合わせてみると、衛星と鉄道プロジェクトはまさにラオスが目指す近代化と工業化の象徴と言うことができる。したがって建国四〇周年記念の日にあえて二つのプロジェクトをアピールすることには、これまでの成果というよりも、今後の国家ビジョンを国民に示す狙いがあったと考えられる。二つのプロジェクトにはこれからの発展の象徴という意味合いが込められているのである。

基本的な特徴

まず、ラオス経済を見る上での五つの基本的特徴を確認する。

第一は、内陸国という地理的条件を抱えていることである。つまり海がないため船舶による大量輸送ができず、輸送は陸路でトラックか空路で飛行機を使用するしかない。したがって輸送コストがかかる。メコン川にはカンボジア国境沿いに大きな滝があり、輸送ルートとしては活用できない。地理的条件は変えられないため、これはラオスが今後も背負っていかなければならない課題である。

しかしラオスは現在、Land-Locked（内陸国）から周囲の国々と連結するLand-Linked（連結国）へと変貌を遂げようとしている。これが第二の特徴である。内陸が不利であることに変わりないものの、地域の経済統合が進んだことを受けて、中国、ベトナム、カンボジア、タイ、ミャンマーと国境を接し、東南アジア大陸部の中心に位置する地理的条件が有利と考えられるようになった。たとえば中国、タイ、ベトナムで生産を行なっている企業が分業体制を確立する中で、陸続きであるラオスは部品の調達先として、また一部生産工程の移管先として注目を集めている。

さらにタイからベトナムや中国へ、中国からタイやカンボジアへ、ベトナムからタイへとモノを運ぶ際、周囲五ヵ国の中心に位置するラオスは各国を結ぶ中継地点となる。アジア開発銀行（ＡＤＢ）が中心となり整備する東南アジア大陸部の回廊は、南北回廊も東西回廊もラオスを通過している（地図6）。そして政府も「Land-LockedからLand-Linkedへ」を合い言葉に、今後はロジスティクスパークを建設し地域の物流拠点となる構想を掲げている。

第三は、安価な賃金である。日本貿易振興機構（ＪＥＴＲＯ）が二〇一六年六月に発表した報告書によると、日系進出企業のワーカー（一般工職）の平均賃金／月は、北京（中国）五七八ドル、上海（中国）四七七ドル、深圳（中国）四三五ドル、ジャカルタ（インドネシア）二五七ドル、バンコク（タイ）三四八ドル、ハノイ（ベトナム）一八一ドル、ホーチミン（ベトナム）一九三ドル、ヴィエンチャン（ラオス）一七九ドル、プノンペン（カンボジア）一六二ド

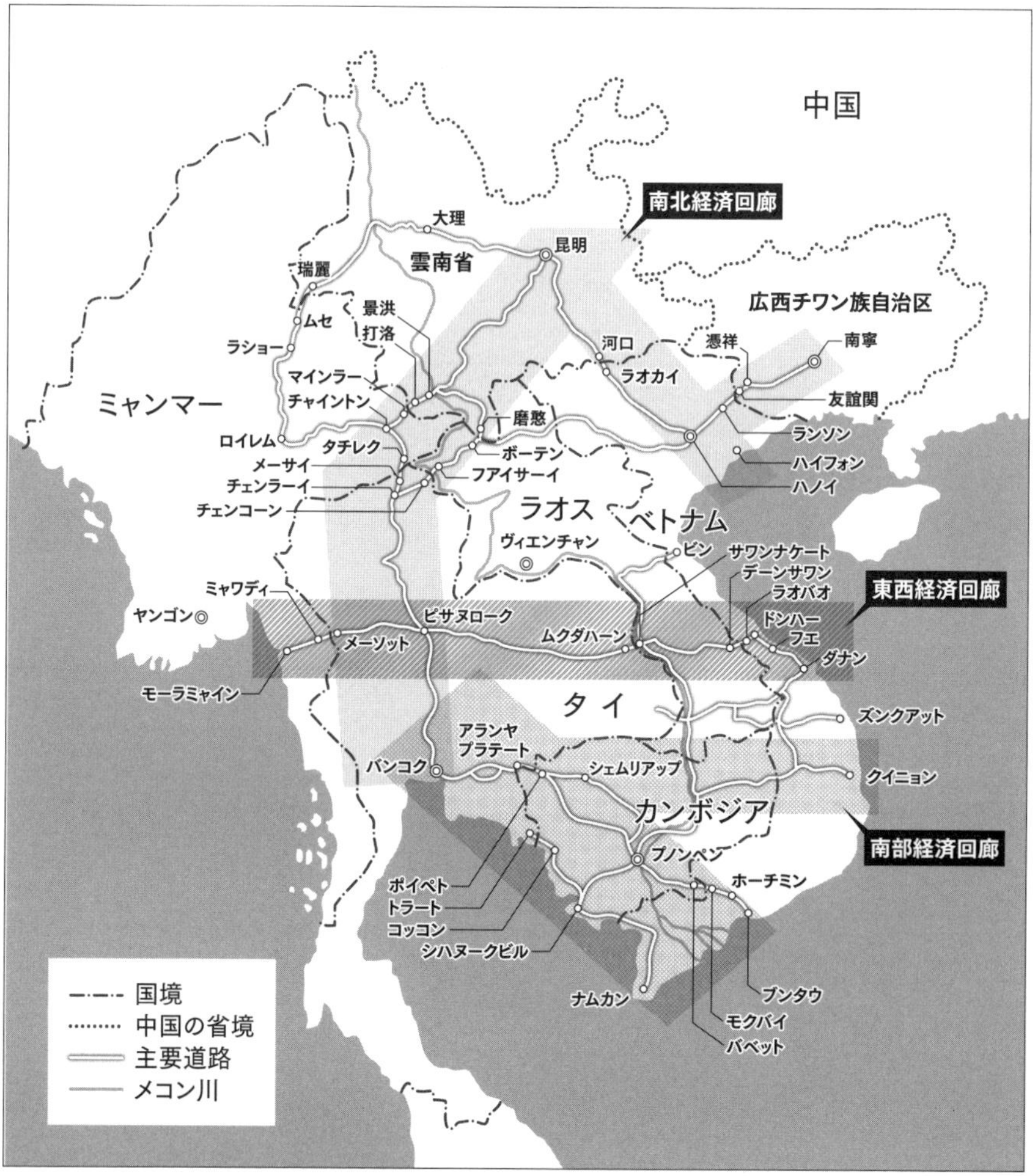

地図6　経済回廊地図
（出所）石田・工藤編（2007: viii）を基に筆者作製。

ルとなっている。以上はあくまで調査対象である日系企業ワーカーの平均賃金であることに留意が必要だが、ラオスの賃金が近隣諸国に比べて安いことがわかる。

企業は生産コストを抑えるために賃金の安い国を好む。ラオス政府の投資環境整備もあり、近年は賃金が高騰する近隣諸国からラオスに生産工程の一部を移転する企業が増えつつある。「チャイナプラスワン」や「タイプラスワン」といった言葉を耳にしたことがある人もいるだろう。たとえば中国に母体工場を残しつつ労働集約的な生産工程の一部を周辺国にシフトすることを「チャイナプラスワン」、同様にタイに進出済み企業が生産工程の一部を周辺国にシフトすることを「タイプラスワン」と呼ぶ。「ベトナムプラスワン」もある。

しかしラオスの賃金も徐々に上昇している。ラオスが外国企業の注目を集め始めた二〇一〇年代初頭の最低賃金は、月額三四万八〇〇〇キープ（一ドル＝約八〇〇〇キープ換算で約四三・五ドル）であった。二〇一二年に政府は最低賃金を月額六二万六〇〇〇キープに引き上げた。それでも約七八ドルと一〇〇ドルに満たなかった。

しかし二〇一五年四月に最低賃金は再び引き上げられ月額九〇万キープ（約一一二・五ドル）となり、一〇〇ドルを超えた。そして二〇一八年五月一日からは一一〇万キープ（一ドル＝八〇〇〇キープ換算で約一三七ドル）に引き上げられた。

賃金上昇ペースは以前よりも速まっており、今後も賃金が外国企業を引きつける要因となるかは疑問である。生活日用品のほとんどをタイ、中国、ベトナムからの輸入に依存しているラオスの物価はけっして安くなく、生活費の高騰を考えれば数年後に賃金のさらなる引き上げが行なわれる可能性がある。

第四は、土地と天然資源が豊富なことである。冒頭に述べたように、ラオスは国土に比べ人口が少ないため土地が余っている。政府もラオスには資金や技術、また質のよい労働者がいないため、土地を資本に開発を進めるとの方針を示している。具体的には、鉱物資源開発、電力開発、農業プランテーション開発である。

ラオスには金、銀、銅、ボーキサイト、サファイア、錫、カリウム、亜鉛、石炭等、豊富な鉱物資源がある。フランスは植民地時代にこれらの資源に着目していたが採掘はほとんど行なわれなかった。ラオスの鉱物資源が外国企業によって採掘され、かつ商業ベースで本格的に輸出されるようになるのは二〇〇〇年代に入ってからである。

またラオスには豊富な水資源もある。タイとの国境沿いにはメコン川が流れ、その無数の支流に水力発電所を建設し、生産電力の約八五%をタイ、中国、カンボジア、ベトナムなど近隣諸国に輸出している。将来的にはシンガポールまで送電網を拡張する構想もある。政府は近年、近隣諸国や国際社会からの批判にもかかわらず、メコン川主流にも水力発電所を建設し、東南アジアのバッテリーになることをめざしている。

表7-1　1995年～2015年までの主要農作物の生産高　（単位：1,000トン）

	1995	2000	2005	2010	2015
コメ	1,417.8	2,201.7	2,568.0	3,070.6	4,102.0
トウモロコシ	48.3	117.0	372.6	1,020.9	1,516.2
イモ類	99.2	117.5	181.2	725.9	2,767.2
野菜類1)	61.7	636.0	744.5	947.7	1,683.4
大豆	4.8	5.4	11.1	11.4	18.7
落花生	8.4	13.2	27.0	50.9	62.0
煙草	56.4	26.6	39.8	28.1	63.0
綿	8.8	4.6	2.0	1.6	1.9
さとうきび	61.3	297.0	196.1	818.7	2.018.6
コーヒー	8.5	23.5	25.0	46.3	135.9
茶	0.7	0.2	0.3	2.6	6.3

（注）1) 2011年までは野菜・豆類として分類されていた。
（出所）Ministry of Planning and Investment, Lao Statistics Bureau 2015, 計画・投資省国家統計所ウェブサイト（http://www.nsc.gov.la/）により筆者作成。

以上のように天然資源に依存した工業化と近代化を進めているとはいえ、ラオスはいまだに農業国である。これが第五の特徴である。車で全国を走ると、至るところで水田や畑を目にする。近年では、パラゴムノキ、バナナ、キャッサバ、コーヒー、サトウキビ、トウモロコシなど、さまざまな野菜や果樹、商品作物がプランテーション栽培されている。表7－1は一九九五年以降の主要農産物の生産高である。

そしていまだに労働人口の七〇%近くは農業従事者である。工業化が進み都市部での雇用は増えているが、工業部門は七・六%、サービス部門は二三・四%と、実は産業別人口割合はこれまでと大きく変わっていない。また全労働者のうち企業と何らかの雇用関係にあるのは約一七%だけである（*Laopatthanaa*, May 5, 2015）。

以上の特徴を踏まえた上で、以下では具体的にラオスの経済開発状況を見ることにする。

経済成長を支える外国投資

ラオスは一九七九年に市場経済原理の一部を導入し、一九八六年の第四回党大会で「チンタナカーン・マイ」(新思考)というスローガンを掲げ市場経済化を本格的に進めていく。とはいえ、すぐに市場経済が国家の制度として根付き、外国企業が投資したわけではない。まずは社会主義経済メカニズムからの転換を図り、法律やインフラなどの投資環境を整備する必要があった。そこで政府は一九八〇年代後半から一九九〇年代前半にかけて経済や投資関連法規を制定し、法整備を急ピッチで進めた(表7－2)。

ラオスが外国投資奨励・管理法(以下、外国投資法)を制定したのは一九八八年である。そして外国投資法制定後、まずは多くのタイ企業がラオスに投資を行なった。タイは隣国でありラオスと言葉も文化も似通っているため、タイ企業にとってラオスへの投資は障壁が低い。ラオスが国を開放するとすぐに国境を越えてタイ企業が押し寄せ、一九九〇年代までは投資認可数でも認可額でも他国企業を圧倒していた。

しかし二〇〇〇年代に入ると、中国とベトナム企業の対ラオス投資が急激に増加した。また二〇〇〇年代後半からは、安価な労働賃金を求めてその他の外国企業による投資も増えた。

表7－3は、ラオスが対外開放を行なって西側諸国から投資を受け入れ始めた一九八九年から二〇一五年までの国別の投資累計額(認可ベース)を示している。しかしこれは計画・投資省発表の数値であり、すべてをカバーしていない可能性がある。

というのは、もともと計画・投資省がすべての投資案件について許認可権を有していたが、二〇一〇年の外国投資法改正により一般事業は工業・商業省が許認可権を有し、計画・投資省はコンセッション事業を担当するようになったためである。その点に留意しつつ全体の投資傾向を見てみよう。

まず表7－3からは、外国投資の七〇%以上を中国、タイ、ベトナムの三ヵ国が占めていることがわかる。毎年の投資額によって三ヵ国の順位は入れ替わるが、これら三ヵ国が一位から三位までを独占している構図は変わ

表7-2　1980年代後半から1990年代前半にかけての経済・投資関連法規

日付	法規名称
1987. 6.26	国家価格政策に関する閣僚議会決議第30号制定
1987. 6.26	商品と貨幣の流通増加のための方針と方法に関する閣僚議会決議第32号制定
1987. 6.26	国家の輸出入管理独占に関する閣僚議会規則第33号制定
1987.10.19	中央から地方、基層までの貿易企業組織に関する閣僚議会決議第17号制定
1987.10.19	中央と特別市、県の間、また、各企業間の食糧・食料売買数値の提供に関する閣僚議会決議第19号
1987.10.19	国家の輸出入管理独占に関する閣僚議会規則第33号制定
1988. 3.12	計画化に関する閣僚議会決議第10号制定
1988. 3.12	銀行制度の社会主義商業化への転換に関する閣僚議会決議第11号制定
1988. 3.12	商品と貨幣の流通の増加のための方針と手段に関する閣僚議会決議第12号制定
1988. 3.12	国家の輸出入管理独占に関する閣僚議会決議第13号制定
1988. 3.12	国家価格政策に関する閣僚議会決議第14号制定
1988. 3.12	中央から地方、基層までの商品経済制度設立に関する閣僚議会決議第15号制定
1988. 3.12	個人、民間経済部門政策に関する閣僚議会決議第16号制定
1988. 3.12	国家・民間合弁企業政策に関する閣僚議会決議第17号制定
1988. 3.12	戦略品輸出における国家の独占権に関する閣僚議会決議第18号制定
1988. 7.25	外国投資奨励・管理法施行
1989. 3.21	ラオス人民民主共和国における農業地の管理と活用に関する閣僚議会暫定規則第22号制定
1989.10. 5	森林と森林地の管理と活用に関する閣僚議会決議第117号制定
1989.10. 5	自然水産物と動物の保護に関する閣僚議会決議第118号制定
1989.11.23	ラオス人民民主共和国人民裁判所法制定
1989.12.15	国家公務員の新給与体系修正に関する閣僚議会第97号制定
1990. 3. 3	国営企業検査委員会任命に関する閣僚議会決議第14号制定
1990. 3.13	国営企業単位をその他の所有形態に転換することに関する閣僚議会決議第17号制定
1990. 6.27	所有権法制定
1990. 6.27	契約上の義務に関する法制定
1990. 9. 7	外国貨幣と奢侈品の流通に関する閣僚議会令第53号
1990.11.29	契約外の義務に関する法制定
1990.11.29	民事訴訟法制定
1990.11.29	保険法制定
1990.11.29	企業会計法制定
1991. 6.26	使用税に関する閣僚議会決議第13号制定
1991. 6.26	最低利潤税の活用に関する閣僚議会決議第14号制定
1991. 4. 1	外交官、在外大使館、領事館、在外ラオス代表機関職員の月給制度と政策に関する閣僚議会令第24号
1991. 6.12	全国の財政検査を実施し指導するための権限と任務の委譲に関する閣僚議会令第50号
1991. 7. 8	労働法執行に関する閣僚議会令第58号制定
1991. 8.15	憲法施行

（出所）山田（2011a: 23）。

表7-3　国別外国投資認可額上位20ヵ国
（1989年1月1日～2015年12月31日）

順位	国名	額（米ドル）	割合（%）
1	中国	5,484,429,971	30.09
2	タイ	4,491,684,613	24.64
3	ベトナム	3,574,681,539	19.61
4	マレーシア	812,558,773	4.45
5	韓国	751,072,139	4.12
6	フランス	490,626,243	2.69
7	日本	438,267,441	2.35
8	オランダ	434,466,484	2.38
9	イギリス	201,863,480	1.1
10	シンガポール	187,761,475	1.03
11	インド	163,772,237	0.89
12	アメリカ	149,800,113	0.82
13	オーストラリア	127,652,812	0.07
14	台湾	86,663,554	0.47
15	香港	83,547,259	0.45
16	カナダ	65,791,144	0.36
17	スイス	44,492,192	0.24
18	ロシア	38,459,130	0.21
19	スウェーデン	19,019,558	0.10
20	ドイツ	7,833,128	0.04
合計		18,224,637,808	100

（注）合計は上位20位以下すべてを含めた数値である。
（出所）ラオス計画・投資省投資促進局HP（http://www.investlaos.gov.la）を基に筆者作成。

らない。しかし中国やベトナムがラオスへの投資を大幅に増やしたのはこの一〇年間のことである。

たとえば中国は、二〇〇五～一〇年の五年間は約二八億ドル、二〇一一～一五年の五年間は約二五億ドルの投資を行なっている。ベトナムは二〇〇五～一〇年は約二三億ドル、二〇一一～一五年は約一一億ドルとなっている。つまり両国の二〇一五年までの投資総額のほとんどは二〇〇〇年代後半以降に行なわれたことになる。

上位三ヵ国からは大きく引き離されているが、四位にはマレーシア、五位には韓国が入っている。マレーシア企業の投資で最大のものは投資総額五〇億ドルを超え、国道九号線（東西経済回廊沿い）に建設予定の鉄道プロジェクトである。二〇一二年一一月、マレーシア企業ジャイアント・コンソリデイテッド（Giant Consolidated Ltd.）が、サワンナケート県からベトナム国境までの国道九号線沿いに鉄道を建設することでラオス政府と合意した。建設期間は五年、土地コンセッション期間は五〇年、沿線に物流倉庫やホテルなども建設する巨大プロジェクトである。

これにより、タイ、ラオス、ベトナムの三ヵ国は鉄道によって結ばれる予定だが、同事業は二〇一七年になってもほとんど進んでいない。

投資額ではマレーシアに劣るが、近年勢いを増しているのが韓国である。二〇〇〇年代初頭は首都ヴィエンチャンでも韓国人は少なく、韓国料理レストランも目立たなかった。当時は小規模な個人投資が多く、一九九九年からサワンナケート県で車の組み立てを始め、今ではメジャー企業となったコーラオ（KOLAO）が唯一象徴的な企業だった。

しかし現在は韓国の存在が目立つ。首都ヴィエンチャンでは韓国語の看板を掲げた企業が目立つようになった。また韓国料理レストランは首都の中心部だけでなく郊外にも数多く進出している。町を走っている車の大半も韓国車である。

一方、日本は投資額で第七位となっている。日本は中国を除きラオスへの最大の援助国だが、これまで民間企業の投資はさほど多くなかった。社会主義一党独裁体制で市場規模も小さいラオスは、日系企業にとって有望な投資先ではなかったのである。

しかしラオスの地理的条件がアドバンテージに変わり、また周辺国の賃金が上昇すると、日系企業は安価な賃金を求めてラオスに注目するようになった。今では日本商工会議所も設立され、二〇一七年五月現在の進出企業数は一三〇社を超えている。

特に製造業では、中国、ベトナム、タイに進出済みの企業がラオスに生産工程の一部を移すプラスワン形態でやってくる場合が多い。有名企業ではカメラのニコンやウィッグを生産しているアデランスなどが進出している。日系縫製業も多く、今では日本で売られているスーツやシャツに「Made in Laos」という文字が記されていることも珍しくない（写真7－1）。

またプラスワンではなく、日本から直接進出する中小企業もいる。特に近年はラオスの農業分野に注目が集まっており、アスパラガスやイチゴなどを栽培する日系企業もある。

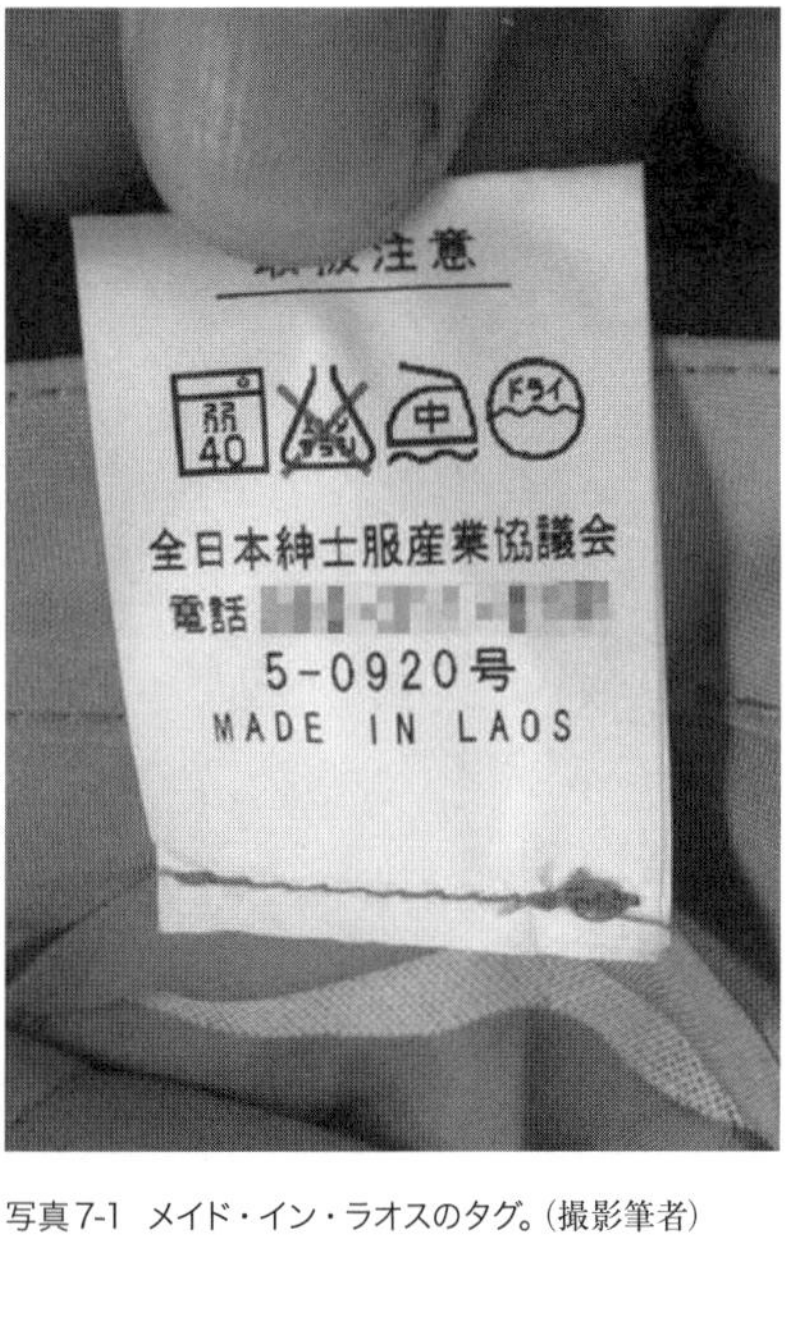

写真7-1　メイド・イン・ラオスのタグ。（撮影筆者）

天然資源への依存

表7−4にあるように、分野別では電力、鉱物資源部門が外国投資の大半を占めている。政府も同部門を成長の牽引役と位置づけ、今後も依存していく方針である。二〇一六年一月に行なわれた第一〇回党大会で党は、環境に配慮し持続的開発を行なうとしつつも、これからも資源セクターに依存するとの方針を示した。

電力と鉱物資源部門の開発は二〇〇〇年代中盤から急激に進んだ。計画・投資省の統計によると、二〇〇五〜一〇年の電力セクターへの投資は約二九億ドル、鉱物セクターは約三一億ドル、二〇一一〜一五年の五年間では電力セクターへの投資が約三一億ドル、鉱物セクターへは約二五億ドルとなっている。二〇一五年までの投資総額は電力セクターが約七三億ドル、鉱物セクターが約五七億ドルであるため、そのほとんどが二〇〇〇年代中盤以降の投資であることがわかる。つまり電力セクターでは八〇％以上、鉱物セクターではほぼ一〇〇％が二〇〇〇年代中盤以降の投資ということになる。いかにこの二部門がこの一〇年間で成長したかがわかるだろう。

図7−1は一九七五年以降の水力発電による電力生産量である。一九七五年の建国時に水力発電所は三ヵ所しかなく、電力を供給できたのはわずか一万九〇〇〇戸（人口の約三％）であった。それが二〇一七年一一月現在、ラオスには火力発電所一ヵ所を含め四七の発電所があり、生産能力は六四六五ＭＷ（メガワット）となり、電化率は九〇％を超えた（地図7）。電力生産はＧＤＰの約九％（二〇一六年）を占めるまでになった。二〇二〇〜二一年までにはさらに五〇ヵ所以上で発電所が稼働予定であり（地図8）、電力セクターはＧＤＰの二〇％を占め、国家に一〇〇億ドル以上の収入をもたらすと見られている。

ラオスの電力事業のほとんどは独立系発電事業者（ＩＰＰ）によって行なわれている。そして生産電力の約八五％はタイ、ベトナム、中国、カンボジアなどの近隣諸国に輸出される。今後はマレーシアやミャンマーにも輸出予定である。

国内向けは約一五％であり、現在は一四八郡すべてに電気が通った。しかし小川をせき止めて生産する簡易電力を使用している村も多い。ソーラー電力を使用してい

表7-4　産業別国内外投資(1989年1月1日～2015年12月31日：認可ベース)

	産業	数	国内投資（US$）		外国投資（US$）	総投資額（US$）	割合（%）
			民間	政府			
1	電力	49	705,555,979	1,389,194,260	5,208,205,920	7,302,957,159	29.8
2	鉱物	304	1,367,542,361	53,019,990	4,277,329,569	5,697,891,830	23.3
3	農業	990	321,136,175	17,483,387	2,707,602,301	2,946,221,863	12.0
4	サービス	671	527,923,083	94,256,873	1,922,094,949	2,544,274,905	10.4
5	工業・手工業	932	668,817,668	46,852,289	1,395,431,271	2,111,101,228	8.6
6	ホテル・レストラン	430	263,357,208	94,595,521	665,160,391	1,023,113,120	4.2
7	建設	150	171,899,386	21,640,000	632,935,309	826,474,695	3.4
8	テレコミュニケーション	18	44,210,509	138,962,400	479,515,986	662,688,895	2.7
9	木工業	211	108,327,989	3,053,850	298,759,537	410,141,376	1.7
10	金融	31	23,570,000	23,220,000	325,273,622	372,063,622	1.5
11	貿易	351	118,942,857	412,927	205,665,327	325,021,111	1.3
12	縫製	110	9,159,732	49,770	85,790,945	95,000,447	0.4
13	コンサルタント	172	17,352,889	−	49,576,310	66,929,199	0.3
14	公衆衛生	14	11,179,706	−	53,043,030	64,222,736	0.3
15	教育	85	12,222,439	500,000	18,253,341	30,975,780	0.1

（出所）ラオス計画・投資省投資促進局HP（http://www.investlaos.gov.la/images/Statistics/rpt_Invest_Summary_Sector1A_ 1989-2015.pdf）を基に筆者作成。

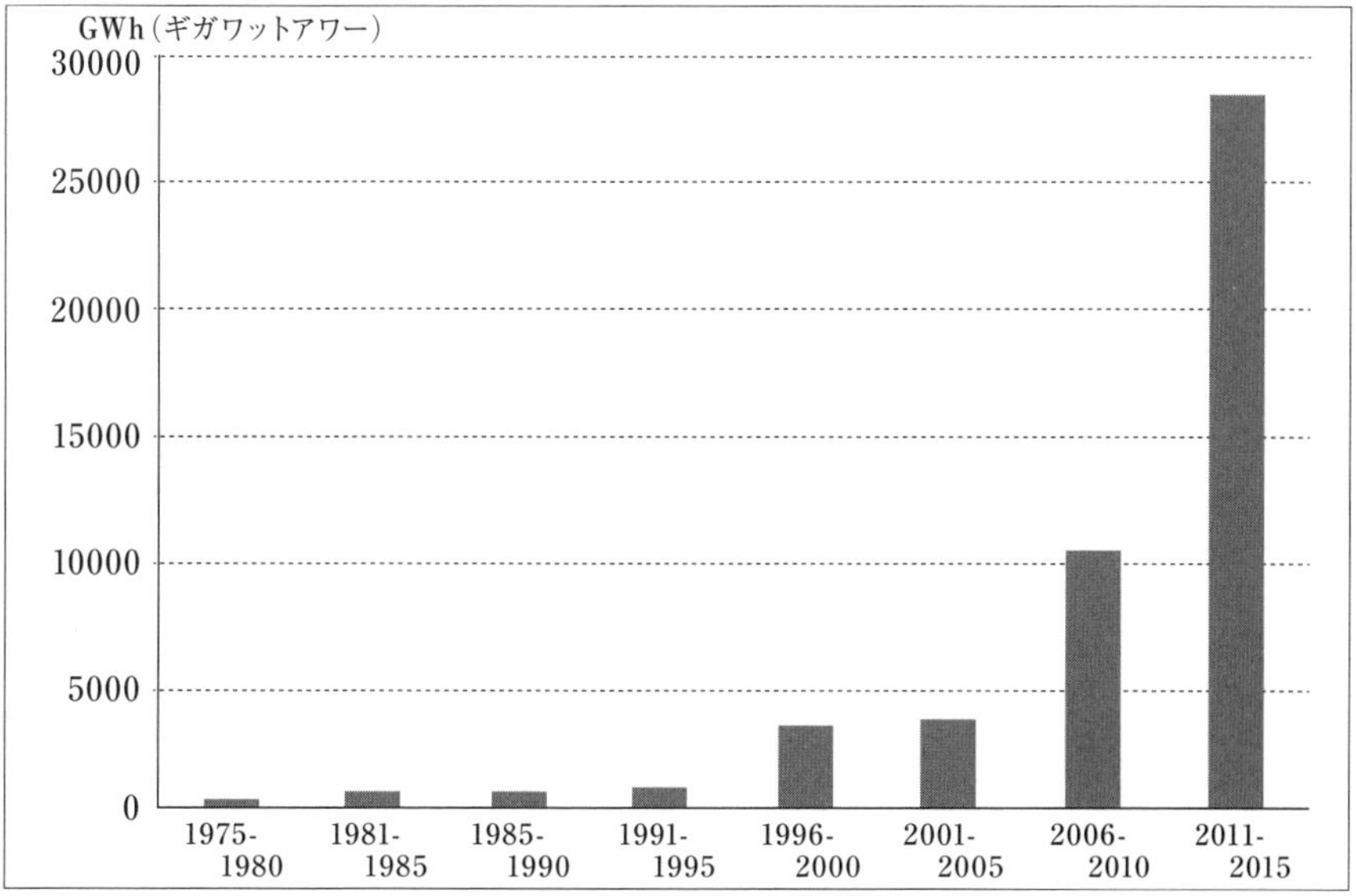

図7-1　1975年以降の水力発電による総生産量
（出所）Kaswang phaenkaan lae kaan longthun(2015: 34)。

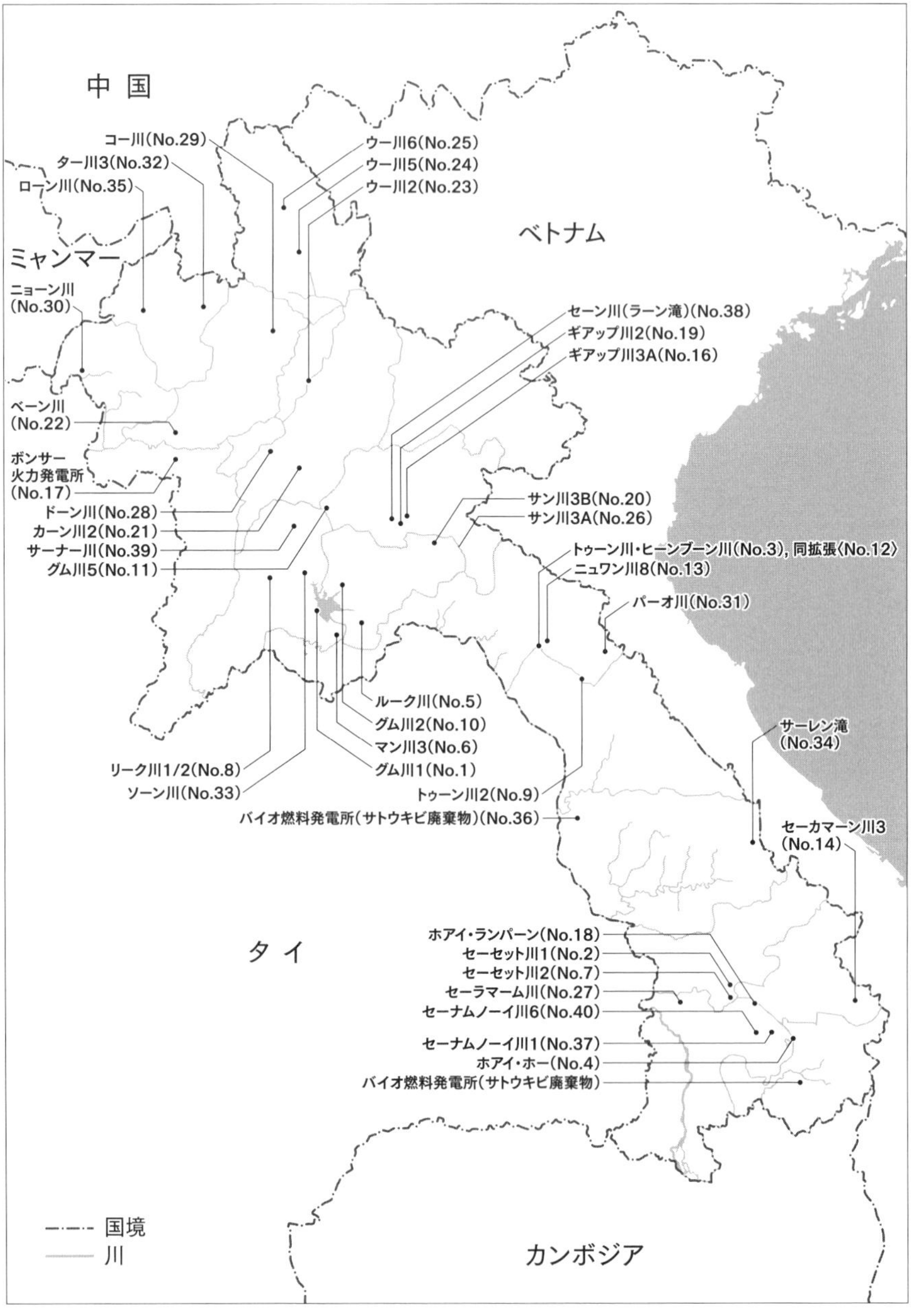

地図7　現在の水力発電所
(出所) エネルギー・鉱業省HP (http://laoenergy.la/admin/upload_free/cb0bfaff9558d1d767476cca252b287d42b3d5c6f0c8f0f3ab3dfccf760aadbfa3814c39ba18d67903bff5d625c24ed2Attached_Map.pdf)。

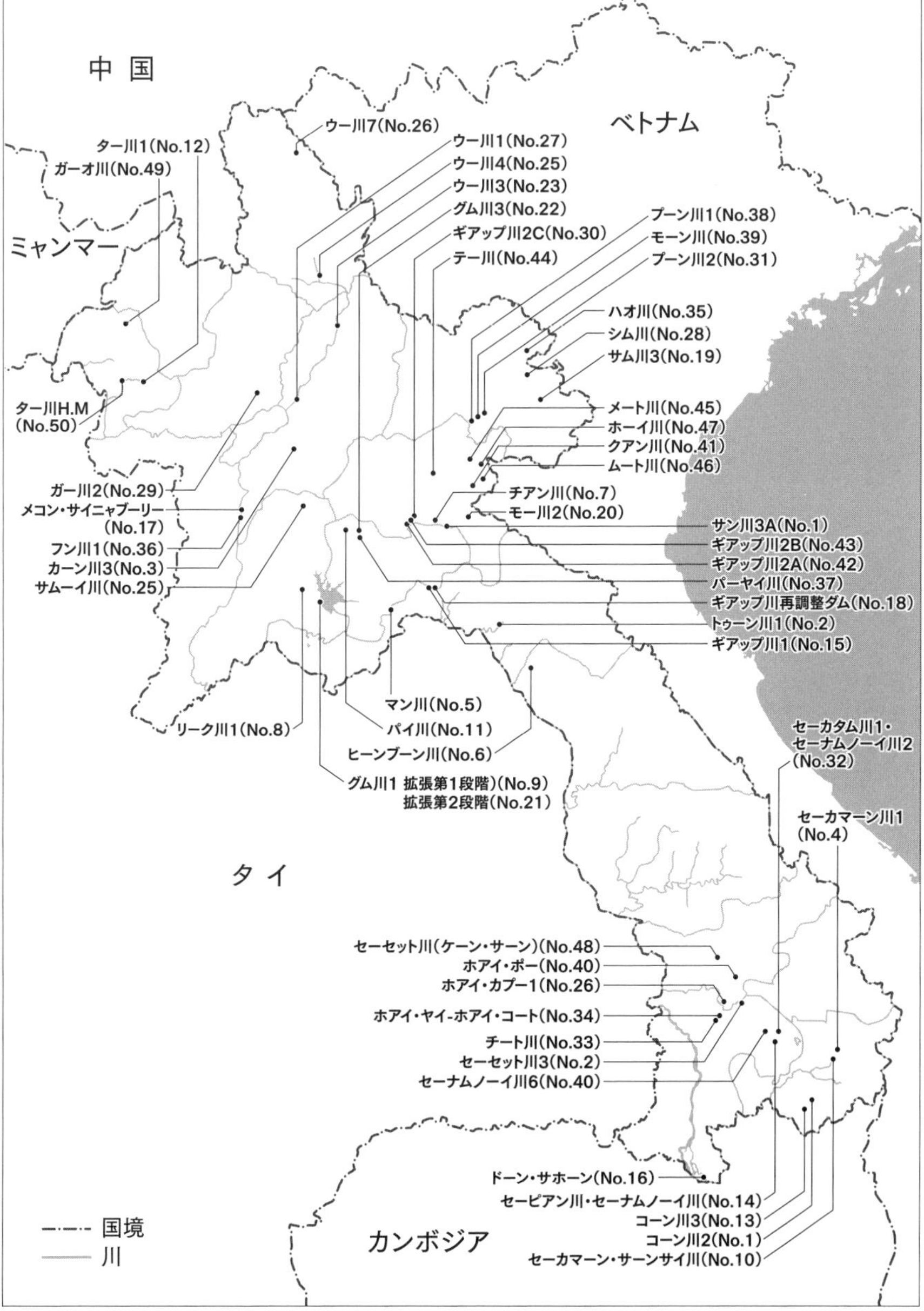

地図8 2020年までに建設終了予定の水力発電所
(出所) エネルギー・鉱業省HP(http://laoenergy.la/admin/upload_free/cb0bfaff9558d1d767476cca252b287d42b3d5c6f0c8f0f3ab3dfccf760aadbfa3814c39ba18d67903bff5d625c24ed2Attached_Map.pdf)。

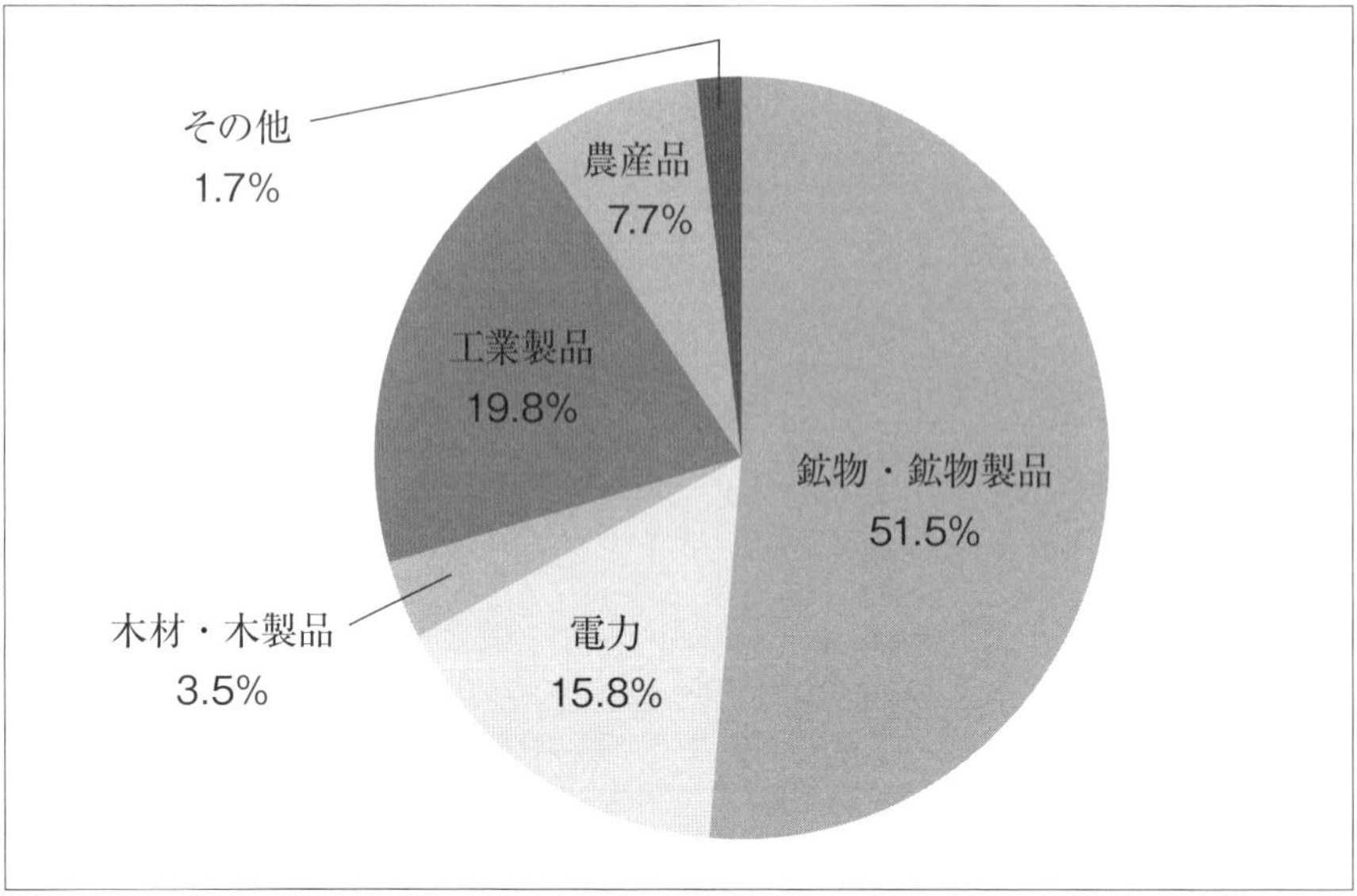

図7-2　分野別輸出額構成比（2013／14年度）
（出所）Kaswang phaenkaan lae kaan longthun (2015: 37)。

るのは約一万四〇〇〇世帯である。また国境地帯では国内送電線網が届いていないため、近隣国から電力を輸入している地域も多い。

一方、鉱物プロジェクトは二〇一七年一一月現在、中央は二二九企業、地方は四四三企業に対して投資認可を与えている（*Patheet Lao*, November 6, 2017）。現在のような商業ベースの鉱物事業開発は、オーストラリア企業がサワンナケート県のセーポーン鉱山で始めた金事業が始まりである。この企業は二〇〇三年に三〇〇〇万ドル相当の金を輸出し、二〇〇五年からは銅生産を行なっている。

また二〇〇六年からは別のオーストラリア企業がプービア（ビア山）鉱山で金生産を、二〇〇八年からは銅生産を開始した。そして資源価格の高騰なども加わり、輸出額全体の一％にも満たなかった鉱物資源セクターは半分以上を占めるようになった。

図7−2は二〇一三／一四年度の産業分野別輸出額の割合である。電力と鉱物セクターだけで約六七％を占め、これに木材や農業を加えれば、資源セクターだけで約八〇％となる。また政府歳入も約一六％は電力と鉱物資源セクターからの利潤税や配当、そしてロイヤルティーな

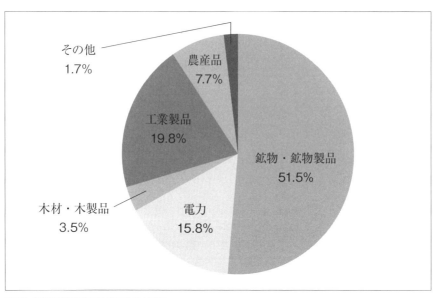

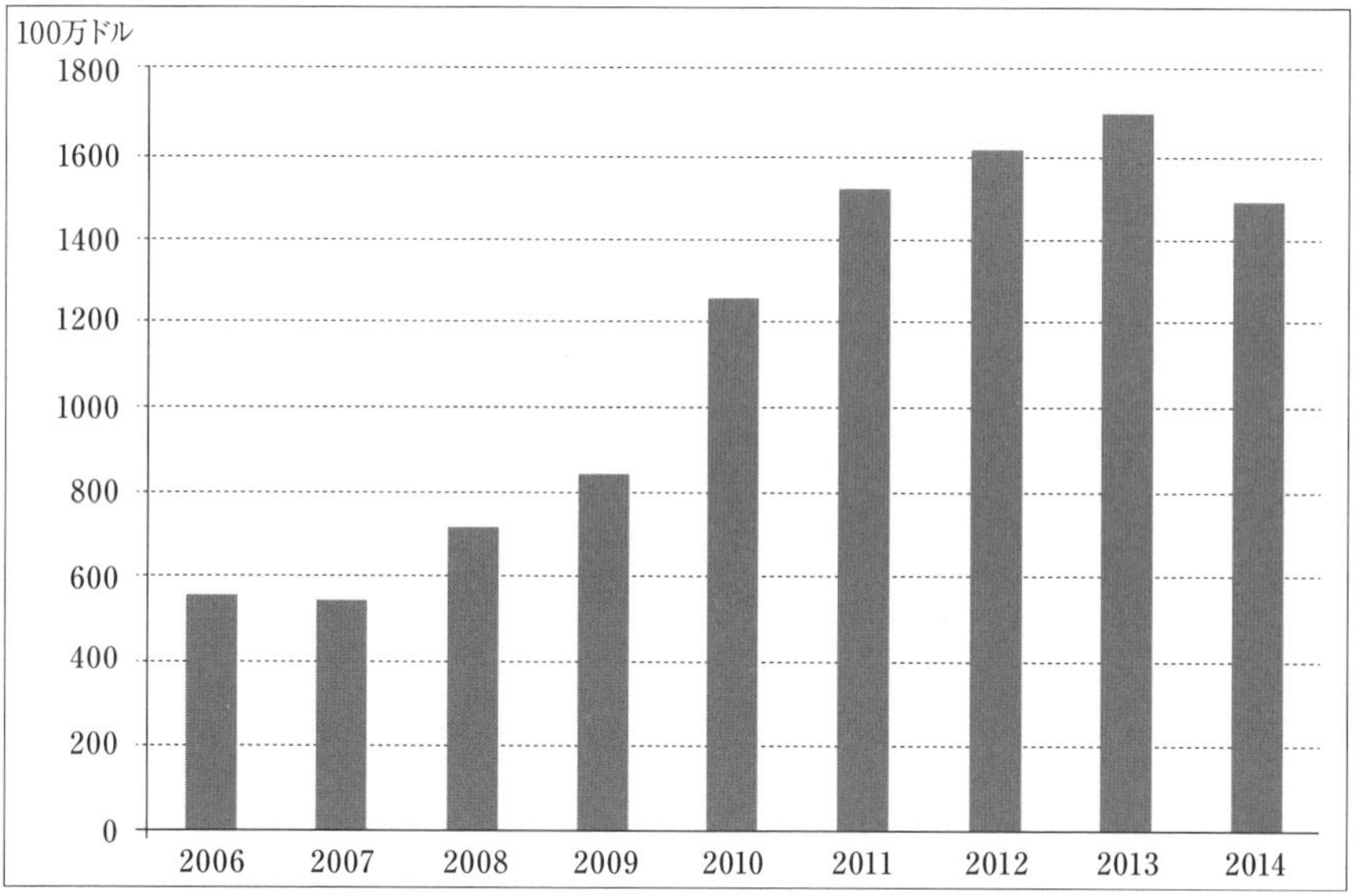

図7-3　鉱物資源輸出額
（出所）Kaswang phaenkaan lae kaan longthun（2015: 35）を基に筆者作成。

どである。いかにラオスが天然資源や土地を活用した産業に依存しているかがわかるだろう。資源セクターは歳入不足に悩む政府にとってもっとも重要な収入源となっている。

しかし鉱物や農産品輸出は今後も輸出額が伸びるとは限らない。契約によって価格が安定し、かつ現在建設中の発電所が完成すれば輸出量が大幅に増える電力と異なり、鉱物資源や農産品は価格に左右されやすい。図7－3は鉱物資源の輸出額である。二〇〇〇年代中頃から右肩上がりで増えてきた輸出額は、価格の下落によって二〇一四年には減少している。今後も金や銅などの価格次第で急激に落ち込む可能性は否定できない。

また鉱物資源はいつか枯渇する。二〇一三年一一月、MMGラーンサーン・ミネラルズ社は、鉱石の枯渇と生産コスト上昇を理由に、セーポーン鉱山での金採掘を一二月で終了すると発表した。セーポーン鉱山はこれまで一〇億ドル以上の収入を政府にもたらしてきた。政府によると、既にセーポーン鉱山の収入の九二％は銅生産が占めており、金採掘停止による経済的影響は少ないという。しかし採掘停止に伴う失業や、企業が担っていた近

写真7-2　ルアンナムター県に植えられているパラゴムノキの苗。（撮影筆者）

隣コミュニティー開発の継続という問題が浮上している。実際、採掘の中止により四〇〇人以上が失業した。今後、全国で実施されている鉱物事業が同様の問題を抱えることになる。

農産品も価格に左右され、特に近年はゴム価格が下落し農家への影響が出ている。北部では二〇〇〇年代中頃から中国での需要の高まりによるゴムブームが到来し、山一面にパラゴムノキが植えられ始めた（写真7－2、7－3）。しかしゴム価格の下落により、主な販売先である中国企業への販売価格も二〇〇八年の一万七〇〇〇キープ／キログラムから、二〇一二年は九〇〇〇キープ／キログラム、二〇一四年は七〇〇〇～八〇〇〇キープ／キログラム、そして二〇一六年には三〇〇〇～四〇〇〇キープ／キログラムまで下落した。

このような価格下落を受けて、たとえばルアンナムター県シン郡とローン郡のゴム栽培農家七五八世帯は約四〇〇〇ヘクタール分のパラゴムノキを伐採した。ポンサーリー県ではゴムに代わりカルダモンの栽培が始まっている。とはいえ北に行っても南に行っても全国のいたるところでパラゴムノキを目にする。

写真7-3　ゴムの樹液の採取。(撮影筆者)

つまり鉱物と農業セクターはラオスの比較優位ではあるが、安定性に欠けるという問題がある。それは裏を返せば、安定的な収入源確保と持続的な成長を支えるため、今後ラオスが電力セクターにさらに依存していくことを意味している。だからこそ政府は、東南アジアのバッテリーになるという政策を掲げているのだろう。車で全国を回っていると、どの県に行ってもダム建設現場がある。

しかし電力セクターへの依存は、土地紛争や環境問題のさらなる悪化を招く恐れがある。政府は開発プロジェクトにより影響を受ける住民への適切な補償と環境保護を強調しているが、適切な対応がなされているとは言い難い。開発によって土地や家屋を手放さなければならない人々の多くが、市場価格以下の金額しか得られない。

またメコン川主流へのダム建設は、ベトナムやカンボジア等の下流域諸国の住民にも影響を与える。ラオスは多くの問題を抱えたまま、電源開発を進めているのである。

経済開発の負の側面

経済発展の一方で、党・国家幹部の汚職や不正、土地紛争、環境問題など、経済開発の負の側面が拡大し、党への国民の信頼が低下しつつある。

①汚職問題の悪化

ラオスが投資先として注目を集め始めた二〇〇〇年代前半、計画・投資省投資局長の部屋の前にはベンチが置かれていた。許認可書類に署名をもらいに来た外国人投資家たちが局長との面会を待つベンチである。ある日、私が別件でそのベンチに座っていると、隣のビジネスマンから「君はいくら持ってきた?」と聞かれた。彼らの多くはお土産とともに現金を持ってきていた。

現在は外国企業からの賄賂だけでなく、党員や国家公務員による横領や不正が横行している。特に税務局は汚職の温床として国民の誰もが知るところである。税金の徴収が電子化されていないため、いくらでも不正を行なうことが可能となる。たとえば税務官がレストランや個人商店に税金の徴収に行き、納税者と交渉してその年の納税額を決める。当然、納税者は少しでも支払い額を抑えたい。一方税務官は私腹を肥やしたいため、納税額を低く抑える代わりに納税者から賄賂を受け取るのである。

ただ近年は税務局だけでなく、その他の省庁や地方機関、また民間企業でも汚職や不正が蔓延している。二〇一六年に行なわれた第一〇回党大会で党指導部は、汚職が一般的に蔓延し体制に悪影響を与えていることを公に認めた。

汚職や不正に関する報道がされるようになったのは二〇一三年頃からである。それまでは噂で伝わってくるものの、メディアで報道されることはほとんどなかった。党や国家幹部の汚職は恥ずべきこと、国民に隠すべき問題だったのである。しかし幹部による汚職が拡大し国民の不満が高まると、党・政府が汚職問題に対応している姿勢を国民に示す必要が高まった。現在では汚職問題が公に議論されるようになり、党や政府は「メディアや国民が目となり耳となって汚職問題を解決しよう」と呼びかけている。

たとえば二〇一三年六月一七日の『パサーソン社会・経済』（*Pasaason Socio-Economic*）紙は、フアパン県財務局、教育・スポーツ局、労働・社会福祉局、サムヌーア郡教育・スポーツ事務所の五二人が関与し、二〇〇五～一〇年の五年間で一七三億七三〇〇万キープを横領した事件を報道した。この事件では七人が四年から一八年の禁錮刑を受けている。

また同紙は七月一一日にも、税務官三人が企業の法人税納付額を低く抑える見返りに、現金数千ドルを受け取った贈収賄事件を報じている。サーラワン県の銀行では職員が一〇〇億キープを横領し逮捕されるという事件もあった。

しかしメディアで報道されるのは、地方の下級官僚や民間の事件であり、党や国家の指導幹部に関する報道は一切ない。一九九〇年代後半、革命第一世代であり首相経験もある指導者が汚職問題により政治局を降格したことがあった。しかし問題が沈静化すると彼は政治局に復活した。トップサークルは守られるのである。

とはいえ、徐々に守るべき幹部の範囲が狭まりつつある。二〇一五年、ウドムサイ県での架空公共事業に関与した容疑でプーペット党中央執行委員・政府官房大臣が拘束される事件が起きた。二〇一二／一三年度にウドムサイ県は、実際に存在しない二五の架空公共投資事業に対して二〇〇〇億キープの現金や債券を含め三二四〇億キープの国有資産を配分する不正を行ない、プーペットは当時の財務大臣として関与した疑いが持たれたのである。プーペットは現役の党中央執行委員であり、このような高級幹部の拘束はきわめて珍しい。

この背景には、翌年に党大会を控えて人事を巡る党内駆け引きが激しさを増したこともあるが、党・国家幹部の汚職や不正に厳しい対応をとらなければ、国民の不満が高まり、党への信頼がこれまで以上に低下するとの党の危機感もある。またその他幹部への抑止効果を狙った措置とも言える。

ウドムサイ県以外でも、ルアンナムター県は二九件、セーコーン県は三件、アッタプー県では二件の架空公共事業が明らかになっている。そうであれば、残りの一四県でも少なからず公共事業に絡む不正があっても不思議ではない。汚職や不正は悪化の一途を辿るばかりである。

政府は一つの対策として、二〇一三年六月四日に首相令第一五九号を公布し、党指導部を含むすべての党・国家機関職員、少尉以上の軍人と警察官、そしてそれらの近親者の資産申告を義務づけた。対象者は土地、住宅、建物、車輌、金、現金、預金額など二〇〇〇万キープ以上の資産、また五〇〇万キープ以上の贈与を二年ごとに申告しなければならない。これは二〇一四年一月から施行されたが、申告内容は非公開であり形式的に過ぎず、効果はほとんどないと言える。

②土地紛争

開発プロジェクトは人がいない場所で行なわれるとは限らない。水力発電所建設や鉱物資源採掘により住民の移住や土地収用問題などが発生している。

土地は全国民の所有であり、国家が使用権を付与することで国民は土地を使用できる。したがって土地に対する国家の裁量権は大きい。つまり国家は開発のために比較的自由に土地を収用することができる。

そしてこれまで土地を収容された者は、市場価格よりも格段に安い補償額しか得られなかった。また田畑が収用された場合に提供される代替地も肥沃でない場合が多い。当然、土地を失った国民の不満は高まった。そこで政府は二〇〇五年に「開発プロジェクトによる損失補償および人民の移住・配置に関する首相令第一九二号」を公布し、土地収用や補償に関するルールを定めた。二〇一六年には第一九二号に代わり、「開発プロジェクトによる損失補償と人民の配置・移住に関する政令第八四号」を公布した。しかし十分な補償額と代替地が提供されない問題は現在も続いている。国会ホットラインで寄せられる国民の意見も土地紛争に関するものが多い。

政令では、開発プロジェクトによって影響を被る土地、家屋、農作物、収入は、土地、物資、現金によって補償されると定めている。しかし土地証書を持っていない人々は、土地に関する補償が受けられず、家屋のみの補償となる。ラオスはこの一〇年間で土地証書の発行を進めているが、いまだに何十年も証書を持たずに代々受け継がれた土地に住み続け、田畑を保有している人たちは多い。そのような人たちへの法的補償はない。

また補償は損失額に相当する額の代替地や現金が支給されることになっているが、市場価格が適用されることは少ない。補償額は国家が定める土地価格表や市場価格などに基づき、開発業者と地方の土地補償・住民移住委員会が当該住民と協力しながら算出することになっている。しかし行政と事業者の協議過程に住民が関与することはほとんどない。

たとえばサワンナケート県の経済特区建設では、当初七つの村の住民が影響を受けた。建設時、経済特区委員会から委託を受けた企業や県土地事務所が、土地の測量や家屋・建設資材に関する査定を行ない、その後土地補償・住民移住委員会が財務省の土地価格表と通信・運輸・郵便・建設省（現公共事業・運輸省）の減価償却費用計算原則に基づき補償額を算出した。しかし収用と補償の基本方針を話し合う会議に七村の村長は一人も招集されなかった。

住民は国家が一〇〇%補償してくれないことを理解している。また行政に従わなければさらなる不利益を被る恐れがあるため、多くの人々は不満であっても行政や事業者が提示した補償額や代替地を受け入れる。しかし近年、自分たちの権利が守られず、公正さに欠けると考える一部の人々が声を上げるようになった（詳細は「9社会」の章を参照）。

③環境問題

水力発電所建設や鉱物資源開発は言うまでもなく広大な土地を開発しなければならない。そして生態系や環境を破壊する。環境や生態系にまったく影響を与えない開発はないだろう。ダム建設による生態系への影響、除草剤を使用したバナナ栽培や銅の採掘による環境被害など、ラオスには数多くの問題が存在する。

特に近年問題となっているのがメコン川主流へのダム建設である。政府はサイニャブーリー県のメコン川主流に総工費約三五億ドルでダムを建設中である（写真7－4）。建設はタイの建設大手チョー・カーンチャーン社（Ch. Karnchang Public Co. Ltd.）が請け負い、電力の九五%はタイ発電公社（ＥＧＡＴ）が購入する。ラオスには二九年のコンセッション期間で三九億ドルの収入がもたらされる予定である。

下流に位置するタイの諸県、ベトナム、カンボジア、また国際ＮＧＯなどは、生態系や下流域住民の生活に悪影響を与えるとしてメコン川主流へのダム建設を批判している。しかしラオス政府は、魚の回遊を可能にするため設計を貯水型から流し込み式に変更し、かつ魚梯《ぎょてい》（魚

写真7-4 メコン川主流に建設中のサイニャブーリーダム。(撮影筆者)

を上流に上らせるための水路)を設け、また排砂システムを導入することで土砂流の問題も解決できるため、生態系への影響を最小限に抑えられるとし、批判を一蹴した。

そして政府は国際社会の反対の声を無視し、チャンパーサック県を流れるメコン川主流にもドーン・サホーンダムの建設を開始した。ラオス政府は、ダム建設サイトは複数ある水路の一つであり「主流」ではなく、また規模も小さいため環境への影響も少ないと強気の姿勢を崩していない。今後も経済開発を優先させ、メコン川主流へのさらなるダム建設が行なわれる可能性は高い。ベトナムやカンボジアは当初強く反対していたが、その後態度を軟化させ、カンボジアはラオスによる電力供給を条件に建設容認の姿勢に転じた。

一方北部のルアンナムター県、ウドムサイ県、ボーケーオ県等では、中国企業のバナナ栽培による環境被害が報告されている。北部一帯では山一面にバナナが植えられ、バナナの実には青いビニール袋が被せられたある種異様な光景が広がっている(写真7－5)。

無数のビニールが放置されることも問題だが、もっとも深刻なのは除草剤の使用による環境や人体への影響である。ウドムサイ県とボーケーオ県ではバナナ栽培へのコンセッション供与を停止したが、企業は農家と個別契約しており対応に苦慮している。

ラオスは豊富な土地を活用し経済開発を進めているが、それはあたかも自分の身体を傷つけながら経済発展を遂げているようである。そのような開発はけっして持続的ではない。党・政府もそのことはよく理解している。だからこそ経済特区を全国に整備し、製造業への投資誘致に励んでいるのだろう。

写真7-5　北部で行なわれている中国企業によるバナナ栽培。（撮影筆者）

とはいえ後発開発途上国脱却や「ビジョン二〇三〇」の達成には、これまで以上の経済開発が必要であり、そのためには天然資源、特に電力セクターに依存しなければならない。第一〇回党大会ではグリーン経済（環境や生態系破壊等のリスクを軽減しながら持続的開発を実現すること）や環境保護がこれまでになく強調されたが、経済開発を最優先とする党の姿勢に変化はない。

④無理なインフラ開発と債務の拡大

国際通貨基金（ＩＭＦ）によると、二〇一五年のラオスの対外債務は約一一九億ドル、対ＧＤＰ比で九五・五％となっている。公的債務は約八二億六〇〇〇万ドルで対ＧＤＰ比は六五・八％である。そのうち対内債務は約八億九〇〇〇万ドル、対ＧＤＰ比一四・一％となっている。ＩＭＦはラオスの債務リスクを通常レベルに分類しているが、一方で借り入れが増加傾向にあり高リスクとのボーダーライン上にあるとも指摘している。

たとえば二〇一五年九月に行なわれた政府拡大会議で、二〇の中央機関、四県・都が二九兆一〇七〇億キープ（一ドル＝八〇〇〇キープ換算で約三六億三六八〇〇万ドル）の債務を抱えていることが明らかになった。しかし一部の機関と一四の県は債務額を報告していない。首都ヴィエンチャンだけでも当時で約一一億二五〇〇万ドルの債務が残っており、すべての省庁や県が正しく報告すればおそらく国際機関が把握している以上の債務が残っている可能性がある。政府は全体の債務額を把握できないまま、各国家機関や県に対して年間予算の三五%を債務返済に充てるよう指示した。実際、県や国家機関は臨機応変に対応しており、三五%以上を債務返済に充てているところもある。二〇一八年にその割合は四〇%に引き上げられた。また首都ヴィエンチャンは資産売却等による資金調達を行ない、債務返済に充てている。

特に問題となっているのが、国会未承認のインフラ事業による国内債務の拡大である。これは、中央や地方の国家機関が国会承認を経ずに、民間企業に費用を先払いさせる形で事業を実施し、終了後に債務を返済するという形の「公共事業」である。事業実施に際し、企業は国家機関との契約を担保に銀行から融資を受けることができる。しかし折からの収入不足により各国家機関が債務を返済できない状態が続き、多くの建設企業が倒産の危機に瀕した。

二〇一四年には商工会議所が政府に対して債務を支払うよう要請し、中央銀行が二〇一四／一五年度に国有銀行を通じて約三億六〇〇〇万ドル（期間二〇年）の融資を財務省に行ない、同省はその資金をインフラ事業請負企業への債務支払いに充てたが、問題はいっこうに解決されていない。二〇一七年四月に開催された第八期第四回国会では、公共事業を行なった民間企業への債務はいまだに一三兆一一八〇億キープ（約一六億四〇〇〇万ドル）あることが明らかにされている。このような不健全な形の公共事業は経済成長を支えた一方で、金融制度、企業財務、国有資産に悪影響を及ぼした。

高い経済成長率を維持するため、政府が国会未承認プロジェクトの実施をなかば黙認してきたことは否めない。問題が悪化しそれに気づいたときには既に債務が膨らみ、企業財務や経済全体に悪影響が及んだ。そして各省庁や地方機関は自分たちの利益のみを考え、多くの未承認プロジェクトを実施し債務を拡大させた。数字を上げることを最優先としてきた政府、そして汚職や不正に公共事業を活用してきた県や国家機関の責任は重い。

写真7-6 ラオス＝中国鉄道建設起工式開催現場にある定礎石。（撮影筆者）

近代化と工業化の象徴

通信衛星と鉄道プロジェクト

二〇一五年一二月二日、建国四〇周年祝賀式典に合わせて、ラオス＝中国高速鉄道プロジェクト起工式が開催された（写真7－6）。建国四〇周年前日に発行された英字紙『ヴィエンチャン・タイムス』（二〇一五年一二月一日付）では、四〇年の成果として中国の支援で二〇一五年一一月に打ち上げられたラオス初の通信衛星と、同じく中国の支援により今後建設される鉄道プロジェクトが、国家建設の二大成果として写真入りで大々的に取り上げられた。そして式典では、チュームマリー国家主席が「我が国の歴史においてこれまで達成したことのない特別な成果は、一一月二一日の初の衛星打ち上げと、高い技術と質を有し、東南アジアにおいて中国と連結する初の路線である鉄道建設プロジェクトだ」と述べた。

二〇一五年一一月二一日、午前〇時七分、中国四川省西昌衛星発射センターからラオス初の通信衛星「Lao-Sat1」が、長征三号ロケットによって打ち上げられた。衛星はラオス政府と中国企業三社による合弁企業Lao-Sat1

Joint Venture Companyによって運用され、二〇一七年八月現在、三三企業が衛生のデータ使用契約を結んでいる。運用寿命は一五年である。

衛星は中国がデザインから開発、そして打ち上げを一括して行なっている。中国はこのような衛星の一括輸出を推進しており、今回のラオスでの事業は今後ASEAN諸国に同様の輸出を行なうための突破口と位置づけられる。一方、ラオスにとっては建国四〇周年記念事業の一環と位置づけられている。つまりアピールできる国家事業が必要だったのである。

とはいえ、その代償は高くついた。衛星事業はラオス政府が中国輸出入銀行から二億五九〇〇万ドルの融資を受け実施している。そして今後、金利を含めて三億四一〇〇万ドル以上を返済しなければならない。

ラオスは二〇〇六年から衛星の打ち上げに関心を示していたが、自国には資金も技術もなかった。しかし二〇一二年一一月に中国の温家宝首相がラオスを訪問した際に融資協定が結ばれた。建国四〇周年事業として二〇一五年までに通信衛星を打ち上げたかったラオスにとって、もはや中国以外に頼る国はなかったと言える。

一方の鉄道建設はラオスの長年の夢である。この鉄道プロジェクトも紆余曲折を経て実現に至った。二〇一〇年に中国政府がラオスの鉄道建設支援で合意し、ラオスは二〇一二年一〇月一八日に一九九二年以来となる特別国会を一日だけ開催し、政府が中国輸出入銀行から約七〇億ドルを借り入れ、ラオス＝中国高速鉄道プロジェクトを実施することを承認した。

採算が疑問視されるプロジェクトの承認をわざわざ特別国会を開催して取り付けたことからは、党・政府の建設に対する意気込みとともに焦りを看取できる。いわば非常に高度な政治判断が働いたのである。

当初は中国企業との合弁により実施される予定であった。しかし中国側が投資回収の可能性が低いと判断し撤退したため、ラオスが中国から融資を受けて単独で実施することになった。ラオスは政府保証により三〇年の特別融資（一〇年間の元本返済免除、金利二％）で借り入れ、返済には鉄道事業のすべての収入と資産、二つの鉱物資源プロジェクトからの全収入を充てるとした。ラオスは当時三五億ドルの対外債務を抱えており、これに七〇億ドルが加算されればGDP総額（当時の額で約九〇億ドル）を優に超えてしまうため、国際機関等は同プロジェクトが経済に悪影響をもたらすと懸念を表明していた。

しかしその後プロジェクトはいっこうに進まなかった。両国首脳や政府高官が会談した際には必ず鉄道プロジェクトの推進が確認されたものの、プロジェクトが具体化することはなかった。その理由は明らかにされていないが、ラオスに七〇億ドルの返済能力がなく、中国側が具体化に難色を示していたと言われている。

ところが二〇一五年一一月一三日、ラオス政府と中国政府は北京でラオス＝中国高速鉄道建設プロジェクト（総額六二億八〇〇〇万ドル）に関する合意文書に調印した。この背景には、建国四〇周年を控え一二月二日に起工式を開催したいラオス側の意向が強く働いたこと、また中国も前年に「一帯一路」構想を発表し、その一環として汎アジア鉄道構想や東南アジアのインフラ建設をこれまで以上に重視し始めたことがある。

そして二〇一六年九月頃から徐々に鉄道プロジェクトに関する詳細な報道がされるようになった。報道をまとめると以下のようになる。

投資総額は約五九億五六〇〇万ドルまで引き下げられ、事業はラオスと中国両政府が共同で出資する合弁企業によって実施される。シェアはラオス三〇％、中国七〇％であり、両国はまず総投資額の初期投資分四〇％を支出する。残りの六〇％は合弁企業が中国輸出入銀行からの融資で賄う。

初期投資額の支出はラオス側が約七億三〇〇〇万ドルで、毎年五〇〇〇万ドルを五年間、計二億五〇〇〇万ドル支出し、残りの四億八〇〇〇万ドルは中国輸出入銀行から金利二・三％で融資を受ける。当初三％としていた金利はラオス側の粘り強い交渉で引き下げられた。投資回収には三五年かかると見られている。

計画によると、鉄道は中国雲南省昆明から国境を通り首都ヴィエンチャンまでの約四二七キロメートルを結ぶ単線で、標準軌（一四三五ミリメートル）を採用する。ラオス北部は山岳地帯であるため、トンネルが一九七キロメートル（行程の四七・七％）、橋梁が約六一キロメートル（行程の一四・九％）設けられる（写真7−7、7−8）。また線路両側五〇メートルは安全上の理由から鉄道プロジェクトが占有する。駅数は全部で三二、旅客駅は一一ヵ所に設けられ、旅客車は時速一六〇キロメートル、貨物車

写真7-7　ヴィエンチャン県カーシー郡にあるトンネル建設現場入り口。（撮影筆者）

は時速一二〇キロメートルで走行予定である。建設終了は二〇二一年末を予定している。

以上二つのプロジェクトは必ずしもラオスにとって必要とは言えない事業である。確かに通信衛星の打ち上げにより、山岳地域の通信状況が改善されるかもしれない。また政府が主張するように教育や医療等にも活用でき、国民生活が改善される可能性もある。しかし郵便・テレコミュニケーション大臣自らが指摘したように、運用寿命一五年の間に投資を回収して新たな衛星を打ち上げ、商用サービスを継続できるかは疑問である。

一方の鉄道プロジェクトもどのように投資額を回収するかが問題となっている。

確かに鉄道が運行すれば、これまでバスや車で約一〇時間近くかかった北部の都市ルアンパバーンまで二時間弱、また一日かかった中国国境まで約三時間となり、利便性が増すことは間違いない。また政府発表によれば、陸路輸送は中国国境まで現在の約三日間から大幅な短縮となり、輸送コストも約八三万キープ／トンから四分の一となる。しかしどこまで需要があるのか不透明な部分も多い。

写真7-8　カーシー付近のトンネル掘削現場。（撮影筆者）

多くの懸念がある中で、党と政府は見切り発車的に二つのプロジェクトを実施し、そして衛星と鉄道建設をこれまでの二大成果としてわざわざ国民にアピールした。しかしこれらの事業は中国に「実施してもらった」、また「今後実施してもらう」プロジェクトであり、ラオスの成果とするには違和感を抱く国民も少なくない。ではなぜ人民革命党は建国四〇周年の記念すべき日に、二つのプロジェクトをあたかも国家や国民が成し遂げた成果として大々的にアピールしたのだろうか。

　この背景にはラオスが目指す将来の国家像がある。ラオスは二〇一六年の第一〇回党大会で「ビジョン二〇三〇」を掲げ、二〇三〇年には上位中所得国入りを目指すとの目標を提示した。そのような野心的な目標に照らし合わせてみると、衛星と鉄道プロジェクトはまさにラオスが目指す近代化と工業化の象徴と言うことができる。したがって建国四〇周年記念の日にあえて二つのプロジェクトをアピールすることには、これまでの成果というよりも、今後の国家ビジョンを国民に示す狙いがあったと考えられる。二つのプロジェクトにはこれからの発展の象徴という意味合いが込められているのである。

労働者の不足と質の問題

製造業への投資が増える一方で、工場労働者不足が問題になりつつある。労働者数は二〇一五年に約三四七万人に達し絶対数が足りないわけではない。問題は労働者の約七〇%を占める農業労働者をどのように都市での工場労働に定着させるかである。

政府が工場労働者不足を問題にし始めたのは二〇一二年頃であり、製造業全体で九万人の労働者が不足していると指摘している。中でも縫製業は輸出額を増やすため、二〇一七年までに二〇一五年の倍となる六万人以上の労働者が必要と言われたが、大幅に下回っている。

労働者を増やすにはどうしたらよいだろうか。単純に賃金を引き上げれば労働者が集まるというものではない。最低賃金は数年ごとに引き上げられている。それでも労働者が不足しているのは、賃金以外の理由があるからだと考えられる。

一つは、労働市場における需要と供給のミスマッチである。経済発展に伴って、特に都市部では高学歴が高収入を保証すると考えられるようになり、大学進学者が大幅に増加した。一般的には高校卒業者は四校ある国立総合大学、医大、私立カレッジまたは教師養成学校への進学を目指し、職業訓練学校や専門学校の優先順位は低い。そして親たちも子供の大学入学を望んでおり、そのための投資をいとわない。このような教育熱の高まりと政府の高等教育重視政策もあり、二〇〇〇年代に入り急激に私立カレッジが増加した（詳細は「9 社会」の章参照）。その多くは質を伴っていない名ばかりの高等教育機関だが、国立大学に入学できない学生の受け皿となった。言い換えれば、経済発展による高学歴志向とともに教育ビジネスが発展し、教育市場における需要と供給がマッチしたのである。

しかし大学卒業者は「高学歴者」との自負があり、工場への就職を望まない。親も大学を卒業した子供が工場で働くことには反対である。工場で働くなら家の手伝いやバイトの方がよいと言う親も多い。したがって就職先として総合職や事務職がさほど多くないにもかかわらず、大卒者が工場労働者として労働市場に供給されることは少ない。教育市場とは反対に、労働市場では需要と供給のミスマッチが起きているのである。

そうであれば農村から労働者を集めればよいだろう。しかし問題はそう簡単ではない。実は工場労働者の社会的ステータスが低いため、農村の人々も工場での労働を好んではいない。これが第二の理由である。これはステータスや体面を重視するラオス人にとっては給与や待遇面より重要な点と言える。

ラオス縫製産業協会も、人々が工場労働を立派な仕事と見ておらず、一部の人にとって最終手段になっていると認めている。製造業で大きな役割を担う女性工場労働者は、可能であればサービス業で働きたいと考える。そして、工場労働者として働くのであれば、同じ村の出身者や友達がいる工場での就職を望む。つまり知り合いが国内ではなくタイの工場にいればタイに行く。

特にタイへの文化的な憧れや関心は高く、また賃金がラオスより高いため、ラオスで工場労働者として働くよりもタイの工場で働きたいと考える人たちは多い。

タイで合法・非合法で働くラオス人は三〇万~四〇万人とも言われる。彼らが帰国すれば問題は解決されるとの楽観論もある。しかしタイ政府が不法ラオス人労働者に暫定労働許可証を発行している現在、ラオス人労働者の大量帰国を期待することはできない。また何十年もタイに労働者を送り出しているラオスには、合法・非合法含め既にいくつもの労働輸出ルートが存在している。先述のようにラオス人は「つて」を頼る傾向がある。したがって自分の村にタイへのルートがあれば、国内よりもそのルートを頼る。経済特区があり製造業で雇用を生み出しているサワンナケート県の党副書記も、県内に雇用が生まれても魅力的でないため多くの人がタイに行くと指摘している。

仮に農村から労働者を集めることができたとしても、離職率が高いという問題がある。これが第三の理由である。ラオス労働連盟によると地方出身労働者の二〇~二五%は毎月離職するという。労働連盟議長はその理由として劣悪な労働環境や低賃金だけでなく、農村出身者の伝統的ライフスタイルを挙げている。

都市部のライフスタイルが合わない、ホームシックなどの理由もあるが、農村出身者は離職しても田舎に帰って農業をすれば生活できるのである。つまり農村は彼らにとってのセイフティーネットと言える。

もちろん二〇～二五％の離職者が全員農村に帰るわけではなく、少しでもよい給与を求めて工場を移る労働者も多い。翌日には数十人が隣の工場に移ったという話は珍しくない。また数ヵ月間だけ働き、スマートフォンやお目当てのモノを購入したら田舎に戻り、新たに欲しいモノができたら再び都市に働きに出るという人も多い。

企業によっては労働者の離職を防ぐため、住居や食事手当ての支給、バスでの送り迎え、農繁期の休暇など福利厚生を充実させ、問題を最小限に抑えているところもある。しかしそれにはコストがかかる。このような企業努力は必要だが、ラオス人労働者も近代労働への意識転換をしなければならない。

雨の日は出勤しない、勝手に休む、何も言わずに辞める、工場のモノを盗むなどの問題は、一〇年前より改善されたとはいえ今でも発生している。労働・社会福祉大臣はメディアとのインタビューで、労働規律への意識が低く、忍耐力がないことをラオス人労働者の問題点として指摘している。

質も問題である。一般的にラオス人労働者の質は低い。一部の工場では高い割合で不良品が出る。一〇年以上前と比較すれば労働者の質は向上しており、進出日系企業からも改善されたという声は聞く。だが近隣ＡＳＥＡＮ諸国と比較するとまだまだラオス人労働者の質は低い。

しかし伝統的に染織工芸が盛んで手先が器用であるため、ウィッグ（カツラ）のように一人で黙々と髪の毛を植え込んでいく作業では高い生産性をあげている。反対に、工場での単純流れ作業はラオス人には適さないようである。中国からラオスに生産工程の一部を移転した企業などは、中国人と比較してラオス人労働者の質の低さを嘆いている。

もちろん成功している企業もある。何がラオス人に適合し、どのような分野で能力を発揮できるかを特定することは難しい。いずれにしろ、労働者の質の改善はこれまでも、そしてこれからもラオスにとって大きな課題と言える。

衰えない公務員の人気

社会主義経済管理体制を採用していた時代、民間や外国企業は少なく、かつ国民の八〇％以上が農民だったため、商店や食堂などの自営業を除き、主な就職先は国有企業を含む公的機関などしかなかった。しかし現在は外国企業や民間企業が増え、働き口の選択肢は広がっている。にもかかわらず今でも公務員の人気は高い。

表7－5は公務員の基本給に関する給与指数表である。

表7-5　公務員給与指数(2003年)

号俸	給与指数				
	1級	2級	3級	4級	5級
15	165	205	261	333	421
14	162	200	254	324	410
13	159	195	247	315	399
12	156	190	240	306	388
11	153	185	233	297	377
10	150	180	226	288	366
9	147	175	219	279	355
8	144	170	212	270	344
7	141	165	205	261	333
6	140	162	200	254	324
5	139	159	195	247	315
4	138	156	190	240	306
3	137	153	185	233	297
2	136	150	180	226	288
1	135	147	175	219	279

（出所）Samnakgaan naanyok latthamontii (2005a).

採用後にどの級、号俸に位置づけられるかは、二〇〇三年に公布された公務員規則に関する首相令第八二号によって定められている（現在改訂作業中である）。

それによると、博士号取得者または同格の者は四級七号俸に位置づけられる。つまり給与指数は二六一であり、これに基本係数である七二〇〇キープを乗じると一八七万九二〇〇キープ（一ドル＝八〇〇〇キープ換算で約二三五ドル）となる。

大学卒業者は四級二号俸に位置づけられるため、七二〇〇キープに基本指数二二六を乗じて給与は一六二万七二〇〇キープ（約二〇三ドル）となる。もっとも高い五級一五号俸でも三〇三万一二〇〇キープ（約三七九ドル）である。これに管理職手当てやガソリン代などその他手当てが加わるため、実際の支給額は多少高くなるが、公務員給与は民間や外資と比較して低い。

民間や外国企業の中には大学新卒者の初任給で三〇〇ドル以上支給するところもある。企業によってはそれ以上支給している。では、なぜ給与が安いにもかかわらず、公務員はいまだに就職先として人気があるのだろうか。

一つの理由は社会的ステータスが高いことである。公務員や教師は昔から社会の尊敬の対象であり、それは今でもさほど変わっていない。そのため給与は低いが公務員や教師になりたいという若者は多い。公務員や教師を両親に持つ子供は親の影響もある。子供が公務員になることを望む親も多い。

もう一つの理由は、公務員ならではの特権や利権を得られることである。省庁で局長や副局長などの管理職に就けば、省庁の車を「自家用車」代わりに使用できる。退職時には省庁所有の車が提供されることもある。党、軍、政府の高級幹部になれば土地も供与される。先述のように一般職員でもガソリン代などの手当てがある。機関によっては携帯電話のプリペイドカードが支給されるなど、さまざまな手当てがある。つまり同じ公務員になるとしても、どの省庁に就職するかは重要な問題である。また機関によっては、汚職や不正を通じて基本給与の何十倍、何百倍もの額を手にすることができる。

しかし公務員への就職は年々狭き門となっている。公務員採用数は政府の財政緊縮政策により、二〇一一／一二年度の約一万五〇〇〇人から二〇一四／一五年度は約五〇〇〇人と大きく減少している。二〇一八年は約三〇〇〇人となる予定である。国内収入の五〇％以上が公務員給与に配分されるため、政府にとって大きな財政負担となっている。では実際にどうすれば公務員に就職できるのだろうか。

まず、一八歳から三五歳までの就職希望者は省庁の入り口に掲載される公告や新聞広告により採用情報を入手する。その後、応募者は書類を省庁で購入し、必要事項を記入後提出する。ただし、希望者全員が応募書類を購入できるわけではなく、二五〇人など数が限られている。つまり早い者勝ちである。

書類選考通過者は一般教養、専門知識、語学などの試験を受け、合格者は面接に進む。日本のような全国統一国家公務員試験はなく試験は各省庁が実施する。各省庁が公正に試験を実施すればよいが、機関ごとの採用では縁故採用が発生しやすくなる。省庁に務める親が子の採用をサポートし、また親戚や遠戚の子の採用に便宜を図ることは日常茶飯事である。親子で同じ省庁や国家機関に務めている人は多い。ある日突然、党指導幹部の家族が省庁にやってきて、子供や親戚を採用してほしいと依頼することもある。このような縁故採用に対する批判は強く、社会には公正な採用を望む声が長らくあった。

そこで政府は縁故採用問題を解決し、また質の高い人材を確保するため、二〇一三年に全国統一公務員試験を導入した。労働者と同様に公務員の質の向上は大きな課題である。先述のように縁故採用が多いため、能力の低い人材の採用が後を絶たない。コンピューターで一日中ゲームをし、会議中にずっとスマートフォンをいじっている職員も多い。党や国家幹部は質の向上を問題としつつ、実際は近親者を採用する。ここにも近しい人や家族さえ良ければ他は関係ないという考え方が表れている。

試験は政治や経済などの一般教養知識を見る一次試験と、各機関が実施し専門知識を見る二次試験に分かれている。

一次試験は年一回実施され、合格者は二年間有効の合格証を受け取り、その間、一二月と六月に各機関が実施する二次試験を何度でも受験することができる。二〇一三年は一万六五〇〇人の採用枠に対して三万八四一〇人が応募し、三万二五七二人が一次試験に合格した。試験はさほど難しくなく回答率五〇％以上で合格できるため、実に応募総数の約八五％が合格したことになる。つまりほとんどが一次試験を突破するため、二次試験を実施する各機関には縁故採用を行なう余地が残される。とはいえ統一試験の導入は、公平な採用と質の高い人材を確保するための大きな一歩であった。

しかし政府は二〇一五年、予算緊縮と分権を理由に試験を中止し、各機関が採用試験を実施する以前の制度に戻した。また統一試験に対しては受験者からも不満の声が上がった。一次試験合格証の有効期限二年間の間に就職できる人数は限られ、一部受験生にとっては問題集の購入や受験料等が負担となったのである。

しかし元の制度に戻れば就職が容易になるわけではない。政府は質の高い人材確保と公平性の担保よりも費用と時間の軽減を優先し、受験者は公平な採用よりも安易で安上がりな方法を求めたのである。ここにも「サバーイ」を求めるラオス人の特徴が表れているのかもしれない。

ソムサワート・レンサワット（一九四五年～）

現在の経済開発の道筋を整えた元副首相である。一九四五年六月一五日にルアンパバーン県で生まれた。中国系であり中国語を流暢に話すが、ベトナム語も堪能である。一九六一年に革命に参加し、一九六四年から七五年まではヴィエンサイの洞窟でカイソーン党書記長を補佐した。一九七五年の建国後も党中央事務局に勤務し、カイソーンの秘書官などを務める。一九八九年から九一年までブルガリア大使となり、東欧の民主化を経験した。

一九九一年の第五回党大会で党中央執行委員となり、一九九三年まで党中央事務局長、政府官房長、国家主席府大臣などを務める。つまりその経歴はカイソーンとともにあった。一九九三年から二〇〇六年までは外務大臣を務め、その間の一九九七年にラオスはＡＳＥＡＮに正式加盟を果たす。一九九八年からは副首相も兼任した。

二〇〇一年の第七回党大会で政治局入りが確実視されたが、直前にカムタイ書記長の反感を買い入局できなかったと言われている。念願の政治局には二〇〇六年の第八回党大会で選出された。

二〇〇六年からは経済担当副首相として経済開発に奔走する。中国とのパイプを生かし、次々に中国企業や大規模プロジェクトを誘致して経済開発を推進するが、多くの批判も受けた。首相就任を熱望していたようだが、カムタイの意向もあり、二〇一六年の第一〇回党大会で引退した。現在は実質的権力を伴わない党中央執行委員会相談役を務めている。ソムサワートの開発手法には賛否両論あり、土地紛争、環境問題、汚職などさまざまな問題を拡大させた張本人とも言われる。しかし二〇〇〇年代のラオスの経済成長はソムサワートなしには実現できなかった。その部分は評価されてしかるべきだろう。

ソムサワート・レンサワット。

8 外国との関係

ラオス

は自国の利益と必要性に沿って非常にしたたかな外交を行なう。時には「特別な関係」にあるベトナムや最大の援助国である中国にも強気の姿勢を見せる。小国だからといって、けっして大国の言いなりというわけではない。

社会主義外交から全方位外交へ

一九七五年の建国後、ラオスの外交は社会主義国を中心に展開した。一九七〇年代後半の人民革命党機関紙『パサーソン』（*Pasaason*：人民）を見ると、ラオス人指導層のベトナムや旧ソ連・東欧諸国訪問、反対に旧ソ連や東欧諸国の要人によるラオス来訪の記事が、毎日のように写真入りで一面に掲載されている。

しかしラオスは建国当初、アメリカを含め西側諸国との関係も維持していた。戦後復興と国家建設には資金が必要であり、党はイデオロギーに関係なく必要な援助獲得を目指したのである。アメリカと外交関係を維持していたのはインドシナ三国（ベトナム、ラオス、カンボジア）ではラオスだけであった。現在もそうだが、ラオスは自国の利益と必要性に沿って非常にしたたかな外交を行なう。時には「特別な関係」にあるベトナムや最大の援助国である中国にも強気の姿勢を見せる。小国だからといって、けっして大国の言いなりというわけではない。

しかし一九七〇年代後半になると、ラオスは次第にベトナムなど社会主義兄弟国の外交路線に影響を受けるようになる。カンボジアのポル・ポト問題を機に中越関係が悪化すると、ラオスはベトナムに追随せざるをえず、一定の関係を維持していた中国への非難を開始した。特に一九七八年一二月末にベトナム軍がポル・ポト政権打倒のためにカンボジアに侵攻し、一月にベトナムの支援を受けたヘン・サムリン政権が誕生すると、状況は大きく変わった。一九七七年にベトナムとラオスが友好協力条約を締結したのに続き、ベトナムとカンボジアが平和友好協力条約を締結したことで、ベトナム、ラオス、カンボジアの三ヵ国は「特別な関係」で結ばれインドシナブロックが成立したのである。

これは二つの意味でラオスの外交に影響を与えた。一つはラオスの外交路線がベトナムに大きく左右されるようになったことである。特に対中関係は独自に修復できず、中越関係の改善を待たなければならなかった。

もう一つは対ＡＳＥＡＮ関係の悪化である。反共産主義国で構成されるＡＳＥＡＮは、ベトナムのカンボジア侵攻に強く反対した。したがってインドシナ三国が「特別な関係」で結ばれたことは、ＡＳＥＡＮ対インドシナ三国という対立図式の成立を意味していた。

ベトナムがカンボジア問題解決に乗り出し中国との関係改善を模索すると、ラオスもＡＳＥＡＮや中国との関係改善に動き始めた。中でも一九八〇年代後半のソ連や東欧の民主化、それに続く冷戦の終焉は、ラオスに対外関係の転換を迫ることになった。もっとも大きな要因は、ソ連や東欧諸国を中心に社会主義国で形成していた経済相互援助会議（Council for Mutual Economic Assistance: CMEA）からの援助削減である。旧ソ連による対ラオス援助は一九八〇年代中盤には全体の五〇％以上を占めていた。しかし一九八八年以降は大幅に削減され、一九九二年には消滅する。その穴を埋めるために、ラオスは欧米や日本との関係構築を模索した。

以降、ラオスは中国や西側諸国との関係改善を実現し、一九九一年のカンボジア問題解決後は、一九九二年二月にタイと友好協力条約を結び、七月にはベトナムとともにＡＳＥＡＮにオブザーバーとして参加した。そして一九九七年七月にＡＳＥＡＮに正式加盟を果たし、名実ともに東南アジア地域の一員となったのである。

また近年は援助獲得のために積極的な外交を展開し、インド、中東、ラテンアメリカ、アフリカ、中央アジア諸国とも外交関係を樹立している。二〇一六年にはオバマ大統領がアメリカの大統領として初めてラオスを訪問し、対米関係も大きく改善された。内戦時代に旧王国政府を支援し、人民革命党と対峙したアメリカの大統領が初めてラオスの地を踏んだことは、ラオスの外交が新たな時代を迎えたことを意味する。

このように全方位外交を基本に外交関係拡大を図る背景には、二〇二〇年に後発開発途上国を脱却し、二〇三〇年には上位中所得国入りを果たすという国家目標がある。経済成長のためには資金が必要であり、その財源獲得のために積極的な外交を展開しているのである。特にラオスが積極的に関係を築いているのが中国、韓国、インドである。中国と韓国については後述し、ここではインドを取り上げる。

二〇〇八年八月、チュームマリー国家主席がインドを訪問した。社会主義国やＡＳＥＡＮ諸国以外ほとんど外遊をしない国家主席のインド訪問は関係重視の表れである。この訪問でインド側は、ラオスに対し人材育成や貿易・投資分野で協力を行なうこと、ラオス南部の開発に対して低利子融資を行なうことを約束した。中でも、インド企業による対ラオス投資を促進するため、インド政府はラオスに進出した自国企業に対する輸入税の免除を求め、ラオス側は便宜を図ることを約束した。二〇一五年には二国間の直行便就航に関する覚書を結んでいる。またインドはラオス人公務員の研修受け入れ先でもあり、これまで一五〇〇人以上が参加している。

ただ、全方位外交による外交関係の拡大はラオスに利益だけをもたらすわけではない。無作為な拡大はかえって多大なコストと不利益をもたらしている。外交官の不足や能力不足は長い間指摘されている問題である。また、多額の援助を獲得できた一方で、管理コストの増加などラオス側の負担も同時に増えた。さらに、必要性は低いが外交関係上拒むことができないプロジェクトが実施される場合もある。

一方、市民レベルに視点を移すと、昔から国家とは異なる「外交」が行なわれている。ラオスは中国、ベトナム、カンボジア、タイ、ミャンマーの五ヵ国に囲まれた内陸国である。したがって、国境沿いの人々の交流は国家とは関係なく脈々と行なわれてきた。メコン川沿いの地域ではタイとの経済的関係が深く、両国の行商人が川を渡って貿易を行なってきた。現在でも両岸の住民が自由に行き来できる場所がいくつもある。特にラオスは日用品の多くをタイに依存しているため、タイとの経済交流は生活に欠かせない。

東部ではベトナムと、北部では中国との間で市民による伝統的な国境貿易が行なわれている。今でも国境検問所では、村人が昔ながらに野菜などを詰めた竹かごを背負って中国やベトナムに売りに行く姿を目にする。末端の村人の交流はイデオロギーや政治体制に関係なく何百年も続いてきたのである。

しかし市民レベルの交流も新たな時代を迎えつつある。食堂や商店を構えラオスに生活拠点を移す中国人、鉄屑収集や建設労働に従事するベトナム人の流入、近隣諸国からの売春婦も増えている。血縁や親戚関係もなくラオスと無関係であった人々が、ラオスにビジネスチャンスや職を求めてやってくるようになったのである。この一〇年で中国語やベトナム語の看板は増え、首都ヴィエンチャンでも中国、ベトナム、タイ、カンボジアナンバーの車を目にするようになった。

ベトナム

次世代へと引き継ぐ価値ある特別な関係

ラオスとベトナムは「特別な関係」で結ばれ、三六五日何らかの交流が両国間で行なわれていると言っても過言ではない。新聞にはほぼ毎日ベトナムとの交流に関する記事が掲載されている。たとえば二〇一四年、ラオスからは二〇六の代表団がベトナムを訪問し、ベトナムからは二〇四の代表団がラオスを訪れた。中央から末端までの頻繁な交流が両国関係を支えているのである。では、両国の関係はどのように「特別」なのだろうか。

ラオス人民革命党の起源は、ホー・チ・ミンが一九三〇年に設立したインドシナ共産党にある。ラオス内戦では北ベトナム兵「ボランティア」がラオス人兵士に代わって戦った。ラオス人兵士は空に向かって鉄砲を撃ち、先頭に立っていたのはベトナム人だったとも言われている。

またラオスにはもともとベトナム系住民も多い。初代人民革命党書記長であるカイソーンの父はベトナム人であり、党ナンバー2のヌーハックは若いころからベトナムと関係があった。初代国家主席だったスパーヌウォンの妻はベトナム人である。このように、人民革命党指導部の中には、親や配偶者にベトナム人を持ち、個人的にベトナムと深い関係を築いていた者も多い。

両国は戦後、一九七七年七月一八日にラオス・ベトナム友好・協力条約を締結した。これが現在の両国関係の基盤となっている。条約は両国関係を「特別」であるとし、全分野において相互援助を行なうと定めている。ベトナム軍のラオスへの駐留、ラオス軍へのベトナム人アドバイザーや経済顧問の派遣、ラオス人政府幹部や軍人に対するベトナムでの研修・訓練等、公にならない取り決めもあった。特に一九七〇年代や八〇年代はこの協定を根拠に最大で五万人のベトナム兵がラオス国内に駐留していたと言われている。また、少なくとも一九九〇年代前半までは、ベトナム人経済顧問がラオスの経済・社会開発計画作成に大きな影響力を及ぼしていた。同計画はラオス計画・投資省ではなく、ベトナム大使館で作成されていると言われたほどである。

つまりラオスは建国前も後もベトナムに依存しながら、またベトナムの影響力を大きく受けながら国家建設を進めてきたと言える。現在でも党新指導部が選出されると必ずベトナムを最初に訪問することが慣例となっている。

一方、ベトナムはラオスへの経済支援をさほど行なわなかったため、経済関係は政治的関係に比べて深まらなかった。一九七五年以降の援助の大半は旧ソ連からであり、旧ソ連崩壊後は日本やオーストラリアが主要支援国となった。そして二〇〇〇年代に入りラオスと中国の関係が急速に深まると、対ベトナム関係は政治面においても低迷期に入ったかのように見えた。

そこで両国は、二〇〇〇年代後半から「特別な関係」を次なる段階に引きあげるための準備を開始した。ラオスにとってベトナムは建国の恩人であり、「特別な関係」の維持は大前提である。とはいえ経済開発には中国資金が必要不可欠であり、中国に依存せざるをえない。中国関係が次第にベトナムとの「特別な関係」を凌駕し始めたため、ラオスは対ベトナム関係の新たな機軸を模索した。ラオスは少なくとも対ベトナム関係の姿勢に変化がないことを示さなければならなかった。

それはベトナムも同じである。ベトナムにとって長い国境を接するラオスは安全保障上重要であるとともに、何十年も国家建設を支えていることから「自らの領域」という自負がある。したがってラオスに対する中国の影響力が増すと、ベトナムも新たな関係構築を模索した。この点において両国の考えは一致していたと言える。

そして二〇一〇年、両国の特別な関係に新たな定義づけがなされた。マイン・ベトナム共産党書記長が四月にラオスを訪問してチュームマリー党書記長・国家主席と会談した際、両者は両国関係が新しい発展段階にあるとの認識で一致し、今後も伝統的かつ特別な団結で結ばれた両国の全面的協力関係を守り、深めていくことを確認した。そして両国のこのような関係を、互いの国家建設と国防において必要な要素であり、「何物にも代えがたく、次世代に引き継がなければならない貴重な財産」と位置づけた。

このような新しい定義づけは両国関係が不変であり、かつ新たな段階に入ったことを示している。以降、指導者の相互訪問のたびにこの定義が確認されている。

経済関係も二〇〇八年頃から徐々に深まってきた。ホアン・アイン・ザー・ライ社(Hoang Anh Gia Lai: HAGL)による鉱物資源採掘やゴム栽培への総額四〇〇〇万ドルの投資、アッタプーやフアパン県における空港建設、ロン・タイン・ゴルフクラブ・アンド・レジデンシャル・エステイト（Long Thanh Golf Club and Residential Estate）による総額一〇億ドルに上る投資など、ベトナム企業によるラオスへの大型投資が相次いで認可された。

二〇一〇年におけるベトナム企業による投資は二一九プロジェクト、総額約二四億ドル（認可ベース）であったが、二〇一七年四月現在二六九プロジェクト、約五一億ドル（認可ベース）となり、中国、タイに次いで全体の第三位となっている。

表8-1　2011年～2016年までのラオス・ベトナム貿易額

（単位：100万ドル）

年	対ベトナム輸入	対ベトナム輸出	合計
2007/08	104	122	226
2011	274	460	734
2012	421	445	866
2013	457	668	1,126
2014	390	700	1,090
2015	591	557	1,148
2016	432	568	1,000

（出所）ラオス工業・商業省ホームページ（http://www.moic.gov.la/?page_id=1103&lang=en），*Vientiane Times*, April 28, 2017, *Pasaason Socio-Economic*, January 11. 2016を基に筆者作成。

（注）2007/08年度はラオスの財政年度（10月～9月）であり、それ以外は暦年。

ベトナムによる投資は主に不動産、電力、農林業、鉱物部門に行なわれ、件数の約八〇%、投資額の約九三%は中部・南部の八県に立地し、特に首都ヴィエンチャン、サワンナケート、アッタプー、チャンパーサック県に集中している。北部で影響力を拡大する中国に対し、ベトナムは中部、南部で影響力を強めている。

また貿易関係も二〇一〇年代に入り拡大している。**表8-1**は近年の両国の貿易額である。両国は二〇一一年に貿易額を二〇一五年までに二〇億ドルとすることに合意し、以降、貿易額を年々増加させてきた。しかし二〇一六年はラオスが一部の例外を除き木材の輸出を全面的に禁止し、また一部鉱物プロジェクトを中止したことで、対ベトナム輸出は減少傾向にある。とはいえ二〇一〇年代に入り貿易額はそれまでの一〇年に比べて大幅に増加した。

ベトナムによる対ラオス援助も増加している。二〇一四年、ベトナムは対ラオス開発援助を三〇%増加する方針を明らかにし、二〇一三／一四年度は約二八二〇万ドルの援助を行なった。二〇一四／一五年度も前年度比三〇%増となり二年連続の増加となった。

現在、以上のような経済関係に加え、両国はより実務的関係を深めつつある。たとえば政治では、両国の共産党が理論・実践セミナーを開始し、市場経済に基づく経済発展を進める中でいかに党支配を維持するかについて協議を開始した。ラオスにとってベトナムの経験は大いに参考になる。またラオスは財政赤字や収入不足問題についてベトナムの経験を参考にし、「ビジョン二〇三〇」の作成ではベトナム共産党経済委員会と協議を行なった。そして現在のラオスでもっとも重要な政治プロジェクトの一つである「カイソーン・ポムヴィハーン思想研究」では、ベトナム共産党と協力し、「ホー・チ・ミン思想」について学び、意見交換を行なっている。

ラオスには対ベトナム関係を損ねてまで対中国関係を深化させる意思はない。またベトナムもラオスとの関係強化を望んでいる。ラオス・中国関係が深化する中で両国関係の低迷がささやかれたが、ラオス・ベトナム関係の基盤は改めて強化されているのである。

特に二〇一七年は、外交関係樹立五五周年（一九六二年九月五日外交関係樹立）と友好・協力条約締結四〇周年（一九七七年年七月一八日に締結）を迎えた記念の年であり、両国でさまざまな祝賀イベントが開催され、次世代に両国関係の重要性をアピールする絶好の機会となった。

では、一般の人々はベトナムにどのような感情を抱いているのだろうか。もちろん、ベトナムがラオスの国家建設に多大な支援を行なったことは知っている。ベトナム系ラオス人も多く、またベトナムはラオス人にとっての主要な留学先でもあるため、非ベトナム系であってもベトナム語を理解する人は多い。隣国でもあり近い存在であることは間違いない。

しかしベトナムは恩人だという意識はなく、ラオスと同等もしくは自分たちの方が上だと考えている節がある。これはベトナムだけでなく、他国との関係についてもあてはまるラオス人の感覚と言える。世界の中心とは言わないまでも、民族的自負が非常に強いため、ラオスの人々は特に周辺国に対する優越意識が高いように思われる。

中国

依存か？ それとも利用か？ 深化し続ける関係

ラオスの国家建設はもはや中国抜きには考えられない。中国資金はホテル、ショッピングモール、水力発電所、道路、病院、農業プランテーションなど、あらゆる分野に流入している。ラオスが大規模な国際会議を開催すれば、中国政府は会議場建設を支援する。ラックホック（ラオス語で六キロメートルの意。首都ヴィエンチャンの中心にある噴水広場からの距離である）と呼ばれるラオス人民革命党本部には、中国の無償援助で建設され二〇一六年三月に引き渡された大きな建物がある。党敷地内にあるどの建物よりも大きく、いくつもの執務室と大小の会議場があり、最新の機器が設営されている。中に入るとその大きさと広さに驚く。

人民革命党と中国共産党の関係は古く、後者がパテート・ラオの解放闘争を支援する一九五〇年代後半までさかのぼる。一九七〇年代後半にソ連と中国のイデオロギー対立が表面化し、また、カンボジアのポル・ポト問題を機に中越関係が悪化すると、ラオスは中国への批判を強めるようになり、両国関係は社会主義大国間の関係が正常化する一九八〇年代後半まで改善されなかった。

一九八九年に中ソ関係や中越関係が改善すると転機が訪れた。一九八九年一〇月にカイソーン党書記長が中国を訪問し、翌年一二月には李鵬首相がラオスを訪れた。関係改善はラオスにとって二つの意味があった。一つは、ソ連や東欧の民主化の流れの中で、社会主義大国とのイデオロギー的結束を維持すること、もう一つは、ソ連に代わる新たな援助供与国を見つけることである。

一方、中国にとってはイデオロギーや安全保障に加え、ラオスに存在する豊富な鉱物資源が大きな魅力であった。また、ラオスを含むメコン川流域諸国との関係構築は、中国南西部の開発や失業問題の解決にとって重要な意味を持つ。さらに東南アジア大陸部の中心に位置するラオスとの関係構築は、大陸部諸国とのネットワーク形成、さらにはその先の東南アジア島嶼部へのルートとしても価値がある。つまり、ラオスとの関係構築はＡＳＥＡＮ関係の一環として位置づけられ、中国にとっても一定の重要性を持ったのである。

両国関係が改善すると中国はラオスへの支援を再開し、

一九九七年一一月に両国関係促進の窓口としてラオス・中国経済・貿易・技術協力委員会が設立された。そして二〇〇〇年の両国首脳による相互訪問を機に、両国関係は全分野において急速に深まっていく。七月、カムタイ国家主席が中国を訪問し、一一月には江沢民国家主席が中国国家主席として初めてラオスを訪れた。両者は両国関係の一層の進展、また経済協力とともに安全保障や軍事面における交流促進で一致した。中国はラオスに対し「できる範囲内で最大限の援助を行なう」ことを約束している。

一九五九年から二〇〇〇年までの中国による対ラオス支援は総額約一五億六〇〇〇万元（無償、無利子融資、低利子融資）だったが、二〇〇〇年から二〇〇五年は約一二億元、二〇〇六年は単年で約七億元となり、二〇一四／一五年度には約一五億元（無償七億元、無利子融資二億元、低利子融資六億一七五〇万元）と大幅に増えた。

中国にはこれ以外に「対外経済合作」（経済協力）と呼ばれる独特の「援助」がある。これには、資金を中国政府の優遇借款等から調達し、中国国内のコントラクターが入札を経て請け負うプロジェクトである「承包工程」、中国人労働者による労務提供である「労務合作」、また、中国企業が受注する「設計コンサルティング」などがある。表8―2からは、二〇〇〇年代に入り、中国の対ラオス「経済合作」が徐々に増えていることがわかる。特に「承包工程」は二〇〇六～〇七年から額が大幅に増加している。「承包工程」には中国政府の援助案件も含まれているため留意が必要だが、対ラオス経済合作が二〇〇六年頃から拡大していることは明らかだろう。

援助拡大に伴って貿易額も増加した。表8―3からは

表8-2　中国による対ラオス経済合作（実施額）

（単位：1万ドル）

年	承包工程	労務合作	設計コンサルティング	合計
1995	3,460	−	−	−
1996	4,766	−	−	−
1997	4,633	−	−	−
1998	14,768	274	9	15,051
1999	8,321	169	20	8,510
2000	9,077	273	21	9,371
2001	10,068	104	49	10,221
2002	13,677	132	142	13,951
2003	10,189	116	26	10,331
2004	13,284	201	851	14,336
2005	16,953	25	35	17,013
2006	15,192	3	12	15,207
2007	15,658	3	143	15,804
2008	22,530	67	903	23,500
2009	41,294	381	−	41,657
2010	57,310	154	−	57,464

（出所）　1995年から1997年は『中国対外経済統計年鑑』、1998年以降は『中国統計年鑑』各年版。

両国の貿易額が二〇〇六年から大幅に増加していることがわかる。そして二〇一七年には、両国の貿易額は約三〇億ドルとなっている。

直接投資も同様に増加している。計画・投資省によるとラオスが外資に門戸を開いた一九八九年から二〇一五年まで、中国は総額約六二億ドル（認可ベース）の投資を行なっている。そのうち二〇〇五〜一〇年の五年間は約二八億ドル、二〇一一〜一五年の五年間が約二五億ドルであり、中国による対ラオス投資が二〇〇〇年代中盤から増加したことがわかる。

そしてラオスは二〇〇六年以降、年率七〜八％前後の高い経済成長率を維持している。つまり中国との経済関係が深化する時期と、ラオス経済が高度成長期に入る時期が重なっているのである。これはけっして偶然ではなく、経済発展の大部分が中国資金によって支えられていると言っても過言ではない。

表8-3　中国による対ラオス貿易

（単位：100万ドル）

年	輸出	輸入	合計
1996	26.7	8.2	34.9
1997	22.9	5.8	28.7
1998	17.8	7.9	25.7
1999	22.2	9.6	31.8
2000	34.4	6.4	40.8
2001	54.4	7.5	61.9
2002	54.3	9.7	64.0
2003	98.2	11.2	109.4
2004	100.1	12.7	112.8
2005	103.4	25.6	129.0
2006	168.7	49.7	218.4
2007	177.9	85.9	263.8
2008	268.1	134.3	402.4
2009	377.2	374.6	751.8
2010	483.6	601.5	1,085.1

（出所）『中国統計年鑑』各年版。

これにはラオス側の事情もある。人民革命党は一九九六年の第六回党大会において、「二〇二〇年の後発開発途上国脱却」を国家目標に掲げ、経済開発を本格化した。しかし、一九九六〜二〇〇五年までの平均経済成長率は目標を下回った。そこで党指導部は、二〇〇六年の第八回党大会において「開発を最優先」とする方針を掲げ、今後五年間の平均経済成長率を七・五％と定めた。以降、ラオスはこれまで以上に外資を積極的に誘致し経済開発に邁進する。それを支えたのが資源・エネルギー開発であり、中国資金である。つまり中国の援助は、ラオスが開発資金をもっとも必要とした時期に拡大したことになる。

一方、政治、軍事分野でも関係が深まりつつある。中国はラオスの国防学院（軍事学校）に機材を提供するとともに、中国人講師を派遣して中国語や戦術に関する講義を実施するなど、交流が行なわれている。注目すべきは、中国がラオスの党・政府幹部に対する研修を拡大していることである。二〇〇五年、中国はラオスの郡レベルの党執行委員会書記一〇〇人、地方行政官六〇人に対する研修を行なった。二〇〇六年には中央級指導者一〇〇人、規律検査担当三〇人を受け入れて政治思想研修を実施した。また、ラオス国立大学には中国研究センターや孔子学院も設立され、社会・文化面での協力も深まりつつある。

　そして二〇〇九年九月、チュームマリー党書記長・国家主席が中国を訪問し、胡錦濤中国国家主席と会談した際、両者は両国関係を「包括的かつ戦略的パートナーシップ」に引き上げることで合意した。チュームマリー党書記長・国家主席は、「中国はラオスにとって信頼できる友人であり、中国と包括的かつ戦略的パートナーシップを構築することは、ラオスの外交政策において重要である」「ラオスと中国は同じ理想を持っている」と述べた。これは、近年の対中国関係を表現する際に用いられる言葉である。二〇一七年一一月に習近平党総書記・国家主席がラオスを訪問した際にも繰り返された（写真8－1）。

　中国はラオスの天然資源獲得や対ASEAN戦略の一環として、一方のラオスは中国からの援助や投資の獲得とそれぞれ思惑はあるものの、両国は社会主義イデオロギーを掲げ一党独裁体制下で経済発展を目指すという「同じ理想」を持っている。今では「長期安定」「相互信頼」「善隣友好」「全面協力」という友好を表す一六文字とともに、「善き隣人」「善き友」「善き同志」「善きパートナー」の四善が両国関係の基本原則となっている。

写真8-1　習近平訪問時に国家主席宮殿に掲げられた両国国家主席の写真。このような写真の掲載は異例である。（撮影筆者）

　ラオスにとって中国は、地政学的にもイデオロギー的にも緊密な関係を築くことが求められる社会主義大国である。そして多額の援助と投資を行なう中国は、ラオスの開発にとって欠かせない。ラオスが二〇三〇年までに上位中所得国入りを果たすには、これまで以上に中国資金が必要になる。そして中国も「一帯一路」構想を掲げたこともあり、これまで以上にラオスに多様な支援を行ない、援助額を増やしている。二〇一七年の習近平総書記・国家主席来訪の際、中国は今後三年間で四〇億元（約六九一億円）の無償支援を行なうことを約束した。どの国の援助よりも多い額である。

しかし、対中関係の深化はラオスにプラスの効果をもたらす一方で、土地や環境問題、また中国人受入れ問題など、いくつかの深刻な問題を生み出した。中国の援助と投資のすべてに問題があるわけではなく、当然、ラオス側にも原因はある。ただ多くの問題が中国への依存を強めることで発生しているのも事実である。

特に中国が関与する建設プロジェクトでは、プロジェクトが始まるとすぐに中国人労働者向けの食堂、インターネットカフェ、簡易宿泊所、雑貨屋などが建ち並び、瞬く間に小規模な中国人コミュニティーが生まれる。時には土地などを巡り、近隣のラオス人とトラブルになることもある。このような新規に流入する中国人に対するラオス人の印象はあまり良いとは言えない。

また、先述のようにラオスの人々は民族的自負が強いため、中国人に対しても優越意識を持っており、時には馬鹿にすることさえある。しかし中国関係の深化により、中国に留学する者、中国語を学習する者、中国企業への就職を希望する者も増えつつある。中国企業のおかげで雇用が生まれ、収入が向上したと感謝する人も多い。

経済開発を進めるには、ラオスは今後も中国に依存しなければならない。しかしどこまで依存するのか、そしてベトナムとのバランスをどうするかは、ラオスの外交にとって非常に大きな課題と言える。

韓国
高まるプレゼンス

近年、韓国との関係が急速に深まっている。韓国人観光客は急増しており、政府発表によると二〇一四年は約九万六〇〇〇人、二〇一六年は約一七万三〇〇〇人がラオスを訪問した。これは二〇一二年に両国間の直行便が就航したことや、二〇一四年に韓国のアイドルがテレビ番組の企画でラオスを旅行したことなどが大きく影響している。以降、韓国人の若い女性だけでなく、年配の団体旅行者もラオスに押し寄せるようになった。大型バスに乗り、観光地を巡る韓国人団体観光客の姿はもはや珍しくない。首都ヴィエンチャンだけでなく、首都から数時間で行ける風光明媚な観光地ヴァンヴィエンでは、自撮り棒を持った韓国人観光客を数多く目にする。

在留韓国人も在留邦人の倍近い約二一〇〇人（二〇一三年）以上いる。首都ヴィエンチャンでは韓国の食材を売るマーケットやコンビニ、韓国人オーナーのカフェや韓国レストランが増えつつある。

二〇〇〇年代初頭はCD屋やビデオショップでも日本のドラマや音楽が人気を博していた。しかし現在は、韓流ドラマや音楽の方が俄然人気がある。ドラマや歌手の影響もあり、かつては日本のファッション雑誌を見ていた若者も、今では韓流芸能人を参考にしたりする。色白でかわいらしい顔をした韓国人男性アイドルも人気である。また、町を歩く韓国人女性観光客を見つめるラオス人男性は多い。

私が初めてラオスに住んだ二〇〇三年頃には感じなかったが、今ではラオスにとって韓国は非常に身近な国となった。一〇年前と比べて、文化・社会面での韓国のプレゼンスは明らかに高まっている。

それは政治、経済面でも変わらない。韓国の対ラオス外交戦略は官、民、芸能が一体となって、または有機的なつながりを持って進められており、非常に巧みである。

両国が外交関係を樹立したのは一九九五年と遅い。関係構築からまだ二二年しかたっていないが、韓国による対ラオス投資は二〇一五年に累計で二五七プロジェクト、約八億ドル以上となっている。

韓国の投資は多岐にわたる。コーラオグループ（KOLAO Group）によるバイクやピックアップトラックの生産、水力発電所建設などのほか、二〇一六年には、マクドナルド、ケンタッキー、スターバックスもないラオスにロッテリアがオープンした。

両国の経済関係が拡大したのは二〇一一年に大韓貿易投資振興公社（Korea Trade-Investment Promotion Agency：KOTRA）が首都ヴィエンチャンに事務所を開設したことが大きい。以降、貿易関係も拡大し、貿易総額は二〇〇六年の一六〇〇万ドルから二〇一二年には一億七六〇〇万ドル、二〇一五年には一億九八〇〇万ドルと徐々に拡大している。

また政府開発援助（ＯＤＡ）も増え、韓国は現在、農村開発、教育、保健、ＩＴなどの分野で年間平均一〇〇〇万～一二〇〇万ドルの援助を行なっている。特に教育に関しては、二〇〇七～一〇年に三〇〇万ドルを支援し、前期・後期中等学校の教科書約四〇万冊を配布した。ラオスの子供たちがほぼ毎日見ている教科書の裏には韓国国旗が大きく印刷され、韓国の支援であることを子供たちは無意識に認識する。韓国の支援は日本には及ばないものの、インパクトを与える援助が多いように見受けられる。

政治面では、両国の指導層による相互訪問が頻繁に行なわれるようになった。二〇一二年七月にはトーンシン首相が韓国を訪問し、李明博《イミョンバク》大統領と会談した。両首脳は両国関係の進展を高く評価し、エネルギー・資源セクターでの協力拡大などについて話し合った。

二〇一三年一一月には、チュームマリー党書記長・国家主席がラオスの国家主席として初めて韓国を訪問し、朴槿恵《パククネ》大統領と会談した。会談で両首脳は、経済、貿易、投資、文化など幅広い分野での協力関係促進で一致したほか、ラオスの鉱物部門への韓国企業の進出支援で合意した。

さらに両国は、二〇一四～一七年まで韓国経済開発協力基金がラオスに対し二億ドルの無償・有償援助を行なうことで合意している。そして二〇一六年九月には、ＡＳＥＡＮ首脳会合関連会議に出席するため朴槿恵大統領が初めてラオスを来訪し、ブンニャン国家主席と会談した。このように韓国はあらゆる分野でラオスとの関係を深め、存在感を強めつつある。

カンボジア

関心がさほど高くない国

ラオスとカンボジアの関係は、ベトナム、中国、タイなどとの関係に比べ、あまり注目されない。しかしカンボジアはラオス史において少なからず重要な役割を果たしてきた。

先述のように、ラオ族初の王国を建国したファーグム王はアンコールの宮廷で育てられ、アンコールの王女を妃とした。そして、その妃の影響により上座仏教がラオスで拡大していく。

また内戦中、スワンナプーマーにラオスの中立を助言したのは当時のシハヌーク殿下である。その後、一九六二年のジュネーブ協定でラオスの中立が定められた。しかし両国関係は、ポル・ポト政権の成立により悪化する。そして一九七八年一二月末にベトナム軍がポル・ポト打倒のためにカンボジアに侵攻し、ベトナム、ラオス、カンボジアの三ヵ国は「特別な関係」で結ばれ、インドシナブロックが成立すると、ラオスの外交政策がベトナムに大きく左右されたことは先述のとおりである。対中関係も、対ASEAN関係も、カンボジア問題の解決を待たなければならなかった。このように一九八〇年代後半まで、カンボジアは直接または間接的にラオスに影響を及ぼしてきた。

現在でもラオス、ベトナム、カンボジアの首相は、かつて結ばれた特別な関係を土台に毎年三人が顔を合わせ、経済協力などについて話し合っている。ラオスとカンボジアの両国関係も、要人の相互訪問が定期的に行なわれ良好である。経済関係も徐々に進展し、カンボジア発表の数値によれば、これまでのカンボジア企業によるラオス投資は八四〇〇万ドルに達したという。ラオス計画・投資省は、カンボジアとの貿易額は二〇一五年が約一二六〇万ドル、二〇一六年は約五二三一万ドルだとしている。ラオスはカンボジアに電力を輸出しており、両国間の貿易はラオスの大幅黒字となっている。

良好な関係を維持する一方で、両国間には国境問題がある。両国間の国境五三四キロのうち、一三％が未画定であるためしばしば問題が発生する。

二〇一七年二月から、ラオスのアッタプー県とカンボジアのストゥントラエン州の間の国境未画定地域において、両軍が国境ポスト（Border Post）の建設を始めたり、カンボジアによる国境沿いの道路建設をラオス軍が妨害したりする事件が相次ぎ緊張が続いた。

八月一二日、カンボジアのフン・セン首相が首都ヴィエンチャンを突如訪問し、国境問題解決のためトーンルン首相と会談した。両者は今回の問題が武力衝突に至らないように誠実かつ平和的に、また相互信頼を醸成し、相互の利益に適うよう解決するため、係争地から軍隊を撤退させることで合意した。また、フン・セン首相は道路建設の中止を命じた。九月一日には、問題解決を協議するため今度はトーンルン首相がカンボジアを訪問した。今後は両国の合同国境委員会が引き続き協議を行なう。

お互いの国境地域には、内戦時代にラオスからカンボジアに逃げた者、またポル・ポト時代にカンボジアからラオスに逃げた者などがおり、親類関係も多い。したがって彼らにとって両国は身近な存在であり、国境問題は直接生活に影響する。

一方、多くのラオス人にとって、タイ、ベトナム、中国と比べ、カンボジアへの関心はさほど高くなく、隣国の中でもっとも遠い存在かもしれない。

タイ

好き？ 嫌い？ 微妙な関係

ラオ語とタイ語は同じ語群に属しており、ラオス人の多くは子供の頃から毎日タイのテレビを観て過ごしているため、タイ語をほぼ一〇〇％理解する。文化も似ている。したがって両国はよく「親戚関係」や「兄弟関係」にたとえられる。

これはラオス語やタイ語で「ピーノーンカン」と言う。しかしタイとラオスでこの言葉の意味は異なる。タイ語では兄弟関係を意味する。ただしその場合はタイが兄でラオスが弟という意味である。一方ラオス語では親戚関係を意味し、あくまで対等な関係となっている。またラオス語の「ピーノーンカン」は非常に幅広い意味であるため、タイは数ある親戚の一人という解釈もできる。このように両国関係の解釈は両者の間で微妙に異なっている。

そもそも両国関係は複雑な歴史をたどってきた。ラーンサーン王国は現在の東北タイ地域を支配下に治めていた。一六世紀になると勢力を拡大するビルマに対抗するためラーンサーン王国セーターティラート王とアユタヤ王は協力する姿勢を見せた。しかしその後状況は一転し、ラーンサーン王国はビルマやアユタヤに攻め込まれる。そして一八世紀前半にはベトナムとシャム（タイ）の介入を受けてラーンサーン王国は三つに分裂し、三王国は一七九七年にシャムの支配下に置かれることとなった。

ラオスの人々はタイのことが好きでもあり嫌いでもある。子供の頃からタイのテレビを観て育ち、カラオケではタイのポップスを歌う。タイの文化やエンターテインメントを好み、首都ヴィエンチャンの人々の多くは週末になれば友好橋を渡って対岸のノーンカーイやウドーンターニーに買い物に行く。

その反面、歴史的にタイに対する複雑な思いもある。タイは人殺しやテロも多く、政治が安定しない危ない国だと言うラオス人は多い。反対に、ラオスは安全で安定している国だとし、どこかでタイに対して優位に立とうとする。それはタイ人が「兄として」ラオスに対し優位に立っていることへの反発のようにも見える。

実際に、タイ人がラオスを馬鹿にする発言を繰り返し、外交問題に発展することは少なくない。現在ではＳＮＳの普及により、そういった発言はすぐに「炎上」する。二〇一六年一〇月に首都ヴィエンチャンで行なわれたモーターショーに参加したタイ人がＳＮＳでラオスを馬鹿にする発言を行ない、ラオス人の反発を受けて謝罪する出来事があった。ラオスを訪問したタイ人官僚による振る舞いが問題になったこともある。またラオス人歌手がタイの番組に出演した際、タイ語を話したことで批判を浴びた。タイ人は心のどこかでラオス人に対して優位に立っており、それがわかっているからかラオス人もタイ人の発言に過剰に反応する。

とはいえ両国は隣人として付き合っていかなければならない。ラオスは生活日用品の大部分をタイからの輸入に依存している。ラオスの市場やマーケットに行けばシャンプーから石鹸まであらゆるタイ製品があふれている。二〇一五年の両国の貿易総額は二〇一四年の二一億五〇〇万ドルから五六億三三〇〇万ドルとなり、タイはラオスにとってもっとも重要な貿易パートナーとなっている。

特にタイはラオスの電力を購入してくれる重要な売電先でもある。二〇一六年九月に両国は、タイによるラオスからの購買電力量を七〇〇〇メガワットから九〇〇〇メガワットに増やすことで合意した。

　また計画・投資省の統計によると、タイは二〇一五年までに累計で約四五億ドルの投資をラオスに行なっている。さらにタイには約三〇万～四〇万人と言われるラオス人が合法・非合法を問わず働いており、まさにタイはラオスにとってもっとも重要な経済パートナーと言える。

　一方タイにとってラオスは気を遣う相手である。タイは東北地域に多くのラオ系住民を抱えており、またメコン川を挟んで長い国境を接しているため、安全保障上ラオスと良好な関係を構築しなければならない。そしてラオスは重要な電力源でもある。

　したがって両国の首脳は毎年のように顔を合わせ、一定の関係維持に努めている。またタイの王室はラオスで支援事業を展開しており、シリントーン王女が毎年のようにラオスを訪問してラオスの人々と交流を深めている。この支援事業と王女個人に対するラオスでの評価は高い。とはいえ微妙な親戚関係から対等な兄弟関係へと関係を発展させるには、まだまだ時間がかかりそうである。

日本

最大の援助供与国からプレゼンスの低下へ

日本はかつて二国間ではラオスに対する最大の援助供与国だった。おそらく日本の援助はラオスでもっとも浸透していると言ってよい。ラオスの田舎に調査に行くと村人から「ＪＩＣＡ（国際協力機構）か？」と聞かれ、「日本はラオスを助けてくれる」と言われることは多い。ＪＩＣＡや日本の支援はラオスのどこに行っても知られている。これは日本がラオスの国家建設に多大な貢献をしてきたことを物語っている。

　しかし「だった」と過去形にしたのは、中国が既にラオスへの最大の援助供与国となり、日本のプレゼンスが低下しているからである。一時期ブームだった日本語学習も、韓国語や中国語学習の勢いに押されている。人気があった日本の音楽やドラマは韓流ブームに取って代わられた。かつての日本ブームはもはやラオスにはない。

　ラオスと日本の関係は江戸時代にまでさかのぼる。しかし現在に続くような経済協力関係が始まるのは第二次世界大戦後である。日本は一九四五年三月九日にラオス

写真8-2　ナムグムダム。（撮影筆者）

に進駐した。いわゆる明号作戦（日本がフランスをインドシナから追い出し単独支配するための作戦の一環）である。

戦後両国は一九五五年に大使館を設置し、ラオスは一九五七年三月一一日に対日賠償権の放棄を日本に伝え、日本はそれに応える形で一〇億円の経済技術協力を無償で供与することを決定し、一九五八年一〇月に経済技術協力協定が署名された。ここに現在まで継続する経済協力関係がスタートする。またラオスは日本の青年海外協力隊が一九六五年に初めて派遣された国でもある。

日本は現体制が成立する一九七五年まで、首都ヴィエンチャンの上水道支援や空港滑走路延長支援などを行なった。一九六八年には日本の対ラオス支援でもっとも有名なナムグムダムの建設が始まった（写真8－2）。ラオス人民民主共和国が成立して以降、両国関係はいったん停滞するが、一九八〇年代後半にラオスが市場経済化を推進すると、二国間の経済協力関係は再び勢いを取り戻した。

表8－4は一九九〇年代中盤から後半の、表8－5は二〇〇〇年代の日本の対ラオス援助実績である。二つの表を見ると、日本による対ラオス援助額は年によってば

らつきはあるが、全体として援助額が以前より減少しているわけではないことがわかる。しかし中国の二〇一四年の対ラオス援助額約一五億元（約二三〇億円）と単純比較すれば、日本はもはやトップドナーではなくなった。

表8-4　日本の対ラオス政府開発援助実績（1994～99年）　（単位：100万ドル）

		1994	1995	1996	1997	1998	1999
贈与	無償	44.59	78.79	39.31	59.45	61.61	86.22
	技術協力	17.84	22.31	20.43	18.83	20.9	32.03
	計	62.43	101.1	59.74	78.28	82.51	118.25
政府貸付	支出総額	–	–	–	2.41	4.99	16.51
	支出純額	−1.72	−3.2	−2.33	0.32	3.06	14.29
合　計		60.71	97.58	57.41	78.59	85.58	132.53

（注）暦年、支出純額。
（出所）外務省ホームページ。1994年～98年はhttp://www.mofa.go.jp/mofaj/gaiko/oda/shiryo/jisseki/kuni/j_99/g1-13.htm、1999年はhttp://www.mofa.go.jp/mofaj/gaiko/oda/shiryo/kuni/02_databook/eaj/h_eaj/h_n/h_N0003.html。

表8-5　日本の対ラオス政府開発援助実績（2000～2014年）　（単位：100万ドル）

	2001	2002	2003	2004	2005	2006	2007
政府貸付等	−0.31	−2.02	0.45	6.72	1.15	7.85	12.79
無償資金協力	36.37	52.79	51.56	34.75	23.35	33.24	46.28
技術協力	39.41	39.32	34	30.27	29.56	22.96	22.40
合計	75.47	90.09	86.00	71.73	54.06	64.05	81.46

	2008	2009	2010	2011	2012	2013	2014
政府貸付等	9.91	20.55	17.71	3.28	−4.73	−2.48	8.73
無償資金協力	32.56	41.90	63.55	8.60	42.10	40.33	65.47
技術協力	23.83	29.91	40.19	39.64	51.06	38.11	29.13
合計	66.29	92.36	121.45	51.52	88.43	75.96	103.33

（注）暦年、OECD/DAC集計ベース。支出純額。
（出所）外務省ホームページ。http://www.mofa.go.jp/mofaj/gaiko/oda/shiryo/jisseki/kuni/index.html。

日本の対ラオス援助は、一九九〇年代には農村開発、食糧増産、電気通信網や道路、また上下水道整備、学校や医療施設建設などを中心とし、二〇〇〇年代に入ってからはこれまでの分野に加えて、市場経済化や地域開発計画支援、社会・行政制度や法制度整備、高等教育支援など、知的支援や人材育成に比重がシフトした。

忘れてはならないのは、地道に活動する日本のＮＧＯの存在である。ラオスでは学校建設、地雷処理、職業訓練、図書館や絵本の普及等、日本のＮＧＯが数多く活動している。職業訓練を通じて、手に職を持って自立していく地方出身の若者を育成し、本を読む楽しさを子供たちに教える等、小規模ながらも人材育成や社会開発に重要な貢献を果たしている。おそらくこれほど長く、また多岐にわたる分野で支援を行なっている国は日本以外ないだろう。

しかし近年は、その実績と貢献に見合う評価を得ていないように見える。なぜだろうか。一つは、もはや日本の援助が「当たり前」になったことがある。たとえば地方調査に行って日本人とわかると、「何をくれるのか?」「何を建ててくれるのか?」とよく聞かれる。日本は黙っていても何かしてくれるという考えが浸透し、かつてのような感謝の念は薄れている。また普段は支援に対する感謝の言葉を口にしていても、本音ではさほど思っていないこともある。

仮に日本がラオスへの援助を止めたらどうなるだろうか。日本の支援に感謝しているラオスの人々は、日本を引き留めるだろうか。一般的にラオスの人々の姿勢は来るもの拒まず去る者追わずであり、おそらく日本が去っても何とも思わないだろう。これは日本に限ったことではなく、どの国に対しても同じである。第一章で指摘したように、ラオスの人々にはドライな部分がある。

もはや日本は中国のように大金をはたいてラオス政府が望むような「箱物」を支援することは難しい。また韓国のように官、民、芸能が一体となるような連携も期待できない。そうであれば重要となるのが広報である。

日本ももちろん自国の支援をアピールしている。日本が支援した機材には日本国旗が印刷されたステッカーが貼ってあり、日本の支援であることはわかる。しかしいま一つインパクトがない。今後大幅に援助額を増やせないのであれば、広報のあり方を見直すべきだろう。

また文化事業も重要である。日本のポップカルチャーへの関心はあるが、日本政府によってラオスで行なわれる文化事業の多くは書道や着物などの伝統文化、またコスプレや盆踊りであり、ラオスの若者の関心をうまく引きつけられていない。一部の日本ファンの関心を引くだけでなく、幅広い若者の関心を引きつける新しい文化事業が求められる。「今の日本」を伝えるようなイベントがあまりにも少ない。

一方で、両国の政治的関係は近年深まりつつある。二〇一三年一一月、安倍晋三首相がラオスを訪問しトーンシン首相と会談した。会談で安倍首相は「積極的平和主義」について説明し、両国の外務、防衛当局間で安全保障対話枠組を設立することで合意した。これは明らかに中国を念頭においた日本の提案だと考えられる。中国はラオスにとってもっとも重要なパートナーであり、日本の思惑通りに進むとは考えられない。しかし、ラオスが同意したことは日本にとって重要な成果と言える。ただし中国には日本を、また日本には中国の存在を利用することで、ラオスには両国からさらなる経済援助を引き出す狙いがある。ラオスはしたたかな外交を行なう。

二〇一五年、日本とラオスは外交関係樹立六〇周年を迎え、さまざまな記念行事を開催するとともに首脳会談が三回行なわれた。三月にトーンシン首相が来訪して安倍総理と会談した際には、六〇周年を機に両国関係を「包括的パートナーシップ」から「戦略的パートナーシップ」へと発展させることで一致した。また両者は七月に日本で開催された日本・メコン地域諸国首脳会議の際、一一月にマレーシアで開催されたＡＳＥＡＮ関連首脳会議の際にも会談した。そして二〇一六年九月には、東アジアサミット出席のため安倍首相が再度ラオスを訪問してトーンルン首相と会談した。このようにこの数年間で両国首脳は何度も顔を合わせている。

特に九月の会談の際には「日本・ラオス開発協力共同計画」が発表され、「周辺国とのハード・ソフト面での連結性強化」「産業の多角化と競争力の強化、そのための産業人材育成」「環境・文化保全に配慮した均衡のとれた都市・地方開発を通した格差是正」を三本柱に日本がラオスの経済・社会開発五ヵ年計画の実現を支援することとなった。

このように日本は今後もラオスの国家建設に深くコミットする姿勢を示している。だからこそ今後ますます広報が重要になってくると考えられる。近年はアメリカも対ラオス関係を強化しており、ラオスにおける「援助競争」はますます激しくなっている。日本にとってはこれまでのような地道な支援を続けつつ、ラオスでのプレゼンスをいかに高めていくかが課題である。

アメリカ
かつての最大の敵からパートナーへ

アメリカは、ベトナム戦争中の一九六四年から一〇年間でラオスに二〇〇万トン以上の爆弾を落とした人民革命党の最大の敵であった。とはいえラオスの外交にとって対アメリカ関係の改善は今後の経済発展にとって重要な意味を持っており、かつての最大の敵との関係改善を望んでいる。それはアメリカも同じである。

アメリカは一九五〇年代からパテート・ラオの敵であるラオス王国政府への支援を開始した。ホーチミン・ルートがラオス山岳部を通過していたこともあり、アメリカにとってラオスはベトナム戦争遂行上非常に重要な場所であった。そして一九六〇年代になると、アメリカはラオスに本格的に介入する。しかし、当時のケネディ大統領はラオスを「レイオス」と呼び、ラオスの名称すら知らなかった。そんな大統領の決定がラオスに悲惨な歴史をもたらすことになった。

それから五〇年以上が経ち、ラオスとアメリカはようやく関係改善に向けて動き出した。その背景には、オバマ政権が外交の基軸をアジアにシフトし、ラオスがアメリカの対東南アジア関係強化の一環として重要な意味を持つようになったこと、また中国への牽制という面もある。

二〇一二年七月一一日、アメリカのクリントン国務長官が来訪しトーンシン首相と会談した。滞在はわずか四時間と短かったが、アメリカの国務長官来訪は五七年ぶりであり、両国関係改善にとって重要な一歩となった。その際、在ラオスアメリカ大使館はフェイスブックページに、クリントン国務長官が寺院を訪問して仏像の前で手を合わせ、ラオス文化に触れる写真を多数掲載しイメージ戦略を行なった。そして見事にラオス人ユーザーの心をつかんだ。

クリントン国務長官の訪問を受けて、九月には在タイ・アメリカ商工会議所（AMCHAM）がラオス支部を設立している。ラオスに対するアメリカの経済的関心も高く、今後ますますアメリカ企業のラオス進出が予想される。

二〇一六年一月にはケリー国務長官が来訪し、トーンシン首相やトーンルン外務大臣と会談した。会談では、協力関係強化の他、不発弾処理、ヘルスケア、栄養、教育、麻薬管理、貿易、環境保護、行方不明米兵捜査などについて話し合われた。この訪問はオバマ大統領のラオス訪問の地ならしの意味もあった。

そして二〇一六年九月六日、オバマ大統領がアメリカの大統領として初めてラオスを訪問した。オバマ大統領は滞在中に、不発弾（UXO）の被害者のために義手・義足や車いすの製作、またリハビリを指導する施設COPE（Cooperative Orthotic and Prosthetic Enterprise）を訪問するとともに、今後三年間で不発弾処理に対して九〇〇〇万ドルの支援を行なうことを発表した。また、世界遺産であるルアンパバーンを訪問して若者と対話を行なうなど、滞在中は積極的に活動した。

オバマ大統領の訪問はラオス国民により熱烈な歓迎を受けた。戦後四〇年以上が経ち、かつてのようなイデオロギー対立もなくなり、多くの国民にとってアメリカはもはや敵ではない。特に若者にとってオバマは敵国の大統領というよりも、超大国アメリカ、また世界のリーダーという認識であり、その人物がラオスを訪問すること自体に価値を見出しているようだった。

オバマ大統領がラオス人のようにココナッツジュースを飲み、また両手を顔の前で合わせてラオス流に挨拶をしていたこともラオス人の心をとらえた。大統領の一挙手一投足は、クリントン国務長官訪問時のように、在ラオスアメリカ大使館のフェイスブックページを通じて伝えられ、ラオス人ユーザーが非常に好意的に反応した。アメリカ大使館の広報は非常に巧みである。

今回のオバマ大統領のラオス訪問に際し両国は共同宣言を発表した。訪問は歴史的と位置づけられ、同大統領とブンニャン国家主席はラオスとアメリカの包括的協力パートナーシップを宣言した。そして同パートナーシップを通じて将来のための基礎を構築し、両国関係の新たな時代を開くとしている。両国関係は新たな一歩を踏み出したのである。

名実ともにASEANの一員へ

一九九七年七月、ラオスはＡＳＥＡＮに正式加盟を果たし、名実ともに東南アジア地域の一員となった。ラオスはＡＳＥＡＮ加盟に際し、いくつかの狙いを持っていた。

第一は、地域と結びついた経済開発である。内陸国で人口が約五〇〇万人と少ない（数字は当時）ラオスの経済開発は、地域経済との結びつきなしには達成できない。東南アジア全体では約五億人の市場があり、この市場を活用することは必要不可欠であった。また、ＡＳＥＡＮ諸国からの投資や援助も期待された。

第二は、ＡＳＥＡＮを通じた外交である。これには三つの意味がある。ＡＳＥＡＮを通じて国際社会に対して発言すること、逆に国際社会からの批判や要求をＡＳＥＡＮを盾にかわすこと、そしてＡＳＥＡＮを土台に日本や欧米との関係を拡大させることである。つまりラオス一国では難しい外交を、ＡＳＥＡＮを通じて行なうことである。特に援助が必要不可欠なラオスにとって、国際社会からの「民主化」要求を無視するわけにはいかない。そこで開発独裁体制下で経済発展を遂げてきたシンガポールやマレーシアは経済開発のモデルになるとともに、「民主化」要求を跳ね返すパートナーにもなり得る。

一方で、加盟による不利益も心配された。もっとも憂慮されたのは人材や資金不足であった。ＡＳＥＡＮ加盟によりラオスはさまざまな会議に代表を送らなくてはならない。しかし当初はそのための人材と費用が不足していた。特に言語の問題は大きく、国際会議で議論できるほどの英語力を持った人材は限られていた。

第二の問題は、ＡＳＥＡＮ自由貿易地域（ASEAN Free Trade Area: AFTA）による経済的不利益である。国家収入の二〇％以上を輸入税に依存していたラオスでは関税引き下げによる収入低下が懸念された。慢性的な財政赤字に悩むラオスにとって、輸入税に代わる新たな財源を見つけることが必須であった。

第三の問題は、ヒトとモノが流入した場合の社会的悪影響である。ラオスは約一五年近く国を閉ざしてきたこともあり、国を開きＡＳＥＡＮに参加することで、社会への外国文化の悪影響が心配された。

その他多くの懸念があったが、現在では当初心配されたほど問題は深刻化していない。輸入税の減少は別の税で補填された。むしろタイを中心とするASEANメンバー国からの投資や援助が増加し、ラオスは経済的恩恵を享受している。また大臣から官僚まで、多くの人が国内外で英語研修を受け、言語問題にも対応した。当然、欧米文化の流入や、国民によるタイ語の使用が拡大する等の影響はあったが、ラオスにとってASEAN加盟は利点の方が大きかったと言える。

そしてラオスは今では、ASEAN首脳会議や関連会合を問題なく主催できる能力と人材を備えるようになった。二〇〇四年に第一〇回ASEAN首脳会議がヴィエンチャンで開催された際には、本当に開催できるのかという声も聞かれた。

しかしこの時の経験もあってか、ラオスは二〇一六年の第二八回、二九回ASEAN首脳会議を問題なく成功させた。ラオスもここまでできるようになったと感心する外交団もいた。もちろん今回もさまざまな国から資金や資材面で支援を受けたことには違いない。しかしラオスはASEANメンバー国としての自覚を持ち、役割を全うできる能力を備えるようになったと言える。

ラオスの外交路線の基軸の一つはASEANとの協調である。とはいえ必ずしもASEAN内の足並みが揃っているわけではなく、特に南シナ海問題などでラオスは中国寄りの姿勢をとることもある。しかしラオスは自らが原因となってASEANの和を乱すような行動はとらない。中国からの要請に応えつつも、ASEAN内では協調姿勢を貫いている。それほどASEANはラオスの外交にとって重要な位置づけになったのである。

ラオスの10人

トーンルン・シースリット（一九四五年〜）

プーミー・ウォンヴィチットの義理の息子であり、現首相である。一九四五年一一月一一日にフアパン県で生まれ、一九六三年から六九年までラオス愛国戦線で教育分野を担当後、一九六九年にハノイのラオス愛国戦線代表事務所に勤務し、一九七三年まで滞在した。その後、旧ソ連のレニングラードに留学し、言語学と文学の修士号を取得する（一九七八年）。帰国後はロシア語教師を経て、教育大臣、副大臣秘書官となる。一九八一年からは再びソ連に留学し、モスクワ社会科学アカデミーで国際関係史の博士号を取得。帰国後は党中央事務局で勤務し、一九八六年から九三年までは党中央対外関係委員会副委員長兼外務副大臣を務める。一九八六年の第四回党大会では中央執行委員に就任している。

一九九三年から九七年までは労働・社会福祉大臣を務め、二〇〇一年の第七回党大会で政治局員に選出される。同じく二〇〇一年からは副首相兼国家計画委員会（現計画・投資省）委員長を務め、二〇〇六年から副首相兼外務大臣を一〇年務めた後、二〇一六年四月の第八期第一回国会で首相に就任した。

就任後、木材の全面輸出禁止や燃料輸入の免税措置撤廃など矢継ぎ早に改革を行ない、国民の信頼回復に努めた。汚職や不正、また債務問題などにも断固とした姿勢で取り組んでおり、トーンルンへの国民の期待は高い。

しかしトーンルンは改革派ではなく、歴代政権がなおざりにしてきた問題に対応しているだけであり、その真の目的は一党独裁体制の維持と言える。とはいえ、フェイスブックなどを巧みに活用し、SNSで国民と双方向のチャンネルを形成するなど、歴代の首相とは大きく異なる新しいタイプの首相である。

トーンルン・シースリット。

9 社会

ラオスの人は物静かでおおらかと考えられているが、実は勝気で、頑固で、自己主張が強い。しかし人前で声を荒げるようなことはない。争いごとも好まない。そんなラオス人の気質もあってか、大きな反体制デモや抗議行動はこれまでほとんど見られなかった。しかし近年、土地を奪われ生活に支障をきたす人々、開発プロジェクトにより店の移動を余儀なくされる人々が、自分たちの権利を主張し声を上げるようになった。これらの新しい現象には一つの共通点が見られる。それは人々が長年守ってきた自分たちの生活が脅かされると感じたとき、行動に移すことである。

ブランド化する教育

教育は保健と並びラオスでもっとも重要な分野の一つであり、教育の質の向上は建国以来の課題でもある。中でもすべての基礎となる初等教育の改善はラオスが抱える最大の課題と言える。まずラオスの教育制度を確認しよう。

①教育制度

図9－1は職業訓練学校を除いた教育制度の概要である。現在の普通教育制度は小学校五年、前期中等学校四年、後期中等学校三年の一二年制である。内戦時代のパテート・ラオ支配地域では小学校四年、前期中等学校二年、後期中等学校三年の九年制であり、建国後は小学校五年、前期中等学校三年、後期中等学校三年の一一年制が採用されていた。

一二年制となったのは二〇〇九年からであり、この背景には教育の質の改善や国際基準に合わせる必要性が高まったことがある。実際、一一年制の時代には、高等教育を海外で受けようとしたラオス人の教育年数が一年足りず問題となることがあった。また二〇一五年からはそれまでの初等教育に加えて、前期中等教育が義務教育に加わった。

初等教育は教育の土台である。したがって党や政府も建国以降、初等教育の普及と質の改善に力を入れてきた。一九七六年に四四四四校あった小学校数は二〇〇〇年に一万を超えた。生徒数の変動もあり、二〇一五／一六年度には八八六六校まで減少したが、今では全国のほぼすべての村に小学校がある（表9－1）。

ただしこの数値には初等教育の全五ヵ年を提供できない「不完全小学校」（三年間などしか提供できない小学校）が含まれていることに留意が必要である。全五ヵ年を提供できる完全小学校は七一七五校であり、不完全小学校は一六九一校（約一九％）となっている。不完全小学校の割合は二〇〇〇年代後半から大幅に減ったが、いまだに初等教育の五ヵ年課程を終えられない子供たちも多い。

とはいえ、一九九〇年代初頭に六〇％にも満たなかった小学校への純就学率は、二〇一五／一六年度に九八・八％となり大幅に改善された。しかし入学した生徒のす

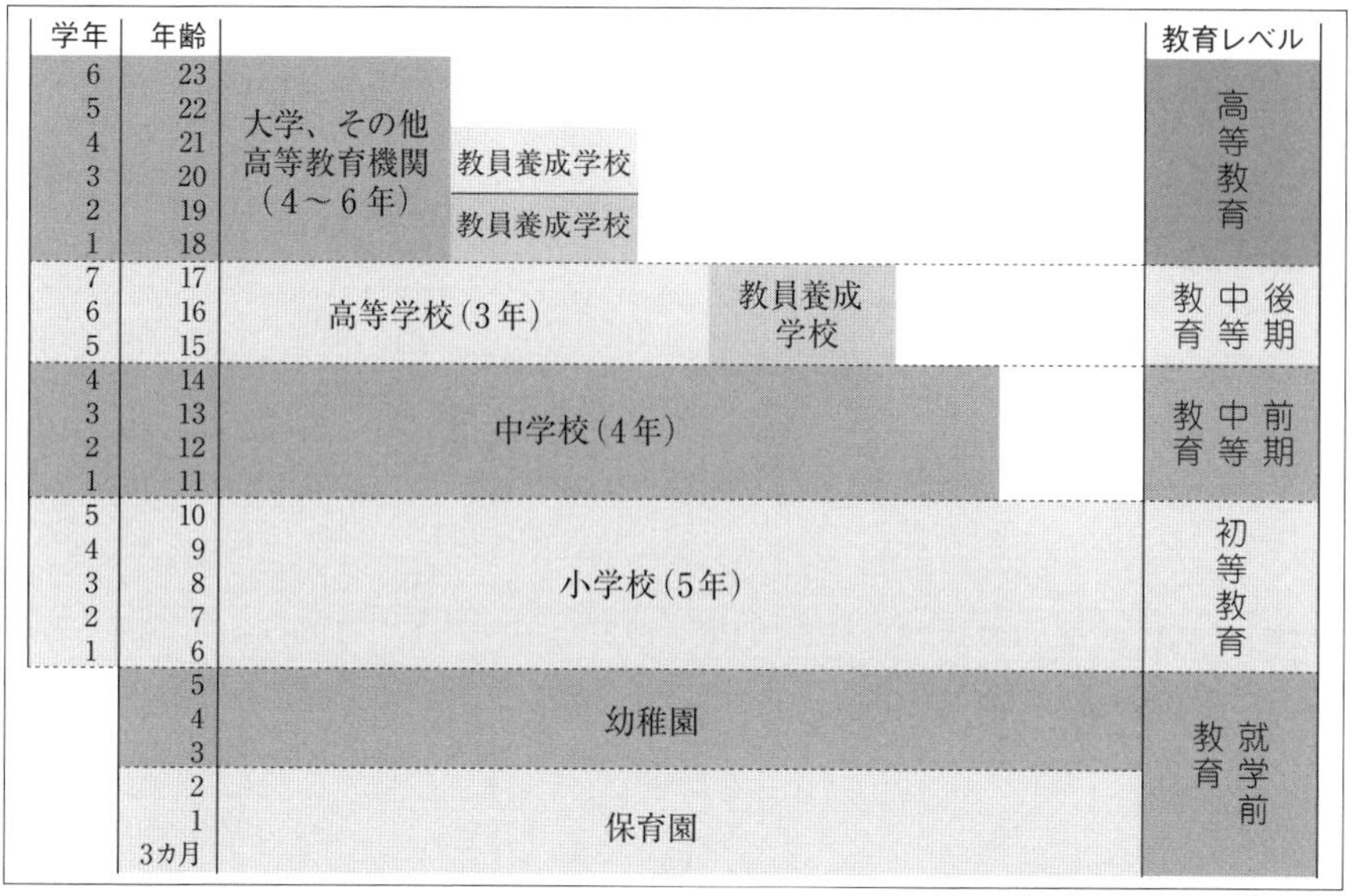

図9-1　教育制度
（出所）Saphaa haeng saat（2015a）に基づき筆者作成。

表9-1　初等教育（公立、私立）統計（2015/16年度）

県	小学校数	完全小学校	不完全小学校	総就学率(%)	純就学率(%)
首都ヴィエンチャン	517	472	45	108.3	100.9
ポンサーリー	514	294	220	127.5	98.8
ルアンナムター	382	284	98	118.2	97.6
ウドムサイ	488	408	80	124.0	98.6
ボーケーオ	228	201	27	119.5	97.9
ルアンパバーン	713	615	98	111.7	98.5
フアパン	742	597	145	124.6	97.6
サイニャブーリー	397	389	8	110.0	99.8
シェンクアーン	429	332	97	116.5	99.7
ヴィエンチャン	419	354	65	104.9	99.4
ボーリカムサイ	314	271	43	113.3	98.6
カムアン	622	470	152	117.1	97.4
サワンナケート	1,227	998	229	117.4	99.1
サーラワン	609	448	161	121.2	98.7
セーコーン	218	206	12	135.8	97.9
チャンパーサック	759	603	156	104.7	98.4
アッタプー	187	152	35	131.3	98.5
サイソムブーン	101	81	20	109.5	95.1
合計	8866	7175	1691	115.2	98.8

（出所）Suun sathiti-teknolosii khaw saan kaan suksaa（2016）を基に筆者作成。

表9-2　初等教育(公立、私立)留年率、退学率、修了率（2015/16年度）

県	留年率(%)					退学率(%)					修了率(%)
	1年	2年	3年	4年	5年	1年	2年	3年	4年	5年	
首都ヴィエンチャン	5.4	3.7	3.5	2.3	0.3	4.8	0.6	0.8	1.4	1.3	91.0
ポンサーリー	8.0	2.8	1.8	1.1	2.7	8.9	4.7	4.5	2.9	2.4	77.8
ルアンナムター	11.8	6.2	5.1	2.9	1.1	5.8	2.2	2.7	2.9	1.5	84.8
ウドムサイ	18.0	8.5	5.7	3.8	0.4	11.2	3.8	3.9	4.6	1.8	74.2
ボーケーオ	9.4	4.4	3.7	2.3	0.5	7.4	5.5	3.4	4.1	2.3	78.0
ルアンパバーン	7.2	3.5	2.5	1.4	0.3	7.8	3.3	2.7	2.5	1.9	82.2
フアパン	11.7	2.8	1.4	0.7	0.0	6.6	2.9	3.4	3.4	1.8	82.2
サイニャブーリー	6.2	4.6	3.8	2.6	1.0	2.7	1.8	1.6	2.6	1.4	89.9
シェンクアーン	10.5	5.9	5.1	4.1	3.2	4.5	2.1	2.6	2.3	1.5	86.8
ヴィエンチャン	2.4	1.1	0.8	0.6	0.2	5.6	1.2	1.9	2.5	0.6	88.5
ボーリカムサイ	4.0	2.3	1.6	1.7	1.7	4.2	2.3	1.9	2.1	3.3	86.6
カムアン	15.9	6.0	3.5	2.2	0.3	9.1	4.0	5.6	4.9	2.0	74.9
サワンナケート	19.0	6.9	4.0	2.2	0.3	9.4	7.8	7.5	6.2	4.2	67.0
サーラワン	12.9	5.4	3.2	2.6	0.2	9.9	9.4	14.8	11.2	5.8	56.3
セーコーン	26.2	9.2	4.0	2.5	1.8	3.0	16.2	14.4	8.3	4.2	58.7
チャンパーサック	5.9	3.5	2.2	2.0	0.7	5.1	3.1	5.4	6.9	1.9	79.0
アッタプー	16.3	7.0	4.3	2.9	1.0	9.8	4.3	6.2	3.3	2.2	74.3
サイソムブーン	9.5	6.0	3.8	3.3	0.4	8.8	0.1	1.2	1.9	2.7	84.9
平均	11.1	4.9	3.3	2.3	0.9	6.9	4.2	4.7	4.1	2.4	78.7

（出所）Suun sathiti-teknolosii khaw saan kaan suksaa（2016）を基に筆者作成。

べてが小学校を卒業するわけではない。また就学年齢に達しているにもかかわらず、入学できない子供もいる。

その昔ラオスでは年齢にかかわらず、小学校入学は腕を耳につけて頭の上から反対側の耳をつかめるかどうかを入学基準としていた。つかめれば就学年齢に達しており、つかめなければ達していないとみなされたのである。現在は子供が生まれれば出生届を出し、生年月日を住民台帳に記録するが、いまだにこのような伝統的方法で小学校入学を判断している地域もある。そこでは実際に就学年齢に達していても、片方の腕を頭の上に回し反対側の耳をつかめなければ入学できないのである。

表9－2は初等教育における各学年の留年率、退学率、修了率を示している。表からは留年率、退学率ともに小学一年生がもっとも高く、ほぼ一〇〇%に近い割合が就学する一方で、一年目で多くの生徒が留年または退学していることがわかる。また全県の平均でも小学校修了率は

七八・七％と八〇％に届いていない。

就学率が大幅に改善された一方で、修了率は低く、初等教育はいまだに大きな問題を抱えている。それにはいくつかの理由が考えられる。ここでは主に四つの要因を指摘する。

第一は、先述のように完全小学校が全国に整備されていないことである。村に不完全小学校しかない場合、たとえば三年次修了後に完全小学校に行かない子供たちも多い。特に徒歩で通学可能な距離に完全小学校がない場合はそうである。

第二は言語の問題である。特に山岳少数民族地域では小学校で初めてラオス語を学ぶ子供たちもいる。地域によっては少数民族言語を話せる教師がおり、はじめは母語で学習するが、それでも学年が進むにつれて言語の問題からドロップアウトするケースがある。

第三は家庭の問題である。たとえば農作業や家庭内の労働に子供たちが必要なため、学校に行かせないケースはいまだに多い。

第四は金銭的負担である。小学校は無料であり授業料はかからないが、制服や文具など一定の費用がかかる。教科書は基本的に無料配布だが、特に山岳や遠隔地域には届かないことが多く、場合によっては市場などで購入する必要がある。また山岳地域の教師はボランティアの場合も多く、そのような場合は親が教師の手当てを負担する。このような金銭的負担も退学率の高さや修了率が低い要因となっている。

その他、カリキュラムや教師の質の低さ、設備や機器の不足など、初等教育の問題は山積みである。しかし政府は一九九〇年代後半から経済開発には高度人材が必要と考えるようになり、次第に初等教育から高等教育に重点を移しはじめた。そして特に都市部住民は良い収入を得るには学歴が重要であり、最低でも大学に通わなければならないとの意識を持つようになった。このような思考の転換に伴って、二〇〇〇年代に入り国立大学の受入れ枠が拡大し、私立カレッジが急増した。教育・スポーツ省が質を考慮せずに認可を乱発したのである。

②高等教育：質を伴わない高学歴者の増加

高等教育は国立大学、私立カレッジ、教員養成学校、職業訓練学校の四つに分かれている。ここでは国立大学と私立カレッジに焦点を当て、近年の高等教育ブームについて概観する。

現在ラオスには五つの国立大学がある。首都ヴィエンチャンにある一九九六年創立のラオス国立大学、ルアンパバーン県にあるスパーヌウォン大学（二〇〇三年にラオス国立大学の分校から独立）、サワンナケート県にあるサワンナケート大学（二〇〇九年開校）、チャンパーサック県にあるチャンパーサック大学（二〇〇二年開校）、そして保健科学大学（二〇〇七年にラオス国立大学の医学部が独立）である。

国立大学が一校しかなかった時代の大学は狭き門であり、二〇〇〇年のラオス国立大学の学生数は八八一三人であった。しかし二〇一三年には五校あわせて約八万人以上となった。二〇〇〇年代に入り大幅に大学進学者が増えた背景には、先述のように経済発展とともに教育に対する人々の意識が変わり、また受け皿が拡大したことがある。そして親も教育への投資をいとわないようになった。高学歴社会の到来である。

大学側はさらに受け皿を拡大するため、正規試験に落ちた者や社会人を受け入れる夜間コースや特別コースを設置して、学生数をどんどん増やしていった。

もともと大学生は大きく三つに分けられる。

第一は、各県に割り当てられる人数枠（クォータ）に従って県の推薦で入学する者である。この学生の学費は免除され生活費も支給される。ただし、クォータの一部は県幹部の子息・子女、また親戚や知人に割り当てられるという問題がある。

第二は、教育・スポーツ省が実施する入学試験を経て入学する者である。この学生の学費は免除されるが、生活費は支給されない。

第三は、各大学が独自に実施する試験を経て入学する者である。この学生はすべての費用を各自で負担しなければならない。

そして大学は、第三の方法で受け入れる学生数を増やしたのである。そうすることで大学は収入を増やすことができる。まさにそれが大学側の狙いであった。

しかし受け入れ人数の拡大は、いくつかの深刻な問題を生み出した。たとえば私がかつて客員研究員として所属したラオス国立大学のある学部では、二〇〇〇年代中盤から学生を大量に受け入れたことで以下のような問題が発生した。

第一は単位や修了証の売買である。この問題は全日制や夜間、特別コースに関係なく起きていた。単位を取得できず卒業できない学生が、教員から単位を購入するようになったのである。教員の給与は低いため、正規に単位を取得できない学生に単位を売ることで収入を増やすことができる。一方で高学歴社会となり、学生は是が非でも単位を取得して卒業したいため、お金を払う。親も子供に大学を卒業して欲しいため、金銭的に支援する。試験後の職員室では、親が子供を連れて担当教員を訪問することは日常茶飯事であった。もっとも酷いケースは、卒業論文を教員が代わりに執筆すること、また、大学に所属すらしていない人が卒業証書を購入することである。このような場合は単位の購入よりも高額な支払いが必要となる。

第二は質の低下である。夜間、特別コースには正規の試験に落ちた者も入学できるため、自ずと質は低くなる。かつては狭き門であり大学はエリートのみが通う機関であったが、二〇〇〇年代中盤にはお金さえ払えば誰でも入れるようになった。また夜間コースや特別コースで授業を持つと一コマ数万キープの臨時収入が得られたため、基本給が安い教員たちはこぞって夜間に授業を持つようになり、通常の学部の授業がおろそかになるという問題も発生した。授業を休講にし、外部の私立カレッジに出講に行く教員も少なくなかった。

第三はずさんな管理体制である。学生数が大幅に増えた一方で、学部の教員や管理部門職員はほとんど増員されなかったため、次第に管理業務で問題が生じた。たとえば授業料を支払ったにもかかわらず未払いと登録されていたり、履修登録届けを提出したにもかかわらず登録されていなかったり、試験を受けたにもかかわらず受験者リストに名前が記載されていないなど、多くの問題が発生した。

私立カレッジも二〇〇〇年代中盤以降に急増した。二〇〇〇年、国立大学以外の高等教育機関や私立カレッジ数はたった五校しかなかった。それが二〇〇五年に二五校、二〇一〇年に九九校、二〇一五年には一一一校に増えている。このうち省庁に帰属する農業などの専門カレッジや芸術学院などを除いた私立カレッジは、教育省の二〇一五／一六年度統計によると修士（Master）課程提供が四校、学士（Bachelor）課程提供が五〇校、高等コース

(Diploma)課程提供が七三校ある。一部のカレッジは修士、学士、ディプロマの三つ、または二つの課程を提供しているため、以上の数は一部重複していることに留意が必要だが、重複や同系列の学校・分校を除いても全国に約七〇の私立カレッジがある。

これらの私立カレッジは、国立大学に入学できなかった人々の受け皿となっており、二〇一五／一六年度の学生数は約三万五〇〇〇人となっている。しかし二〇一三／一四年度の約三万九〇〇〇人と比較すると減少傾向にある。国立大学の学生数も二〇一三年の約八万人から二〇一四年には約七万七〇〇〇人、二〇一五年には約六万七〇〇〇人と減少している。

この背景には教育・スポーツ省による高等教育改革がある。二〇一一年、パンカム教育大臣は学費を払えば誰でも入学できる国立大学の「特別コース」(夜間コースを含む)の新規募集を廃止した。また二〇一三年から教育・スポーツ省は、首都ヴィエンチャンの国立・私立大学など五四の高等教育機関の評価を実施するため、学部や学科の新設を停止した。私立大学は二〇一三／一四年度に学士コースを開講することも禁じられ、二〇一八年現在もこの措置は続いている。評価結果次第では廃校になる可能性もある。これには、乱立した私立大学の増加に歯止めをかけるとともに、大学進学の門戸を狭めることで学生の質を高め、また労働者不足に対応するため職業訓練学校への進学者数を増やす狙いがあった。

二〇〇〇年代の急激な経済成長に伴って、高学歴＝高収入との学歴信仰が生まれ、特に都市部の人々は最低でも大学への進学を考えるようになった。そして市場経済化推進には高度人材が必要と考えた政府の高等教育拡大政策もあり、私立カレッジの設立は投資家にとって恰好のビジネスチャンスとなったのである。

私の知り合いにも教育ビジネスに参入した人たちは多い。社会のニーズ、政府の政策、投資家の利害が一致した結果、高等教育機関は二〇〇〇年代中盤から急速に拡大したのである。

しかしそれは高等教育の質の低下をもたらし、質を伴わない「高学歴者」を多く生み出すことになった。そして彼らは高学歴者という自負を持っているため、工場労働には就こうとしない。したがって製造業では工場労働者が不足する事態となった。

政府の思惑とは裏腹に、労働市場は高度人材ではなく工場労働者を求めている。近年、政府は職業訓練学校への進学を推奨しているが、社会にはいまだに学歴神話が蔓延し、今では最低でも修士号取得と考える人が多い。これにはラオスの人材育成のため、欧米やアジア近隣諸国がラオスへの奨学金を増やしていることも影響している。

私のところにも毎年、ラオス人の友達から奨学金の申請書や研究プロポーザルを書いて欲しいと依頼がある。申請書やプロポーザルという最低限の書類すら自ら書こうとしない人々が、数多く海外の大学や大学院に行っている。

そして論文執筆も他人頼みの学生が多い。とある援助機関の担当者からは、ラオス人学生のレベルは基準に達していないが、奨学金の枠数を埋めるため、試験の点数が低くても留学させるという話を聞いた。

人材育成は重要であり、そのための支援も欠かせない。質を伴わない高学歴者の問題をどのように解決するかは、ラオス側そして援助供与側双方が取り組まなければならない課題である。

変化する嗜好

経済発展に伴って人々の嗜好も変化している。特にもっとも発展が進んでいる首都ヴィエンチャンでは一人当たり年間GDPが全国平均の二倍以上の約五〇〇〇ドル（二〇一七年数値）を超え、人々は高額の商品を次から次へと消費するようになった。

もっとも顕著なのは車である。つい一五年前までは車も少なく渋滞などなかった首都ヴィエンチャンでは、車があふれ、朝夕の通勤・通学時には渋滞が発生するようになった。かつて自転車に乗っていた人々はバイクに乗り、バイクに乗っていた人々は車へとシフトした。もちろん今でもバイクは市民の重要な移動手段であり、バイクの需要が低下しているわけではない。しかし少しでも蓄えができれば人々は車を購入する。

一〇年前にバイクに乗っていた私の友人たちは、今では全員車に乗っている。私が待ち合わせ場所にバイクに乗って行くと「なんでまだバイクに乗っているの？」と笑われる。近年、日本では自家用車を持たない人も増え、

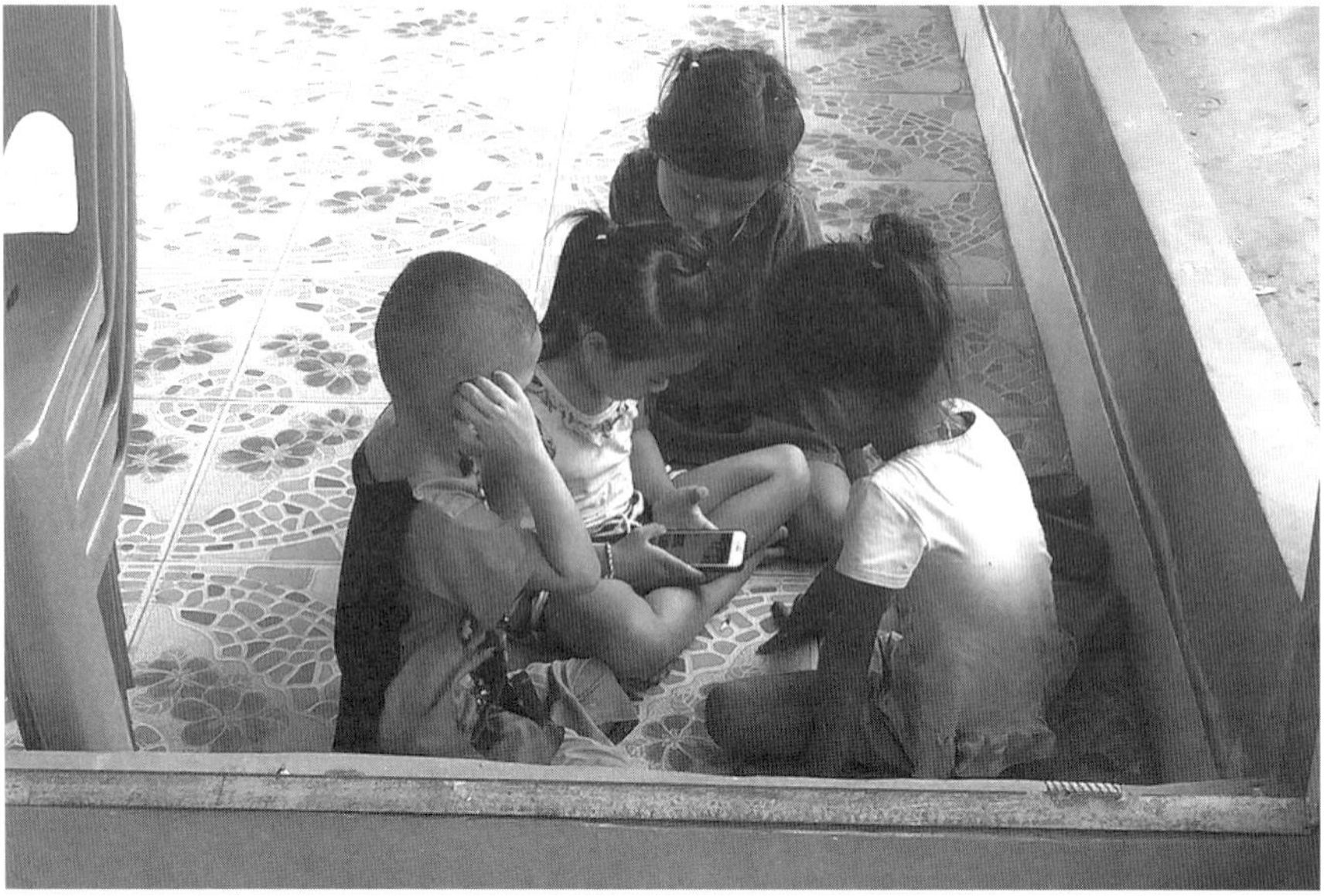

写真9-1　スマートフォンで遊ぶ子供たち。（撮影筆者）

またカーシェアなども行なわれるようになったが、ラオスでは一昔前の日本のように、車の保有が一つのステータスとなっている。そして高級車ほどステータスが高い。

しかし年間平均収入約二〇〇〇ドルの人々がなぜ高額の車を購入できるのだろうか。たとえば夫婦共働きで公務員の場合、勤務年数にもよるが月給は夫婦合わせて約五〇〇ドル前後である。それでも五〇〇万円以上する車を購入する人たちがいる。そのような場合、たいていは公務員給与以外の収入源がある。家族が会社を経営している者、農業を行なっている者、家で商店を営んでいる者、養殖を行っている者、不動産収入がある者など、ほとんどの公務員が何らかの副収入を得ている。

もう一つの理由はローン制度が整ったことである。もちろん車種や頭金の支払額によって異なるが、たとえばKOLAO社の約二〇〇万円のピックアップトラックの場合、七年ローンで月々約二五〇ドル前後の支払いで購入できる。収入の多くをローンの返済に充てるため生活に余裕はなくなるが、それでも車の購入を選択する人々は多い。

携帯電話もステータスの象徴である。二〇〇〇年代初頭はまだスマートフォンが普及していなかったため、携

写真9-2 結婚式でのブーケトス。（撮影筆者）

帯電話の機種による格差はほとんどなかった。しかし次第に機種が多様化しスマートフォンが普及し始めると、最新の携帯電話を所有することがステータスとなった。今では、最新の機種が出るたびに機種変更をする若者も多い。そして高級車に乗り、最新の携帯を持ち、週末に仲間とレストランで外食をする若者の姿はもはや珍しくない（写真9－1）。

海外旅行者も増えている。一〇年前までは考えられなかったが、都市部の人々が気軽に海外旅行に行くようになった。二〇〇〇年代中頃はタイ、ベトナム、中国など近隣諸国に旅行する人たちが多かったが、今ではヨーロッパ、日本、韓国、アメリカなど、さまざまな国に旅行に行く。公務員が一ヵ月休みを取ってヨーロッパ周遊の旅に出かけることもある。

健康に対する意識にも変化が現れている。経済発展とともに食の安全に対する意識が高まり、有機野菜が人気を集めている。ラオスは自然豊かであるため化学肥料をほとんど使用していないと考えられがちだが、今では化学肥料を使用していない農地を探す方が難しいとも言われる。人々もそのことをよく知っており、少々値段が高くても有機野菜を購入する。首都ヴィエンチャンではオーガニックマーケットも開催されるようになった。

また一部では栄養サプリメントの摂取も流行っている。コメ、肉、魚、野菜が豊富であり、食事を大切にするラオス人にとってさほど必要性は高くないと考えられるが、これも経済発展に伴う嗜好の変化と言える。

そして女性の美容にも変化が現れた。美容はいつの時代も女性にとっての関心事である。特に二〇〇〇年代初頭から徐々にミスコンテストが行なわれるようになり、お化粧やファッションなどに変化が現れ始めた（写真9－2）。ビールメーカーや電話会社などが毎年作成するカレンダーには必ず女性が登場し、そのためのコンテストも行なわれている。そしてミスコンの流行と時を同じくして、化粧品や美用品を取り扱う店も増えてきた。今では資生堂などの日本の大手化粧品会社の販売店もある。またラオスでは一般的に肌の白い女性が「美しい」とされるため、ホワイトニングクリームなどを使用する女性も増えている。特に近年は日本から一箱五〇〇〇円以上するコラーゲンドリンクを輸入し摂取する女性もいる。

飲み、食べ、話し、音楽が響く社会

ラオスの人々はお酒を飲んで騒ぐのが大好きである。ラオス人は物静かでおっとりしているという印象が強いかもしれないが、想像を超える大騒ぎをする。パーティーには必ず大音量で音楽が流れる。

一般的なラオスの就業時間は八時～四時であるため、午後四時過ぎになると街中の飲み屋は会社帰りの人々で一杯になる。ラオスにも日本の居酒屋のように多種多様なおつまみを置いている店もあるが、肉の部位や種類ごとに飲み屋が分かれていたりする。たとえば、牛のモツ焼き屋、ヤギ肉屋、豚の耳とモツ焼き屋、アヒル焼き屋などである。

たとえば首都ヴィエンチャンの軍事博物館の横の通りには、牛のモツ焼き屋が一〇軒ほど並んでいる。どれも同じ牛のモツを焼くお店である。どの店も大差ないように思えるが、お客さんの入りに差がある。もちろんお店によって肉の違いはある。またモツ焼き以外のメニューが豊富な店もある。しかし客の入りは、多くの場合タレ

（チェーオ）の味によって左右されることが多い。

そしてラオス人は飲みながら延々と話をする。もちろんどの国でも友達と飲みながら話をするのは普通のことである。ラオスの飲み会の席でも、面白おかしい出来事やテレビ番組の話、また会社の話や同僚の悪口などを耳にする。特に好きなのが噂話である。ラオスではメディアが管制下に置かれ、またメディアそのものが発達してこなかったため、噂によってニュースが伝達されてきた。その名残か、人々は噂好きである。

このように友達と話をしながら飲むのがラオス流である。たまには一人でしっぽり飲むという感覚はない。また日本と異なるのは、何度も乾杯をしてみんなで同時に飲むことである。日本では最初に乾杯をしてからは自分のペースで飲むのが一般的と思われるが、ラオスでは何度も乾杯をする。もちろん自分のペースでどんどん飲んでも構わない。しかし一人でどんどん飲んでいると必ず誰かが、「ニョック！」（グラスを上げること）または「タムチョーク！」（グラス同士をぶつけること）と言って乾杯の音頭をとる。ここでも集団や団結を重視するラオス人の特徴が垣間見える。話が途切れたときも乾杯である。

そして宴会には音楽がつきものである。どこのお店に行っても必ずと言ってよいほどラオスやタイのポップスから郷土民謡であるカップ・ラム、またタイのルークトゥンなどが流れている。もちろん若者に人気のお店ではポップスや洋楽が流れ、郷土民謡が流れることはない。いずれにしろお酒と音楽はセットである。これは自宅でのパーティーでも変わらない（写真9－3）。

ラオスでは国土の割には人口が少ないため、首都でも各家が人を数十人呼べる広さの庭を持っている。したがって結婚式などはたいてい午前中に伝統的儀礼であるバーシー・スークワン（一六八ページ参照）を自宅内で行ない、その後は庭で食事とお酒が振る舞われる。その時にも必ず音楽が大音量で流れる。生バンドを呼ぶこともある。

結婚式以外でもラオスでは祝い事や行事などの際に自宅で宴会を催すことが多く、必ず大音量で音楽が流れる。その音量は日本であれば近所迷惑で警察沙汰になるほどである。そしてお酒と食事を囲み、大音量の音楽を背景に宴は夜中の二時や三時まで続く。近隣で宴会が始まった時はもう睡眠を諦めるしかない。そこで日本のように近所迷惑だと言って文句を言いに行くのは野暮である。

写真9-3　カラオケ店。（撮影筆者）

というよりもラオスではそのような行動は理解されない。小さいころからの習慣であり、自分たちも同じことをするからか、近所の人々は騒がしいと思っていても黙っている。他人の楽しみを遮るようなことはしないのである。

飲み、食べて、話し、歌が流れるということは昔から行なわれてきた。そして今でも休日に親戚や友達を訪ね、または近郊の滝に行って、ご飯を食べ、お酒を飲みながら、家族や親戚、また友達と談笑する人々は多い。そして背景には必ず音楽が流れている。今ではスマートフォンがあればどこでも音楽がかけられる。ラオス人にとってはこれが基本的かつ重要な娯楽なのである。

都市部では近年、ボーリング場や映画館、バーやクラブ（ディスコ）、プール付きレストランなどもでき、娯楽施設は一〇年前に比べ飛躍的に増えた。しかし娯楽の基本は飲み、食べ、話し、歌が流れることであり、今でもそれは現代的かつ近代的に形を変えて脈々と続けられている。つまりそのような娯楽を楽しむ土壌が長年培われてきたのである。

そう考えれば、迷惑な大音量を許容できるラオスの人々の精神が少しは理解できるかもしれない。

ＳＮＳの普及

ラオスでは二〇〇〇年代初頭から携帯電話が普及し始めた。中でも社会を変えつつあるのがスマートフォンとＳＮＳの普及である。特にフェイスブック・ユーザー数は急激に増え、二〇一六年にはユーザー数が約一〇〇万人に達したと見られている。

当初、フェイスブックは娯楽ツールとして始まった。今でも活用方法の多くはセルフィー（写真の自撮り）や友達との写真の掲載、ラオス語や英語の詩、金言・格言サイト、ニュースサイト、また面白ビデオサイトの投稿などである。日本では考えられないが、交通事故現場の写真や死体の写真、またお葬式でのセルフィーが掲載されることもある。ラオスでは車やバイクの増加に伴い交通事故が多発している。特にバイクに乗る人々はヘルメットを被らないことが多いため、少しの接触で大事故に至ってしまう。首都ヴィエンチャンの街中ではほぼ毎日交通事故現場を目撃すると言っても過言ではない。事故が起きた場合、周囲の人々の一部はまずスマートフォンを取り出し写真を撮る。特に若者の多くは暇さえあればフェイスブックをチェックし写真を投稿する。街中やレストラン、メコン川沿いでは自撮りをしている若者をよく見かける。

一時期、中高生のいじめや女子学生同士の取っ組み合いの喧嘩を撮影した動画の掲載が流行ったこともあった。喧嘩が起きた時、周囲にいる人々は喧嘩を止めるよりもスマートフォンでその様子を撮影する。特に二〇一四年に一人の女子高校生が複数の女子学生に殴る蹴るの暴行を受ける様子を映した動画がフェイスブックにアップされた時は、社会問題となった。

また近年は政治的にも活用されている。そのきっかけの一つが、二〇一三年一〇月一六日に起きた飛行機墜落事故である。首都ヴィエンチャン発パークセー行きのラオ航空三〇一便が着陸直前に墜落し、乗客乗員合わせて四九人全員が死亡した。墜落直後から多くの人がＳＮＳを通じて事故情報を求め、航空関係者等がフェイスブック上に乗客リストを公開した。そしてフェイスブックでは政府に対して迅速な情報開示を求める声、事故防止のためのルール作りを求める声が寄せられ、中には体制批判と受け取れる意見もあった。

もちろんこれ以前にもインターネット上で政治的議論は行なわれていた。特にアメリカではラオス系アメリカ人による反体制的なサイトも多く、国内ラオス人の書き込みも見られる。しかしこの飛行機事故以降、あくまで個人の娯楽ツールであったフェイスブックは「政治言説空間」としても機能するようになった。

このようなSNSの変化に対応するため、政府は二〇一四年九月一六日、「インターネットの情報管理に関する政令第三二七号」を公布した。暴行事件や不適切な画像・動画の掲載も理由だが、SNSの政治化が規制を後押しした最大の要因であることは間違いないだろう。第一〇条では反体制・政府活動を誘導するような内容の掲載が禁止され、第二六条は違反者に対して刑事罰を科すと定めている。何が反体制や反政府に当たるのかは定かでない。つまり政府はフリーハンドを得たことになる。

これ以降、実際にユーザーが拘束される事件が起きている。たとえば二〇一五年五月、サイニャブーリー県で警察の不正を疑う写真をフェイスブックに掲載した女性が拘束された。ラオスの警察官は小遣い稼ぎのために検問を行ない、車やバイクの書類不備、整備不良、免許不携帯などを指摘してはその場で「罰金」を徴収して懐に入れることがある。近年は国民からの批判が高まったため、この手の検問は以前よりも少なくなったがいまだに行なわれている。ユーザーはその検問の写真を自身のフェイスブックに掲載したのである。

同年六月にはルアンパバーン県で、県でもっとも有名な観光名所の一つであるクアンシー滝付近の土地を、県が中国企業にコンセッション供与したとする文書をフェイスブックに掲載した県職員が拘束されている。

SNSを活用した直接的な反体制活動も起きている。二〇一六年三月、タイ在住のラオス人三人が帰国した際に反体制活動容疑で逮捕された。三人はSNSを活用して政府の人権問題や民主主義の欠如を批判していた。そして、帰国した際に拘束されたのである。その後三人は国家を裏切ったことを後悔し、態度を改めるとする謝罪会見を行ない、その様子がテレビで放映された。一種のみせしめである。このようにフェイスブックやその他SNSでの反体制的な書き込みに対しても、当局は監視の目を光らせている。

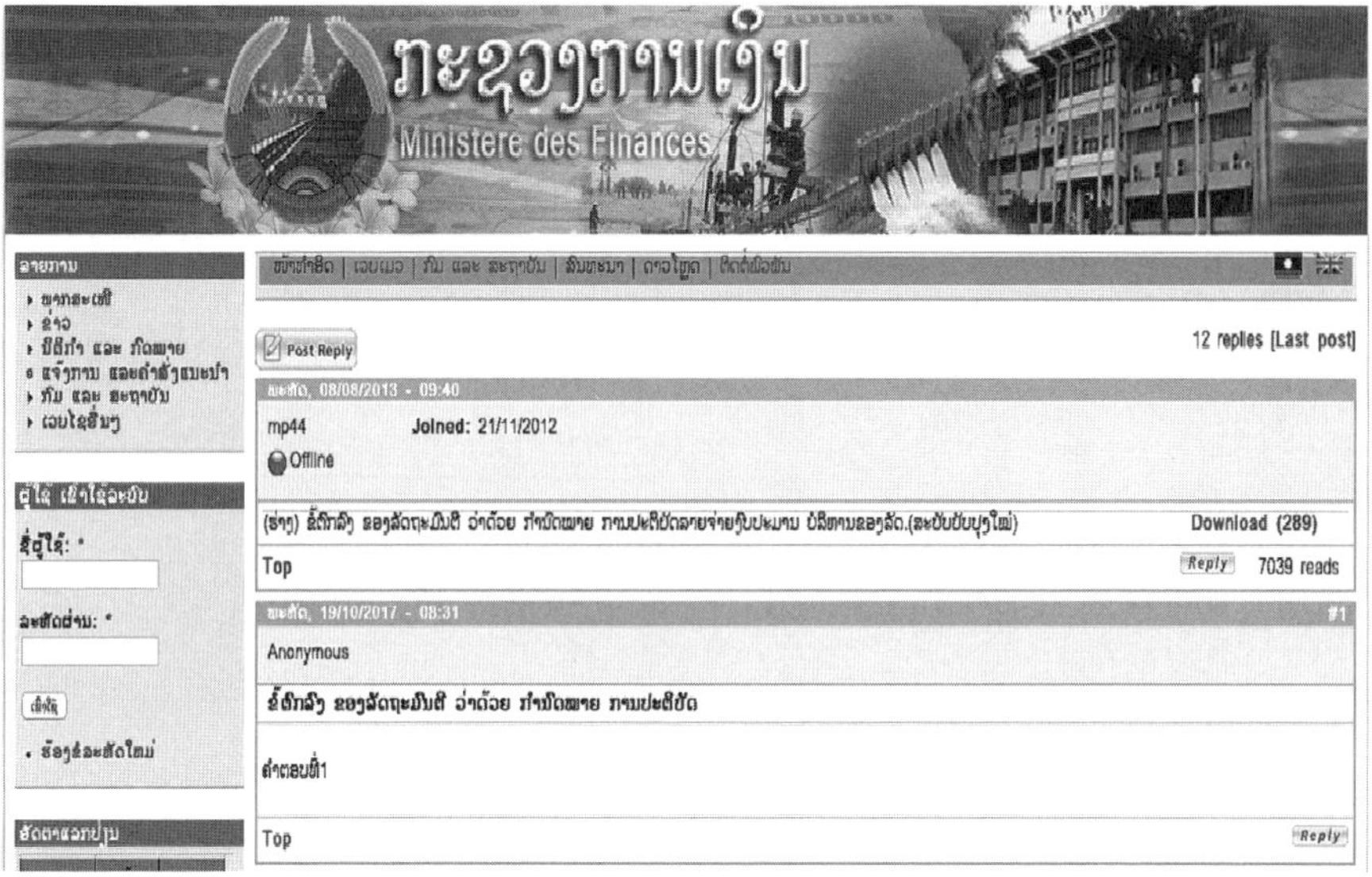

写真9-4　財務省のパブリックコメント募集ページ。(出所) Ministry of Finance ホームページ(http://www.mof.gov.la/?q=content/ຮ່າງ-ຂໍ້ຕົກລົງ-ຂອງລັດຖະມົນຕີ-ວ່າດ້ວຍ-ກຳນົດໝາຍ-ການປະຕິບັດລາຍຈ່າຍງົບປະມານ-ບໍລິຫານຂອງລັດສະບັບປັ)

一方で、フェイスブックには別の政治的機能も見られる。二〇一六年一月の第一〇回党大会時には、ラオス人ユーザーがフェイスブック上でさまざまな議論を行ない、同年三月の国会と県人民議会のダブル選挙では、特定候補者の応援メッセージを書き込む者もいた。これまで公に政治を語ろうとしなかった人々が、徐々に意見を表明するようになったのである。

政府もSNSを活用し始めた。今ではトーンルン首相の関係者が首相のサポートページをフェイスブック上に作成し、首相の動向や決定を公開している。そしてそのページにフォローワーがコメントを書き込み、それに対して政府が応答するという仕組みが出来上がりつつある。首相府や一部省庁もホームページを持ち、法案へのパブリックコメントや国民からの意見・提案を募集している(写真9－4)。

これまで高度な秘密性を保持してきた党・政府の対応を考えれば、これは前代未聞の出来事と言ってよい。政府はインターネットやSNSの管理を強める一方で、自らも宣伝や情報収集ツールとして活用し始めたのである。

声を上げる人々
古くて新しい現象

ラオスの人は物静かでおおらかと考えられているが、実は勝気で、頑固で、自己主張が強い。しかし人前で声を荒げるようなことはない。争いごとも好まない。そんなラオス人の気質もあってか、大きな反体制デモや抗議行動はこれまでほとんど見られなかった。

一九九九年一〇月二六日、アジア経済危機の影響から生活状況が悪化した都市部の教師や学生グループが民主化デモを行なおうとした矢先に治安当局によって包囲され、リーダーたちが逮捕・投獄された事件が起きた。これが国内唯一の「民主化デモ」である。

しかし近年、土地を奪われ生活に支障をきたす人々、開発プロジェクトにより店の移動を余儀なくされる人々が、自分たちの権利を主張し声を上げるようになった。これらの新しい現象には一つの共通点が見られる。それは人々が長年守ってきた自分たちの生活が脅かされると感じたとき、行動に移すことである。

ご飯を食べることはラオスの人々にとって非常に重要である。思い返してみれば、一九七〇年代の農業集団化の際に生産量が落ち、食べることが困難になった時も農民が党の政策に反発した。それは一九九九年の民主化デモとも共通している。現在も人々は最低限の生活が脅かされたとき、危険を承知の上で直接的な行動を起こす。そしてその件数は確実に増えている。人々の権利意識は徐々に高まっているのである。

共産党というのは本来、国民との間に「暗黙の社会契約」を結んでいる。国家が労働などの経済的保障や医療などの社会保障を国民に提供する代わりに、国民は共産党一党独裁体制に忠誠を尽くすか、もしくは黙認する。言い換えれば、党や国家が国民の生活を支え、その代わりに国民は党や国家を支える仕組みである。そのためには党や国家は国民の要望や願望を把握し、それに応答しなければならない。また国民も不満があればそれを党や国家に伝達する必要がある。そして党や国家が契約を履行できなくなったとき、制度内で問題が解決されないとき、国民の不満は制度外で表明される。つまり一九九九年の民主化デモはそのような制度外の不満表明の一例と言ってよい。

近年はこのような制度外の不満噴出が相次いでいる。その原因としてもっとも多いのが土地紛争である。

たとえば二〇一二年、カムアン県で土地収用への政府補償額に納得しない住民が、他県の第三者に解決を依頼しようとした際に逮捕され、二ヵ月以上拘留される事件が起きた。

首都ヴィエンチャンのタートルアン湿地帯開発プロジェクトでは、一部住民が土地補償額に満足できず、行政との合意を拒んでいる。さらにタラートサオ・ショッピングモールでは、新規開発に伴う立ち退き条件に不満を示した商人たちが集会を開催し、行政に対して不満をぶつけた。このような集会はきわめて珍しい。

二〇一三年にはセーコーン県で、ベトナム企業のゴム栽培プロジェクトで土地を奪われた住民が不満を募らせ、行政との口論の末に拘束される事態に発展した。

二〇一四年にはボーケーオ県の空港建設プロジェクトで土地を収容される人々が、建設作業に反対するためブルドーザーの前に立ちはだかり、警察に拘束されている。

つまり国民が妥当と考える契約を国家が履行できないケースが増えているのである。そして今後も政府が土地開発に依存するならば、当然のことながら土地紛争は拡大し、国民の直接行動も増えていくと考えられる。現在はまだ各地で発生している直接行動が互いに結びついておらず、大きな運動にはなっていない。しかし党・政府が対応を誤れば、点と点が結び付き、より大きな運動に発展する可能性は否定できない。

あとがき

二〇一五年三月のある日、私の研究室の電話が鳴った。めこんの桑原さんからラオスの概説書を執筆して欲しいという依頼であった。ただし私はすぐに引き受けることができなかった。ラオスを研究しているとは言え、私は適任ではないと考えたからである。

私がラオス研究を始めたのは二〇〇〇年である。つまりラオス研究を始めて二〇年も経っていない。私以上にラオスと長くかかわり、ラオスに詳しい研究者や在住者は多い。また、私は大学院修士課程を卒業後すぐにアジア経済研究所に入所し、博士号を取得していない。編著はあるが学術単著は出版していない。本書のような一国についての概説書は、博士号を取得し学術単著がある研究者が執筆するべきと考えたことも躊躇した理由である。本書を書き終えた今でもそう思っている。ただ、桑原さんから「山田さんが見たラオスを書いて欲しい。きっと〝現在の〟ラオスの姿を適切に描いた良いものができると思います」と言ってもらったことで、引き受ける決心をした。良いものができたかどうかは読者の判断に委ねるしかないが、私がこれまで経験し、見てきたラオスを本書全体に散りばめたつもりである。

二〇〇〇年代に入りラオスは大きく経済発展を遂げた。都市部では高いビルが建ち、町を走る車も高級車が多くなった。山奥にも工場ができ、全国にゴムが植えられ、北部ではバナナ等のプランテーション栽培が行なわれている。多くの人々の生活は向上した。

しかしラオス社会や人々はあまり変わっていない。それは、家族や近親者の生活向上のためにあらゆる方法を模索し、日々を生きる人間臭さである。人々は利用できる「コネ」を使い、金銭的利益だけでなく、子供の教育や行政手続き、また交通違反まで処理しようとする。自分たちさえ良ければルールは関係ない。もちろん「コネ」がある人は良いが、ない人は損をする社会である。

富裕層や中間層は多くの「コネ」を持っているため、利益を最大化する機会にも恵まれている。一方で山岳農村地域の人々は「コネ」が少なく、経済だけでなく教育や保健等を含め、あらゆる面で機会が制限されている。また彼らは上層社会を「怖いもの」と思っており、近づこうとしないこともある。そして経済開発により、このような社会構造はより固定化しているように見える。山岳農村地域の人々はこのような現実を抱えつつ、日々の生活を営んでいる。村で見る彼らの笑顔の裏にはこのような現実がある。本書が少しでもラオスの「今」を伝えることができれば幸いである。

本書を執筆するにあたり、多くの方々にお世話になった。私が研究者の端くれとしてやってこれたのも、職場であるアジア経済研究所で先輩、同僚らに育てていただいたおかげである。特に研究所にラオス研究者が一人もいなく、誰も頼れなかった私を指導してくれた故天川直子さんに感謝したい。

ラオス滞在時には、亀田さん、保坂さん、前川さん、岡田夫妻、健一郎さん、真由美さん、安井さん、大滝さんからラオス社会や人々について教えていただいた。一橋大学の難波さんには原稿を読んでいただき、写真家の竹内さんには写真を提供していただいた。分野は異なるが、高校時代の友人である持田と鹿子木の活躍からはいつも刺激を受けている。特に持田からは多くのことを学んだ。すべての方の名前を挙げることはできないが、この場を借りてお礼申し上げたい。また自分の専門である政治以外の執筆は先行研究に依拠している。ラオス研究はマイナー分野だが、先達たちの地道な研究なくして今のラオス研究はない。心から敬意を表したい。

そして何よりも、これまで調査やインタビューに応じてくれたラオスの国家機関、村の人々に感謝したい。特に二〇〇三〜〇六年に滞在したラオス国立大学経済・経営学部、二〇〇七〜〇八年、二〇〇一五年から現在まで二回にわたり滞在している内務省の友人たちには大変お世話になった。多くの方々に助けていただいたが、もちろん本書の内容については私が責任を負っている。

最後に、私のわがままに付き合い、ラオスについて来てくれた家族に感謝したい。来た当初、大けがによる手術をし、日本に帰りたいと言っていた息子が今ではラオスを大好きになったことは嬉しい限りである。そして妻には本当に迷惑をかけた。感謝してもしきれないが、この場を借りてお礼を言いたい。

二〇一八年五月三〇日

ヴィエンチャンにて　山田紀彦

中国語

中華人民共和国国家統計局編. 各年版.『中国統計年鑑』中国統計出版社.

ラオス語・英語新聞

Pasaason.

Pasaason Socio-Economic.

Patheet Lao.

Phouthen Paxason.

Vientiane Mai.

KPL.

Laophatthanaa.

Vientiane Times.

ウェブサイト

国連（http://www.un.org/en/index.html）.

日本外務省（http://www.mofa.go.jp/mofaj/）.

ラオスエネルギー・鉱業省（http://www.laoenergy.la/）.

ラオス工業・商業省（http://www.moic.gov.la/）.

ラオス教育・スポーツ省（http://www.moe.gov.la/）.

ラオス計画・投資省投資促進局（http://www.investlaos.gov.la/）.

ラオス計画・投資省統計所（http://www.lsb.gov.la）.

ラオス財務省（http://www.mof.gov.la）

vaa duay kaan pakaat chamnuan phuu samak hap leuak tang pen samaasik saphaa haeng saat sut thii VIII lae samaasik saphaa pasaason khwaeng, nakhoongluang, leek thii 029 [第8期国会議員選挙及び県・首都人民議会選挙候補者数公示に関するラオス人民民主共和国主席令第029号].

Khana khonkhwaa pavatsaat khwaeng seekoong [セーコーン県史研究委員会]. 2012. *Pavatsaat khwaeng seekoong 1945-2000* [セーコーン県の歴史1945－2000年].

Khana khonkhwaa hiaphian [研究・編纂委員会]. 2004. *Pavatsaat-muunseua khwaeng udomsai* [ウドムサイ県の歴史と伝統].

Samnakgaan naanyok latthamontii [首相府]. 2005a. *Dam lat vaa duai datsanii guen deuan phuun thaan khoong latthakoon, leek thii 132* (公務員基本給与指数に関する首相令第132号).

————. 2005b. *Dam lat vaa duay kaan thot thaen khaa sia haai lae kaan nyok nyaai chat san pasaason chaak khoongkaan phatthanaa, leek thii 192* [開発プロジェクトによる損失補償および人民の移住・配置に関する首相令第192号].

————. 2016. *Dam lat vaa duay kaan thot thaen khaa sia haai lae kaan chat san nyok nyaai pasaason chaak khoongkaan phatthanaa, leek thii 84* [開発プロジェクトによる損失補償と人民の配置・移住に関する首相令第192号].

Saphaa haeng saat [国民議会] 2003. *Latthathamanuun haeng saathaalanalat pasaathipatai pasaason lao* [ラオス人民民主共和国憲法].

————. 2007. *Kot maai vaa duay saphaa haeng saat* [国民議会法].

————. 2011. *Kot maai vaa duay saphaa haeng saat* [国民議会法].

————. 2015a. *Kot maai vaa duay kaan suksaa (sabap pappung)* [教育法 (改正)].

————. 2015b. *Latthathammanuun haeng saathaalanalat pasaathipatai pasaason lao* [ラオス人民民主共和国憲法].

Sathaaban vithanyaasaat sangkhom haeng saat [国家社会科学院]. 2010. *Pavatsaat phak pasaason pativat lao (dooi sang kheep)* [ラオス人民革命党史 (概要)]. Sathaaban vithanyaasaat sangkhom haeng saat.

Sathaaban vithanyaasaat sangkhom haeng saat sathaaban khonkhwaa sangkhom saat [国家社会科学院社会学研究所]. 2012. *Bandaa saasanaa thii khongtua yuu soo poo poo lao* [ラオスにおける不変的宗教].

Sulaphon Naovalaat. 1998. *Pavatsaat khwaeng viangchan* [ヴィエンチャン県の歴史].

Suunkaang naew lao sang saat kom son phao [ラオス国家建設戦線中央少数民族局]. 2008. *Bandaa son phao nai soo poo poo lao* [ラオス人民民主共和国における少数民族]. Vientiane Capital: Suunkaang naew lao sang saat kom son phao.

Suun sathiti-teknolosii khaaw saan kaan suksaa [教育情報・科学 — 統計所]. 2016. *Tatalaan khoo muun/Annex matrix, sok hian/School year 2015-2016.* (http://www.moe.gov.la/data/Statistics/2015-16_school_year/Annex_school_census_ 2015-2016.pdf).

kakiam khoongpakoop bukkhalakoon khoong saphaa haeng saat sut thii VII, leek thii 10［第7期国会の人員構成準備に関する国家選挙委員会指導書第10号］.

Khana khoosanaa ophom suunkaang phak［党中央宣伝・訓練委員会］. 2006. *Naew khit khoong pathaan kaysoon phomvihaan nai kaan saang lae kanyaai laboop pasaathipatai pasaason taam sen thaang sangkhomninyom (eekasaan koongpasum sammanaa vithanyaasaat lanuk van keut pathaan kaysoon phomvihaan khop hoop 85 pii, nakhoonluang viangchan, van thii 17-18 phachik 2005)*［社会主義の道に沿った人民民主主義体制建設および拡大におけるカイソーン・ポムヴィハーンの思想（2005年11月17－18日、首都ヴィエンチャンにおけるカイソーン・ポムヴィハーン主席生誕85周年記念科学セミナー会議文書）］. Vientiane: Khana khoosanaa ophom suunkaang phak.

———. 2015. *60 pii phak pasaason pativat lao (22/03/1955-22/03/2015).*［ラオス人民革命党60年（1955年3月22日－2015年3月22日）］Vientiane: Khana khoosanaa ophom suunkaang phak.

———. 2015. *Eekasaan ophom samaasik phak (60 khamtaam-60 khamtoop).*［党員研修文書(60の問題と60の回答)］Vientiane: Khana khoosanaa ophom suunkaang phak.

Khana saang puum pavatsaat khwaeng huaphan［フアパン県史編纂委員会］. Pavatsaat-muunseua khwaeng huaphan lem 1［フアパン県の歴史と伝統第1巻］. Samneua.

Khana siinam kaan samluat seetthakit thua patheet［全国経済調査指導委員会］. 2015. *Bot laaigaan kaan samluat seetthakit thua patheet khang thii II*［第2回全国経済調査報告書］. Vientiane Capital: Lao Statistics Bureau.

Khwaeng sainyabuulii 35 pii haeng kaan teup nyai khanyaaitua［サイニャブリー県の発展の35年］.

Khana khonkhwaa khian lae hiaphian pavatsaat khwaeng saisombuun［サイソムブーン県史編纂委員会］. 2015. *Khwaeng saisombuun*［サイソムブーン県］.

Kidaeng Phoonkaseumsuk. 2006. *Vatthanatham lao: kiaw kap kaan damlong siiwit taam hiit 12 khoong 14*［ラオスの文化：12の慣習と14のしきたりに沿った生活］. Vientiane: Hoongsamut haeng saat［国立図書館］.

Kot labiap khoong phak pasaason pativat lao［ラオス人民革命党規約］2011.

Kot labiap khoong phak pasaason pativat lao［ラオス人民革命党規約］2016.

Latthabaan［政府］. 2014. *Dam lat vaa duay kaan khum khoong khoo muun khaaw saan phaan internet, leek thii 327*［インターネット上の情報管理に関する令第327号］.

Pathaan patheet［国家主席］. 2015. *Latthadamlat khoong pathaan patheet saathaalanalat pasaathipatai pasaason lao vaa duay kaan pakaat laai suu khana kammakaan leuak tang ladap saat pheua kaan leuak tang samaasik saphaa haeng saat sut thii VIII lae samaasik saphaa pasaason khan khwaeng, nakhoonluang, leek thii 225*［第8期国会議員選挙及び県，首都人民議会選挙のための国家選挙委員会名簿公示に関する国家主席令第225号］.

———. 2016. *Latthadamlat khoong pathaan patheet saathaalanalat pasaathipatai pasaason lao*

Eekasaan koongpasum nyai khang thii VII khoong phak pasaason pativat lao［ラオス人民革命党第7回党大会文書］2001.

Eekasaan koongpasum nyai khang thii VIII phak pasaason pativat lao［ラオス人民革命党第8回党大会文書］2006.

Eekasaan koongpasum nyai khang thii IX phak pasaason pativat lao［ラオス人民革命党第9回党大会文書］2011.

Eekasaan koongpasum nyai khang thii X phak pasaason pativat lao［ラオス人民革命党第10回党大会文書］2016.

Hoong vaa kaan khwaeng saalavan［サーラワン県官房］. 2000. *Pavatsaat khwaeng saalavan*［サーラワン県の歴史］.

Kaswang phaenkaan lae kaan longthun［計画・投資省］. 2011. *Phaen phatthanaa seetthakit sangkhom haeng saat 5 pii khang thii VII (2011-2015)*［第7次5カ年（2011-2015）経済・社会開発計画］. Vientiane: Kaswang phaenkaan lae kaan longthun.

———. 2015. *Sang luam khoo muun kaan phatthanaa seetthakit-sangkhom lai nya 40 pii khoong soo poo poo lao 1975-2015*［ラオス人民民主共和国の経済・社会開発データ40年（1975-2015）］. Vientiane Capital: Kaswang phaenkaan lae kaan longthun.

Kaswang phaenkaan lae kaan longthun suun sathiti haeng saat［計画・投資省統計所］. N/A. *Phon samluat phonlameuang lae thii yuu aasai thua patheet khang thii IV pii 2015*［2015年第4回全国人口及び居住地調査結果］. Vientiane Capital: Kaswang phaenkaan lae kaan longthun suun sathiti haeng saat.

Kaswang suksaa thikaan lae kilaa sathaaban khonkhwaa vithanyaasaat kaan suksaa［教育・スポーツ省教育科学研究所］. 2016. *Baep hian suksaa phonlameuang san matthanyom suksaa pii thii 2*［公民教育中学2年］.

Kaysone Phomvihane. 1979. *Bot laaigaan laiat too koongpasum khop khana khang thii 7 khoong khana boolihaangaan suunkaang phak pasaason pativat lao samay thii 2*［第2期党中央執行委員会第7回総会への詳細報告］.

———. 1987. *Chintanakaan mail lae baep phaen viakgaan mai khoong khana boolihaangaan suunkaang phak samai thii IV*［第4期党中央執行委員会の新思考と新業務様式］.

———. 1991. "Laaigaan kaan meuang khoong khana boolihaangaan suunkaang phak too koongpasum nyai khang thii V khoong phak pasaason pativat lao saneu dooy sahaay kaysoon phomvihaan leekhaa thikaan nyai khana boolihaangaan suunkaang phak"［ラオス人民革命党書記長カイソーン・ポムヴィハーン同志による第5回党大会への党中央執行委員会政治報告］*Alunami*, sabap phiseet 1991［『アルン・マイ』1991年第5回党大会特別号］.

Khana kammakaan khonkhwaa hiaphiang lae kian pavatsaat khwaeng khammuan［カムアン県の歴史編集・執筆研究委員会］. 2015. *Khwaeng khammuan: dindaen arinyatham pavatsaat aanachak siikhoottaboong buuhaan*［カムアン県：古代シーコータボーン王国の歴史と文明の地］.

Khana kammakaan leuak tang ladap saat［国家選挙委員会］. 2011. *Kham naenam kiawkap kaan*

———. 2016. *Key Indicators for Asia and the Pacific 2016*. Manila: Asian Development Bank.

———. 2017. *Key Indicators for Asia and the Pacific 2017*. Manila: Asian Development Bank.

Evans, Grant. 1999. "Introduction: What is Lao Culture and Society?". Grant Evans, ed. *Laos: Culture and Society*. Chiang Mai: Silkworm Books.

Luther, Hans. 1983. *Socialism in a Subsistence Economy: The Laotian Way*. Bangkok: Chulalongkorn University.

Ministry of Planning and Investment, Lao Statistics Bureau. 2015. *Statistical 40 Years: 1975-2015*. Vientiane Capital: Ministry of Planning and Investment, Lao Statistical Bureau.

———. 2016a *WHERE ARE THE POOR? Lao PDR 2015 Census-Based Poverty Map: Province and District Level Results*. Vientiane Capital: Ministry of Planning and Investment, Lao Statistics Bureau.

———. 2016b. *Statistical Yearbook 2015*. Vientiane Capital: Ministry of Planning and Investment, Lao Statistical Bureau.

———. N/A. *Results of Population and Housing Census 2015*. Vientiane Capital: Ministry of Planning and Investment, Lao Statistics Bureau.

———. 2017. *Statistical Yearbook 2016*. Vientiane Capital: Ministry of Planning and Investment, Lao Statistics Bureau.

Stuart-Fox, Martin. 1986. *Laos: Politics, Economics, and Society*. London: Frances Pinter.

———. 1996. *Buddhism Kingdom Marxist State: The Making of Modern Laos*. Bangkok: White Lotus.

———. 1997. *A History of Laos*. Cambridge: Cambridge University Press（菊池陽子訳『ラオス史』めこん. 2010).

———. 2008. *Historical Dictionary of Laos, third edition*. Lanham, Maryland: Scarecrow Press, Inc.

ラオス語

Bunthan Chanthakalii. 2013. *Pavatsaat lae kaan khuanvai pativat attapuu*［アッタプーの歴史と革命活動］.

Bunthan Songsanasiitaa. 2009. *Sing dii dii mii thii khwaeng saalavan*［サーラワン県にある素晴らしいもの］.

Eekasaan koongpasum nyai khang thii IV khoong phak pasaason pativat lao［ラオス人民革命党第4回党大会文書］1986.

Eekasaan koongpasum nyai khang thii VI khoong phak pasaason pativat lao［ラオス人民革命党第6回党大会文書］1996.

念の変遷」武内進一編『国家・暴力・政治――アジア・アフリカの紛争をめぐって――』アジア経済研究所.
――――. 2005.「市場経済移行下のラオス人民革命党支配の正当性――党政治・理論誌『アルン・マイ』における議論の変遷を中心に――」天川直子・山田紀彦編『ラオス　一党支配体制下の市場経済化』アジア経済研究所.
――――. 2008.「ラオス　政策決定過程における民意反映メカニズムの実態――経済・社会開発年次計画とSEZ計画作成過程の事例から――」『アジア経済』49 (8) 8月　28-60.
――――. 2008.「ラオス――深まる対中国関係の現状と問題点」『アジ研ワールド・トレンド』(第157号) 33-39.
――――. 2011a.「『チンタナカーン・マイ』を再考する――ラオスを捉える新たな視座――」山田紀彦編『ラオスにおける国民国家建設――理想と現実――』アジア経済研究所.
――――. 2011b.「ラオス人民革命党支配の確立――地方管理体制の構築過程から――」山田紀彦編『ラオスにおける国民国家建設――理想と現実――』アジア経済研究所.
――――. 2012.「中国資金を積極的に受け入れるラオス」『アジ研ワールド・トレンド』(第202号) 15-18.
――――. 2013.「ラオス人民革命党の体制持続メカニズム――国会と選挙を通じた国民の包摂過程――」『アジア経済』54 (4) 12月　47-84.
――――. 2015.「ラオスにおける国民の支持獲得過程――国会を通じた不満吸収と国民への応答メカニズム――」山田紀彦編『独裁体制における議会と正当性――中国，ラオス，ベトナム，カンボジア――』アジア経済研究所.
――――. 2017a.「第9回党大会以降の政治，経済状況」山田紀彦編『ラオス人民革命党第10回大会と「ビジョン2030」』アジア経済研究所.
――――. 2017b.「党と国家の新指導部――世代交代への過渡期――」山田紀彦編『ラオス人民革命党第10回大会と「ビジョン2030」』アジア経済研究所.
――――. 2017c.「第8期国会議員選挙と県人民議会選挙」山田紀彦編『ラオス人民革命党第10回大会と「ビジョン2030」』アジア経済研究所.
横山智. 2010.「非合法アヘン生産」菊池陽子・鈴木玲子・阿部健一編『ラオスを知るための60章』明石書店.
――――. 2010.「焼畑民の暮らし――複合的な生業形態とその変化」菊池陽子・鈴木玲子・阿部健一編『ラオスを知るための60章』明石書店.
渡辺剛. 1995.「レーニスト体制と疑似レーニスト体制の比較政治――中国本土と台湾における党政関係を中心として――」『筑波法制』18 (2) 229-251.

英語

Asian Development Bank. 2012. *Key Indicators for Asia and the Pacific 2012*. Manila: Asian Development Bank.

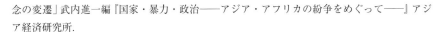

部健一編『ラオスを知るための60章』明石書店.
————. 2010b.「お正月は4月——暦と年中行事」菊池陽子・鈴木玲子・阿部健一編『ラオスを知るための60章』明石書店.
園江満. 2011.「タイ文化圏の農耕文化——ラオス北部の稲作を中心に——」『ヒマラヤ学誌』No.12, 209-222.
竹田晋也. 2010.「森の国ラオス——暮らしを支える雨緑林の恵み」菊池陽子・鈴木玲子・阿部健一編『ラオスを知るための60章』明石書店.
田村克己・石井米雄. 1996.「宗教と世界観」綾部恒雄・石井米雄編『もっと知りたいラオス』弘文堂.
津曲真樹. 2012.『ラオス教育セクター概説』IMG: Development Consultants（http://jp.imgpartners.com/image/A5E9A5AAA5B9B6B5B0E9A5BBA5AFA5BFA1BCB3B5C0E22012_Final.pdf）.
新田栄治・飯島朋子・菊池陽子. 1996.「歴史的背景」綾部恒雄・石井米雄編『もっと知りたいラオス』弘文堂.
日本貿易振興機構（ジェトロ）海外調査部. 2016.「第26回アジア・オセアニア主要都市・地域の投資関連コスト比較」日本貿易振興機構（ジェトロ）海外調査部.
林行夫. 2003.「宗教」ラオス文化研究所編『ラオス概説』めこん.
平田豊. 1996.「日本との関係」綾部恒雄・石井米雄編『もっと知りたいラオス』弘文堂.
広田勲. 2010.「タケは万能の材料——ラオスの暮らしとタケの利用」菊池陽子・鈴木玲子・阿部健一編『ラオスを知るための60章』明石書店.
星野龍夫. 1996.「遺跡と年中行事」綾部恒雄・石井米雄編『もっと知りたいラオス』弘文堂.
増原善之. 2003.「文化」ラオス文化研究所編『ラオス概説』めこん.
虫明悦生. 2010.「モン（Mon）・クメール系民族——暮らしと文化、その変容」菊池陽子・鈴木玲子・阿部健一編『ラオスを知るための60章』明石書店.
————. 2010.「季節の移ろい——水環境の変化から」菊池陽子・鈴木玲子・阿部健一編『ラオスを知るための60章』明石書店.
————. 2010.「水田農民の暮らし——稲作・漁撈と乾季の活動」菊池陽子・鈴木玲子・阿部健一編『ラオスを知るための60章』明石書店.
————. 2010.「バーシー儀礼——手首に巻かれる白い糸」菊池陽子・鈴木玲子・阿部健一編『ラオスを知るための60章』明石書店.
安井清子. 2003.「民族」ラオス文化研究所編『ラオス概説』めこん.
————. 2010.「民族地の高度による民族分類——民族分布、分類の方法、分布状況」菊池陽子・鈴木玲子・阿部健一編『ラオスを知るための60章』明石書店.
矢野順子. 2017.「社会開発戦略と今後の課題」山田紀彦編『ラオス人民革命党第10回大会と「ビジョン2030」』アジア経済研究所.
山田紀彦. 2002.「ラオス人民革命党第7回大会——残された課題——」石田暁恵編『2001年党大会後のヴィエトナム・ラオス——新たな課題への挑戦——』アジア経済研究所.
————. 2003.「ラオス内戦下の国民統合過程——パテート・ラーオの民族政策と『国民』概

参考文献

日本語

アジア経済研究所編．各年版．『アジア動向年報』アジア経済研究所.

石田正美・工藤年博編．2007.『大メコン圏経済協力——実現する3つの経済回廊——』アジア経済研究所.

大城直樹．1996.「風土と地理」綾部恒雄・石井米雄編『もっと知りたいラオス』弘文堂.

小田島理絵．2010.「ラオスの仏教——日常的実践・全体性・習合性」菊池陽子・鈴木玲子・阿部健一編『ラオスを知るための60章』明石書店.

————．2010.「農民と精霊——ラオス人村落の生活世界、精神世界とピーの世界」菊池陽子・鈴木玲子・阿部健一編『ラオスを知るための60章』明石書店.

菊池陽子．2002.「ラオスの国民国家形成——1940年代を中心に——」後藤乾一編『岩波講座東南アジア史8——国民国家形成の時代——』岩波書店.

————．2003.「現代の歴史」ラオス文化研究所編『ラオス概説』めこん.

————．2010.「ラオスの英雄はタイの謀反人——アヌ王の反乱が残したもの」菊池陽子・鈴木玲子・阿部健一編『ラオスを知るための60章』明石書店.

————．2010.「夢見たものはラオスの独立——ラオスナショナリズムの父、ペッサラート」菊池陽子・鈴木玲子・阿部健一編『ラオスを知るための60章』明石書店.

————．2010.「赤の殿下とラオス中立の顔——スパーヌウォンとスワンナプーマー」菊池陽子・鈴木玲子・阿部健一編『ラオスを知るための60章』明石書店.

ケオラ・スックニラン．2011.「国家財政と国有企業——国有化，民営化，そして商業化」山田紀彦編『ラオスにおける国民国家建設——理想と現実——』アジア経済研究所.

————．2012.「第7次経済・社会開発5カ年計画（2011～2015年）——資源・エネルギー部門に大きく依存した経済開発——」山田紀彦編『ラオス人民革命党第9回大会と今後の発展戦略』アジア経済研究所.

————．2017.「『ビジョン2030』——達成できるか所得4倍増計画——」山田紀彦編『ラオス人民革命党第10回大会と「ビジョン2030」』アジア経済研究所.

河野泰之・落合雪野・横山智．2008.「ラオスをとらえる視点」横山智・落合雪野編『ラオス農山村地域研究』めこん.

小林誉明．2007.「中国の援助政策——対外援助改革の展開——」国際協力銀行『開発金融研究所報』第35号，10月，109-147.

鈴木玲子．2010a.「耳を澄まそう、話してみよう——ラオス語の特徴」菊池陽子・鈴木玲子・阿プーミー・ヴォンヴィチット（平田豊訳）．2010.『激動のラオス現代史を生きて――回想のわが生涯』めこん．

矢野順子．2013.『国民語の形成と国家建設――内戦期のラオスの言語ナショナリズム』風響社．

農業・農村

園江満．2006.『ラオス北部の環境と農耕技術――タイ文化圏における稲作の生態』慶友社．

野中健一．2008.『ヴィエンチャン平野の暮らし――天水田村の多様な環境利用』めこん．

東智美．2016.『ラオス焼畑民の暮らしと土地政策――「森」と「農地」は分けられるのか』風響社．

箕曲在弘．2015.『フェアトレードの人類学――ラオス南部ボーラヴェーン高原におけるコーヒー栽培農村の生活と協同組合』めこん．

横山智・落合雪野編．2008.『ラオス農山村地域研究』めこん．

民族・文化・宗教

中田友子．2004.『南ラオス村落社会の民族誌』明石書店．

林行夫．2000.『ラオ人社会の宗教と文化変容――東北タイの地域・宗教社会誌』京都大学学術出版会．

安井清子．2001.『空の民（チャオファー）の子どもたち――難民キャンプで出会ったラオスのモン族』社会評論社．

――――．2012.『モンの民話――ラオスの山からやってきた』デインデイガル・ベル．

国際協力

新井綾香．2010.『ラオス豊かさと「貧しさ」のあいだ――現場で考えた国際協力とNGOの意義』コモンズ．

西澤信善・古川久継・木内行雄編．2003.『ラオスの開発と国際協力』めこん．

安井清子．2015.『ラオス　山の村に図書館ができた』福音館書店．

言語

鈴木玲子．2010.『ニューエクスプレス　ラオス語』白水社．

紀行

石井米雄・横山良一．1995.『メコン』めこん．

北村昌之．2017.『メコンを下る』めこん．

文献案内

ここではラオスについて日本語で書かれた一般書・専門書を紹介する。
一部は参考文献の欄に載せたものと重複していることをお断りしておく。

全般

綾部恒雄・石井米雄編．1996.『もっと知りたいラオス』弘文堂.

上東輝夫．1992.『現代ラオス概説』同文舘出版.

菊池陽子・鈴木玲子・阿部健一編．2010.『ラオスを知るための60章』明石書店.

ラオス文化研究所編．2003.『ラオス概説』めこん.

政治・経済

天川直子・山田紀彦編．2005.『ラオス　一党支配体制下の市場経済化』アジア経済研究所.

石田正美．2010.『メコン地域国境経済をみる』アジア経済研究所.

石田正美・梅崎創・山田康博．2017.『タイ・プラス・ワンの企業戦略』勁草書房.

石田正美・工藤年博編．2007.『大メコン圏経済協力――実現する3つの経済回廊――』アジア経済研究所.

鈴木基義．2009.『ラオス経済の基礎知識』JETRO.

瀬戸裕之．2015.『現代ラオスの中央地方関係：県知事制を通じたラオス人民革命党の地方支配』京都大学学術出版会.

山田紀彦編．2011.『ラオスにおける国民国家建設――理想と現実――』アジア経済研究所.

――――．2012.『ラオス人民革命党第9回大会と今後の発展戦略』アジア経済研究所.

――――．2015.『独裁体制における議会と正当性：中国，ラオス，ベトナム，カンボジア』アジア経済研究所.

――――．2017.『ラオス人民革命党第10回大会と「ビジョン2030」』アジア経済研究所.

歴史・ナショナリズム

青山利勝．1995.『ラオス――インドシナ緩衝国家の肖像』中公新書.

上東輝夫．1990.『ラオスの歴史』同文舘出版.

桜井由躬雄・石澤良昭．1977.『東南アジア現代史（3）ヴェトナム・カンボジア・ラオス』山川出版社.

マーチン・スチュアート－フォックス（菊池陽子訳）．2010.『ラオス史』めこん.

わ

ま

や

ら

な

は

た

さ

か

索引

略語

あ

山田紀彦（やまだ・のりひこ）　日本貿易振興機構アジア経済研究所研究員　1973年生まれ。1999年上智大学大学院外国語学研究科地域研究専攻修士課程修了。ラオス国立大学経済・経営学部客員研究員（2003～06年）、ラオス行政・公務員管理庁JICA専門家（2007～08年）、ラオス内務省客員研究員（2015～18年）などのラオス滞在経験を持つ。
専門　ラオス地域研究。
主要著書　『ラオス　一党支配体制下の市場経済化』（天川直子との共編著、アジア経済研究所、2005年）、『ラオスにおける国民国家建設――理想と現実――』（編著、アジア経済研究所、2011年）、『ラオス人民革命党第9回大会と今後の発展戦略』（編著、アジア経済研究所、2012年）、『独裁体制における議会と正当性――中国，ラオス，ベトナム，カンボジア――』（編著、アジア経済研究所、2015年）、『ラオス人民革命党第10回大会と「ビジョン2030」』（編著、アジア経済研究所、2017年）など。

アジアの基礎知識 5
ラオスの基礎知識

初版第1刷発行 2018年9月25日

定価2500円＋税

著者	山田紀彦©
装丁	菊地信義
発行者	桑原晨
発行	株式会社めこん
	〒113-0033 東京都文京区本郷3-7-1 電話 03-3815-1688　FAX 03-3815-1810 ホームページ　http://www.mekong-publishing.com
組版	字打屋
作図	臼井新太郎装釘室
印刷	株式会社太平印刷社
製本	株式会社新里製本所

ISBN978-4-8396-0313-7　C0330　¥2500E　0330-1806313-8347